ピーター・リンチの
株の法則

Beating the Street

90秒で説明できない会社には手を出すな

ピーター・リンチ 著
Peter Lynch
平野誠一 訳
Seiichi Hirano

ダイヤモンド社

本書は小社より刊行した『ピーター・リンチの株式投資の法則』（一九九四年）を新訳改題したものです。

BEATING THE STREET
by Peter Lynch with John Rothchild

妻キャロリンと、私たちの娘メアリー、アニー、ベス、
兄弟のユージン・リンチとトーマス・リンチ、
そして従兄弟のトーマス・リーイに、
この本をささげる。

訳者まえがき

投資の腕前を上げたければ、達人のやり方を学ぶのが一番だ！――これは訳者が一〇年前に『バフェットの投資原則』（ジャネット・ロウ著、ダイヤモンド社）という訳書を上梓したとき、その宣伝に用いられたコピーです。株式投資の達人といえば、このウォーレン・バフェット氏がやはり筆頭でしょうが、多くの方々が二番手にあげるのがピーター・リンチ氏ではないかと思います。

リンチ氏は一九七七年から九〇年にかけて、米国の大手資産運用会社フィデリティにて株式投資信託「マゼラン・ファンド」を運用して大成功を収め、このファンドを世界最大の投信に成長させたことで知られています。

リンチ氏が運用を引き継いだときに一八〇〇万ドルだったマゼランの資産規模は、運用であげた利益と新規の投資資金流入によって大きく膨らみ、退任時にはその七七七倍に相当する一四〇億ドルになっていました。もちろん、「七七七」倍だからといって運よく「大当たり」したわけではありません。

しかも、この一三年間にあげたリターンは年率に換算すると約二九％。最初に一万ドルを投資していたら、一三年後にはざっと二八万ドルになっていた計算です。これはもう素晴らしいとしかいいようがありません。

本書は、そんな伝説のファンド・マネジャーであるリンチ氏本人が一九九三年に発表したベストセラー、〝Beating the Street (with John Rothchild, Simon & Schuster)〟の翻訳です。この本はすでに九四年、ダイヤモンド社から『ピーター・リンチの株式投資の法則』(酒巻英雄監訳)として翻訳出版されておりますが、今回は原書のペーパーバック版(改訂版)も参照しながら新訳を作成しています。

リンチ氏の初めての著書『ピーター・リンチの株で勝つ』(三原淳雄・土屋安衛訳、ダイヤモンド社)は、株式投資を始める心構えから、アマチュアの投資家がアマチュアゆえの強みを生かしてプロに勝つ方法、有望銘柄の探し方、売買のタイミングのつかみ方まで幅広く論じていました。

二作目に当たる本書はそれも踏まえながら、株式投資にはどんな魅力や利点があるのか、マゼラン・ファンドはどのように運用されていたのかなどを紹介した後、株価が大きく上昇しそうな銘柄をリンチ氏が発掘していく過程を、順を追って解説しています。また、株式投資の銘柄選びにおけるコツや醍醐味もまじめに(やや自虐的なユーモアも交えながら)分かりやすく示しています。

たしかに、二〇年前に書かれたものであるため、本書に収められた企業分析の結果やおすすめ銘柄が今日でもそのまま当てはまるわけではありません。実際、本書には、その後買収されたり経営破綻したりして名前が聞かれなくなった企業がいくつか登場します。また、インターネット関連企業の名前は一切登場しません。その意味では、この二〇年間で政治、経済、社会、科学技術の状況がとても大きく変動したことがうかがえるとも言えます。

しかし、自分の身の回りで投資のアイデアを見つけ、投資対象企業の事業の内容や業績、財務の状況、株価の割安度などをこつこつ分析していくリンチ氏の手法や考え方、ものの見方は今日でも、そしておそらくこれからも、株式投資において押さえておくべき基本のひとつであると思われます。本書ではそうした基本を、そしてこの基本を学ぶことの面白さを、伝説の男が直接伝授してくれます。

思えば、二〇年前の日本では、個々の企業の詳細な情報を個人が集めることはなかなか骨の折れる作業でした。有価証券報告書総覧という冊子を「購入」するのが有効な方法でしたが、それには大都市の大型書店や政府刊行物の販売所などに足を運ぶ必要がありました。

ところが今日では、気になった企業の有価証券報告書も決算短信も、自宅にいながらインターネットで簡単かつ安価に入手できます。その企業がどんな製品やサービスをどこで、どのように提供しているのかもすぐに調べて分析を深めることができます。これは、リンチ式の銘柄選択の手法を実践するのにうってつけの環境だと言えるでしょう。となれば、この達人に学ばない手はありません。本書はきっとそのお役に立てるはずです。

最後に、本書に収められた興味深い一文をご紹介しましょう。リンチ氏が二〇年の投資人生から学んだという最も重要な教訓「黄金律」のひとつです。

「投資は楽しい。エキサイティングだ。ただし、下調べを全くやらずに手を出すのは危険だ」

平野誠一

はじめに

私がフィデリティ・マゼラン・ファンドのファンド・マネジャー（運用担当者）を辞めたのは一九九〇年五月三一日のことだった。ちょうど一三年間、この仕事に携わった計算になる。就任したときの大統領はジミー・カーター。過去にはたくさんの女性に欲情したと認めたことのある大統領だ。私も同じく欲情を覚えたものだが、その相手は女性ではなく、株だった。

マゼランの投資家のために私が買った株は、最終的に一万五〇〇〇銘柄を超えたと思う。それらを何度も何度も繰り返し購入した。そこまでやれば、嫌いな銘柄に出くわしたことがないヤツだと言われても仕方あるまい。

辞任は突然だったが、発表の前夜に発作的に決めたわけではない。ダウ工業株三〇種平均株価が二〇〇〇ドルに届いたり私が四三歳に達したりした一九八〇年代半ばには、あれほど多くの企業の動向を追いかけていくことは、さすがに重荷になり始めていた。エクアドルの国民総生産（GNP）に匹敵する規模のポートフォリオの運用は楽しかったが、それと同じくらい、家に帰って子どもの成長を見たい気持ちが募っていた。子どもたちはどんどん変わっていく。週末のたびに自己紹介をしてもらわないと誰が誰だかわからなくなるほどだった。実際、当時の私は、子どもたちと過ごす時間よりも、ファニーメイ（連邦住宅抵当金庫の愛称）やフレディマック（連邦住宅貸付抵当公社の愛称）、サリーメイ（奨学金融資金庫の愛称）と過ごす時間のほうが長かった。

ファニーメイやフレディマック、サリーメイと家族の名前がごっちゃになったり、二〇〇〇社もの銘柄コードを覚えていながら子どもの誕生日を忘れてしまったりし始めたら、仕事にどっぷり浸かりすぎている可能性が高いと思う。

一九八七年のブラック・マンデーが過去の話となり、株式市場が順調に推移していた八九年のこと。私は妻のキャロリンや三人の娘たち（メアリー、アニー、ベス）といっしょに自分の四六回目の誕生日を祝っていた。そこで不意に、自分の父親が四六歳で亡くなったことを思い出した。人間というものは、自分の親より長生きしていることに気がつくと、自分もいずれ死ぬのだと考えるようになる。自分が生きる時間はあとほんのわずかで、その後はずっと死んだままなのだと思うようになる。すると、子どもの学校の学芸会やスキー大会、放課後のサッカーの試合をもっと見てやればよかったと思うようになる。間違っても、いまわの際に「オフィスでもっと長い時間働いておけばよかった」と悔やんだ人はいない。

子どもたちはずいぶん大きくなった、もうそんなに構ってやらなくてもいい――私はそんな理屈で自分を納得させようとした。しかし心の奥底では、その逆が真であることを承知していた。よちよち歩きの二歳児は、とにかく走り回ってあちこちにぶつかる。そのたびに親は構ってやらねばならない。だが、思春期の子どもに比べたら、時間も手間もたいしたことはない。思春期の子どもたちには、親がすっかり忘れてしまったスペイン語や数学の宿題を手伝ったり、テニスコートやショッピング・モールへの送り迎えを数え切れないほど繰り返したり、一〇代ならではの苦い経験をするたびに慰めたりしてやらねばならないのだ。

それに週末には、一〇代の子どもたちの気持ちや考え方を理解したいと思いながら若者向けの音楽を聴いたり、ロックバンドの名前をいやいや覚えてみようとしたり、大人なら絶対に見ようとも思わない映画に子どもたちを連れて行ったりしなければならない。そういうことは私もやったが、回数は多くなかった。土曜日はたいてい、机に向かって書類の山と格闘していた。ごくたまに映画に連れて行ったりピザを食べに行ったりしたが、そんなときでも投資のネタを探していた。ピザ・タイム・シアター（ここの株は買わなければよかった）や、レストランのチチズ（ここの株は買っておけばよかった）といった銘柄に引き合わせてくれたのは、何を隠そう子どもたちだった。

そろそろ一九九〇年になろうかというころ。メアリーは一五歳、アニーは一一歳、ベスは七歳になっていた。メアリーは全寮制の学校に通っていたから、二週間おきにしか帰ってこない。秋にはサッカーの試合に七回出場したが、私は一度しか見に行けなかった。またリンチ家ではこの年、クリスマスカードの発送が三カ月遅れた。子どもたちの成長の記録であるスクラップブックの整理も進まず、写真やメモがたまる一方だった。

仕事が早く終わる日があっても、私は自分から買って出た慈善団体や市民団体の役員の会合に出たりしていた。そういう場では、投資委員会に所属させられることが多かった。立派な活動をしている団体のために株の銘柄を選ぶという役目はまさに願ってもないものだったが、慈善事業の負担は大きくなり続け、ちょうど同じころにマゼラン・ファンドの仕事の負担も大きくなってきた。娘たちの宿題もだんだん難しくなり、習い事などへの送り迎えの回数も増えていった。

そうこうするうちに、サリーメイが夢に出てくるようになった。私が車で出かけるときに妻が車で帰ってくるという、恐ろしくロマンチックな出会いも経験するようになった。年に一度の健康診断では、運動と呼べるものは歯磨きぐらいしかやっていませんと白状した。本と呼べるものを一年半全く読んでいないことにも気がついた。オペラなら二年間で三本――「さまよえるオランダ人」「ラ・ボエーム」「ファウスト」――見ていたが、フットボールの試合はひとつも見ていなかった。ここから、ピーターの法則❶が導かれる。

【ピーターの法則❶】

オペラは三本見たけどフットボールは一試合も見ていないなんて、そんな生活は間違っている。

一九九〇年に入ってしばらくして、自分にはもうこの仕事は続けられないと観念した。私のファンドの名前は大航海時代の探検家フェルディナンド・マゼランにちなんだものだが、そのマゼランも早々に引退して太平洋の離島に移り住んだという。ただ彼はその後、怒りに燃えた現地の住民に八つ裂きにされたらしい。私は、怒りに燃えた投資家に八つ裂きにされたくはなかったので、フィデリティ社のネッド・ジョンソン会長とゲーリー・バークヘッド業務担当取締役に円満に退職したいと持ちかけた。

話し合いは率直かつ友好的に行われた。ジョンソン会長は、フィデリティの株式投資信託すべてを統括するグループ・リーダーとして会社に残らないかと言ってくれた。資産一二〇億ドルという大型投信ではなく、例えば一億ドル程度の小さな投信を運用してはどうか、とも言ってくれた。しかし、ケタが二つ減っても新しいファンドとなれば仕事の量は変わらないし、きっと土曜日も出勤することになるだろう。ありがたい話だったが辞退した。

これはほとんど知られていないが、私はコダックやフォード、イートンといった大企業数社の従業員退職年金の運用も任されていた。総額一〇億ドルの規模で、コダックの割合が一番大きかった。コダックでの運用成績はマゼランよりも良かった。運用上の制約が少なかったからだ。例えば、投資信託ではひとつの銘柄に投じられる資金は資産の五％までという規則があったが、年金では五％を超えてもよかった。

コダック、フォード、そしてイートンの担当者からは、マゼランの運用を辞めるかどうかに関係なく年金の運用を続けてほしいと要請されたが、このありがたい申し出も辞退した。

フィデリティ以外の企業からも、ニューヨーク証券取引所上場銘柄に投資するクローズド・エンド型の「リンチ・ファンド」を立ち上げないかという誘いをいくつももらった。すぐに投資説明会を開きましょう、リンチ・ファンドを数十億ドル売ってみせます、とのことだった。

ファンド・マネジャーの視点で言えば、クローズド・エンド型投資信託の魅力は、運用成績がどれほど悪化しても顧客基盤が失われないことにある。クローズド・エンド型投信の受益証券は、メルクやポラロイドなどの株式と同じように証券取引所で売買されるからだ。取引所で売った投資家がいるときには買った投資家も必ずいるから、投信の受益証券の枚数は変わらない。

ところが、マゼラン・ファンドのようなオープン・エンド型投資信託ではそうはいかない。オープン・エンド型では、投資家が手を引きたいと言い出したら、その投資家の持分と同価値の現金を投信の財産から支払わなければならない。すると、投信の資産規模はその分小さくなる。つまり人気のない投信では、顧客がマネー・マーケット商品や競合するほかの投信に資金を移すことにより、資産規模が急激に縮小する恐れがあるのだ。オープン・エンド型投信の運用者が、クローズド・エンド型投信の運用者ほどぐっすり眠れていないのはそのせいだ。

二〇億ドルの資金を集めてリンチ・ファンドなるものを作ってニューヨーク証券取引所に上場させれば、私がとんでもないヘマを繰り返して大損しない限り、この投信は二〇億ドルの資産規模をずっと維持できただろう。そして私は、その額の〇・七五%相当（つまり一五〇〇万ドル）の残高ベース手数料を毎年受け取ることができただろう。

金額に限って言うなら、これは魅力的な話だった。銘柄選択の助手を何人か雇い、自分がオフィスで働く時間をぐんと減らすこともできただろう。ゴルフ場に出かけたり、妻や子どもたちともっと長い時間を過ごしたり、野球やバスケットボールの試合に出かけたり、オペラを見たりすることもできただろう。自分の運用成績が市場全体のそれを上回るかどうかに関係なく、多額の報酬をずっと受け取り続けることができただろう。

ただ、これには二つだけ問題があった。

第一に、私は市場全体を上回る運用成績をあげないと気が済まない質《たち》だった。第二に、ファンド・マネジャーは投資する銘柄を自分で選ぶべきだというのが私の信念だった。そう、もしこの話を受けたら、私は振り出しに戻ってしまう。土曜日も「リンチ・ファンド」のオフィスに出勤して年次報告書の山に埋もれる男に、財布は厚くてもこれまでと同じ時間貧乏な男に、また戻ってしまうのだ。

私は、さらにお金持ちになるチャンスを放棄して大喜びで引退していくお金持ちの人を見るたびに、本当にうれしいのだろうかといつも疑問に思っている。多額の報酬に背を向けるなどということは、ゆとりのある人、ごく一握りの人にしかできない贅沢だ。しかし、幸運にも私と同程度のお金を蓄えることができた人には、とにかく働いて自分の純資産を増やすことに残りの人生を捧げるべきか、それとも蓄えてきたお金に尽くしてもらうべきか、決断しなければならないときがやって来る。

トルストイがこんなお話を書いている。

金持ちになりたがっている農夫の前に妖精が現れ、気に入った土地の周囲を自分の足で今日中に一周しなさい、そうしたらその土地を全部お前に与えよう、と言った。これを聞いた農夫は全速力でひたすら走り続けた。まず数平方マイルの貴重な農地を確保し、これを一生かけても耕せないほどの規模に広げ、さらに子どもや孫の代まで豊かに暮らせる規模にまで拡大した。さすがに汗だくになり、息も続かなくなってきた。もうやめよう、これ以上広げてどうするんだ。そう思ったものの、走るのをやめることはできなかった。自分の可能性を最大化しようとした農夫はとうとう力尽き、そのまま息絶えてしまった。

私は、こういう最期だけは絶対に避けたかった。

『ピーター・リンチの株の法則』　目次

序章■それでも株を買わない？

引退したファンド・マネジャーが行ってもよいのは投資のアドバイスだけである。精神的なアドバイスはすべきでない。しかし、この壇上にもう一度立つ気になったのは、投資家の大半がいまだに債券を好んでいるからだ。あの人たちはきっと、私の前回の説教『ピーター・リンチの株で勝つ』の間、ずっと居眠りをしていたに違いない。

私はあの説教で、債券や預金証書（ＣＤ）、マネー・マーケット商品などよりも株に投資したほうがはるかに利益が出ることを、今度こそ証明しようと努力した。ところが、この国の投資資金の九〇％は今でも、収益性で劣るこれらの商品に投じられたままだ。いったいどういうことなのか。

一九八〇年代には、株価が現代史上二番目に高い上昇率を示したにもかかわらず（五〇年代のほうがわずかに高かった）、家計の資産に占める株の割合はむしろ小さくなってしまった。この割合は以前から縮小する傾向にある。六〇年代には四〇％近かったが、八〇年は二五％で、九〇年は一七％にとどまった。ダウ平均やほかの株価指数が四倍に上昇する中で、多くの投資家が株式以外の資産に資金を移していたのだ。投信全体の資産に占める株式投信の割合も、八〇年の約七〇％から九〇年には四三％に縮小した。

これは個人の富と国の富の将来にとってゆゆしき事態であり、見過ごすわけにはいかない。そこで今回は、前回の説教が終わったところから話を始める。

明日には今日よりもお金持ちになっていたい——そう思うのなら、資産のかなりの部分を株に投資する必要がある。ひょっとしたら、これから弱気相場になるかもしれない。株の話など聞きたくないという日々が二年、三年、下手をすると五年続くかもしれない。しかし、二〇世紀は弱気相場の連続だった。景気後退については言うまでもない。それにもかかわらず、株式投資の成績には議論の余地がない。株式や株式投信で組んだポートフォリオはいずれ、債券やＣＤ、マネー・マーケット・ファンド(ＭＭＦ)で組んだポートフォリオをはるかに上回る価値を持つ。ここまでは以前話した通りだ。

私がその後見つけた証拠のうち、最も説得力があるのは『イボットソンＳＢＢＩイヤーブック一九九三年版』の第1章17ページにある「一九二六～一九八九年の年平均リターン」という表である。Ｓ＆Ｐ五〇〇種株価指数採用の大型株、小型株、長期国債、長期社債、財務省短期証券に投資していたらどれぐらいのリターンが得られたかを計算し、まとめたものだ(表序－1)。

投資の天才なら、一九二〇年代にはＳ＆Ｐ五〇〇に採用されるような大型株にすべての資金をつぎ込み、二九年に長期社債に乗り換えて三〇年代が終わるまでそこにとどまり、四〇年代に入ったら小型株に乗り換え、五〇年代にＳ＆Ｐ五〇〇に戻り、六〇年代と七〇年代は小型株にとどまって、八〇

表序-1
年平均リターン

(%)

	1920年代*	1930年代	1940年代	1950年代	1960年代	1970年代	1980年代
S&P500指数（大型株）	19.2	0.0	9.2	19.4	7.8	5.9	17.5
小型株	-4.5	1.4	20.7	16.9	15.5	11.5	15.8
長期国債	5.0	4.9	3.2	-0.1	1.4	5.5	12.6
長期社債	5.2	6.9	2.7	1.0	1.7	6.2	13.0
財務省短期証券	3.7	0.6	0.4	1.9	3.9	6.3	8.9
インフレ率	-1.1	-2.0	5.4	2.2	2.5	7.4	5.1

＊1926～1929年の値
出所：イボットソンSBBIイヤーブック　1993年版

図序-1
普通株の成長：S&P500指数　1926年～現在

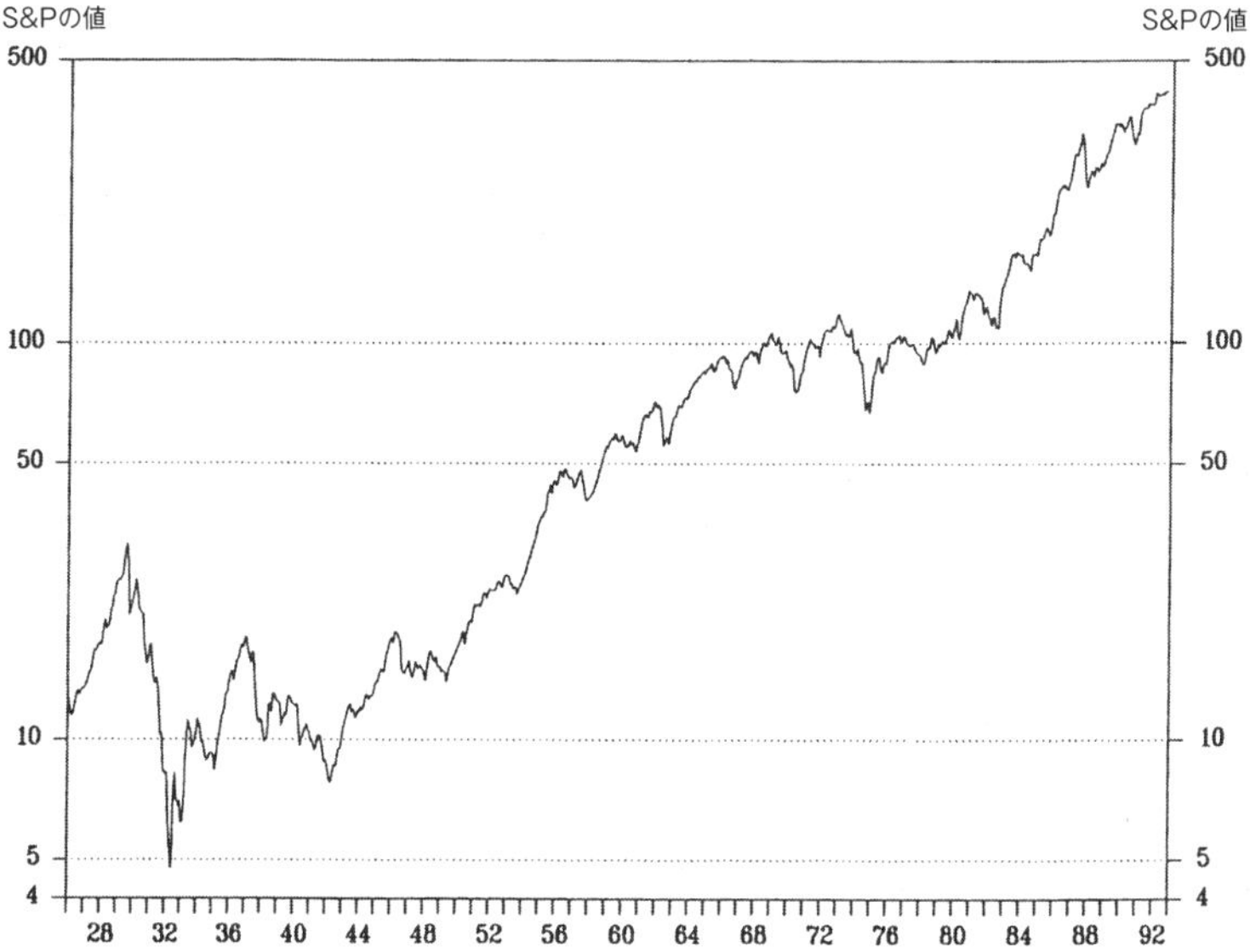

年代に入ったらまたS&P五〇〇に戻るということができたかもしれない。そんな神がかり的な戦略を実行できた人は今ごろきっと億万長者になっているだろうし、南フランスの海岸にでも住んでいるはずだ。私だって、これから起こることを見通せるほど賢かったら、この戦略を推奨していただろう。

このやり方で一財産築いた人に私は会ったことがない。だから、並の知性しか発揮できない私たちのような人間に比べれば、そういう人は希少なのだと考えるしかない。並の私たちには、債券のリターンが株のそれを上回るという珍しい時期がいつやって来るかを予測することなどできない。しかし、そういう時期は過去七〇年間のうち一〇年間だけ（一九三〇年代だけ。七〇年代は互角）だったから、ひたすら株に投資しておいたほうが有利だ。そうすれば、ずっと債券に投資する人たちに七分の六の確率で勝てるのだ。

また、株よりも債券のほうがリターンが高いという珍しい一〇年間に債券投資で利益が得られるとしても、四〇年代や六〇年代の株式投資で得られた利益には到底かなわないだろう。例えば、一〇万ドルの資金を表序-1と同じ六四年間にずっと長期国債に投資していたら、その価値は今ごろ一六〇万ドルになっている。しかしS&P五〇〇に投じていたら、二五五〇万ドルになっているはずなのだ。ここから、ピーターの法則❷が導かれる。

【ピーターの法則❷】

債券が好きな人は、自分が大きな魚を見逃していることに気づいていない。

それでも、この国には相変わらず債券が好きな人が多い。インフレ率を五～六ポイント上回るペースでこの先何年も資産を増やしていける可能性があるのに、インフレ率を若干上回るかどうかという低利の債券で利息を集めている人が何千万人もいる。これではいけない。みんなもっと株を買うべきだ！　それさえ学んでくれれば、この本を書いた甲斐もあったというものだ。

大型株にすべきか、小型株にすべきか。最高の投信を選ぶにはどうしたらよいか。本書ではそういうことを説明していくが、それよりも大事なのはまず株を買うことだ。大型でも小型でも中型でもいい。もちろん、それには購入する株や投信を賢明なやり方で選ぶこと、そして株式相場が調整局面に入っても恐怖に負けず、逃げ出さないことが大前提となる。

私が本書を書くことにしたのは、アマチュア投資家のみなさんが個別株投資という、報われる娯楽をあきらめないように励ますためでもあった。以前にも書いたが、自分が多少知っている業界の企業の株に、少し調査をしたうえで投資すれば、アマチュア投資家でもプロのファンド・マネジャーの九五％に勝つ可能性があり、おまけに投資を楽しむこともできるのだ。

そんなことはあり得ない、と笑い飛ばすファンド・マネジャーは多い。「リンチの一〇倍株《テンバガー》というのは、十倍強力なホラ吹きという意味かい？」とくさす人もいる。しかし、私はマゼランの運用を辞めてもう二年半になるが、アマチュアのほうが有利だという確信は強まるばかりだ。そんなバカなという読者のために、本書では新しい証拠を用意した。

第1章では、ボストン近郊の聖アグネス小学校の七年生が、ウォール街のプロもうらやむ運用成績を二年間の投資で残した様子を紹介している。

また、何年も続けてプロに勝ったという大人のアマチュア投資家にも触れている。全米投資家団体協会(NAIC)傘下の投資クラブに所属している彼らは、聖アグネス小学校の生徒たちに匹敵する高いリターンをあげている。

両者には共通点がある。彼らはともに、高給取りのファンド・マネジャーたちがよく用いるやけに飾り立てた手法ではなく、ずっとシンプルで報われることも多い銘柄選択の手法を使っているのだ。

一方、購入する株や投信の選び方が何であれ、それが最終的に成功するかどうかは、その投資が成功するまで数々の不安をやり過ごせるかにかかっている。銘柄を自分で選ぶ投資家の運命を握るのは、頭の良さではなく胆力だ。物怖じしてしまう人は、どれほど頭が良くても恐怖のために市場から逃げてしまいがちだ。

投資情報誌「バロンズ」は毎年一月、私のような投資のプロを集めて座談会を開き、その内容を公表している。私たちが推奨する銘柄をたくさん買っていれば儲けることができただろうが、私たち専門家が披露した相場や景気の方向性についての見方に注意を払っていたら、ここ七年間は株式投資など恐ろしくてできなかっただろう。第2章では、この「週末の不安」による落とし穴とそれをやり過ごす方法を取り上げる。

第3章では、投信に投資する戦略を考えてみた。私は今でも根は個別株投資家だが、第一線から退いたことで、ファンド・マネジャー時代には気乗りがしなかったテーマについても話す機会ができた。現役のときは何を言っても、自分の利益を増やそうとしているとか、新しい顧客を獲得する姑息な手段だなどと思われる恐れがあったが、今の私がそういう批判にさらされることはないだろう。

先日、ニュー・イングランドのある非営利団体（NPO）が新しいポートフォリオ戦略を練るのをお手伝いする機会があった（団体の名称は、ここでの議論には関係がないため伏せておく）。最初に決めなければならなかったのは、運用資金の何割を株に投じて何割を債券に投じるか、そしてそれぞれをどのように運用するかということだった。これはどの家庭の最高経営責任者（CEO）も直面する問題であるため、本書ではそのアプローチの仕方を詳しく書いている。

第4章から第6章までは回顧録で、私がマゼランを一三年間（この間に大きな調整局面は九回あった）どのように運用してきたかを書いている。これを記す機会を与えられたおかげで、私は過去を振り返り、自分の成功と呼べるものに何が貢献したのかを正確に理解することができた。その中には、自分でも驚くような発見もあった。この三つの章では方法論に徹し、退屈な思い出話は避けるよう努めた。おそらく、私の数少ない勝利と数え切れないほどの失敗から何かを学ぶことができるだろう。

本書のおよそ半分を占める第7章から第17章では、私が一九九二年一月の「バロンズ」で推奨した銘柄をどのように選んだかを説明している。投資の理論については以前にも書いたが、今回の銘柄選択ではメモを取りながら作業を進めたので、このメモをもとに、自分の銘柄選択の癖をできるだけ細かく分析しようと試みたのだ。有望な投資機会の見つけ方とその調査の仕方についても書いている。

この「リンチ・メソッド」の説明に用いた銘柄は、銀行株やS&L（貯蓄金融機関）株、循環株、小売株、公益株など、個人投資家がよく投資する重要な業種・分類に属している。本書では、それらの業種ならではの企業の話を盛り込むように工夫した。

私は、これさえあれば大丈夫という公式を持っていない。この世には、利益の出る銘柄を買ったことを教えてくれる鐘など存在しない。ひとつの企業のことをどれほど深く調べても、その銘柄への投資で儲けられるという保証は得られない。しかし、銀行や小売業者、自動車メーカーなどの業績がどんな要因に左右されるかを知っていれば、投資の勝率は上げることが可能になる。本書では、そうした要因の多くを紹介していく。

本文には、すでに二つ紹介したような「ピーターの法則」もふんだんに織り交ぜている。その多くは、私が高い授業料を払って得た経験から学んだものだ。つまり読者は、こうした教訓を割引価格で手に入れることができるのだ。

第1章 ■ 聖アグネスの奇跡
――アマチュアでも勝てる！

自宅でパイを焼くことが出来合いの製品に押されて減ってきているように、アマチュアの株式投資も廃れつつある。食品メーカーのサラ・リーがケーキやパイの世界でやっていることを、多くのファンド・マネジャーが高い給料をもらって投資信託の世界でやっているのだ。私自身がファンド・マネジャーだったときもこのことは気になっていたが、引退してプロではなくなり、空いた時間に投資をしている今日ではその思いがさらに強い。

アマチュア投資家の衰退は、大変な強気相場が展開された一九八〇年代にむしろ加速した。株を持つ人の数はこの一〇年間に減少したのだ。なぜこんなことになったのか、自分なりに考えてみた。

まず、金融メディアがウォール街で働く私たちのような人間をセレブに――その名に値しないにもかかわらず――祭り上げたことがあげられる。株のスターがロック・スターのように扱われ、アマチュア投資家が誤った印象を抱いてしまった。経営学修士号（ＭＢＡ）を持ち、バーバリーのレインコートを身にまとい、株価情報端末「クォートロン」という武器を手にした天才があんなにいる、これはどうあがいても勝ち目はない、と思ってしまったのだ。

普通の投資家の多くは、バーバリーを着た天才たちと張り合うのをやめ、大事なお金を彼らの運用する投資信託に投じた。これらの投信は、ひどいときにはその七五％が市場の平均株価よりも悪い成績に終わることがある。天才とて失敗しないわけではないのだ。

しかし、アマチュアの株式投資家が減った最大の原因は、株で損をしたからに違いない。人間という生き物は、楽しくできて成功する可能性がある間はそれをやり続ける。世界の人口が急増し続けているのはそのためだ。ベースボール・カードやアンティーク家具、年代物のルアー、古銭や切手をせっせと集めるのも、住宅の手直しと転売を繰り返すのも、楽しいうえに利益が得られる可能性があるからだ。だから、もし株離れが進んでいるとしたら、それは損をするのにうんざりしているからにほかならない。

そもそも、株に投資する資金を持っているのは比較的裕福で、社会でも比較的成功している人たちだ。学校でいい成績を取ったり、職場でほめられたりするのに慣れている。ところが、株式市場ではそういう成績優秀者が決まって恥をかかされる。ここでは悪い成績がいとも簡単についてしまう。先物やオプションに手を出したり、相場の変化を先取りする試み「マーケット・タイミング」に取り組んだりすれば、あっという間に「オール1」だ。投信に乗り換えた人の多くは、こういうもので失敗したに違いない。

最も、この人たちが株を買うのを完全にやめたわけではない。近所のハリーおじさんにいいことを教えてもらったとか、たまたま乗ったバスでおいしい話を小耳に挟んだとか、雑誌で読んだなどと言って、ろくに調べもせずに「遊び金」を賭けていくのだ。大事なお金は投信へ、遊び金は個別株へというのが最近の流れで、この分別管理が個別株投資家の気まぐれに拍車をかける。ディスカウント証券会社に新たに口座を開けば、妻や夫に知られることなく気ままな賭けができてしまう。

まじめな趣味としての個別株投資が下火になるにつれ、企業やその利益、成長率などをいかに評価するかというテクニックも、各家庭で伝えられてきた料理のレシピと同じように忘れ去られようとしている。そういう情報に関心を示す個人客が減ったために、証券会社もわざわざ情報を提供しようとは思わなくなっている。アナリストは機関投資家と話をするのに忙しく、一般の個人投資家の教育について考えるゆとりなどない。

その一方で、証券会社のコンピューターは役に立つ企業情報をせっせと集めており、要望があれば、これをほぼどんな形ででも顧客に提供できるようになっている。フィデリティのリック・スピレイン調査担当取締役は一年ほど前、どんなデータベースや「スクリーニング」を顧客が利用できるのか、大手証券会社に聞いて回った。スクリーニングとは、基本的な特徴が同じ企業のリスト——例えば、二〇年連続で増配中の企業のリストなど——をコンピューターで作ることである。そういう企業に的を絞りたい投資家にとって、これは非常に役に立つ機能だ。

スミス・バーニー証券のアルバート・バーナザティ氏は、同社では調査対象企業二八〇〇社の大部分について八〜一〇ページにまとめた財務情報を提供できると話している。メリルリンチ証券は、一〇種類の指標でスクリーニングができるとしている。投資情報誌「バリュー・ライン・インベストメント・サーベイ」には「バリュー・スクリーン」なるものがあり、チャールズ・シュワブ証券には「イコライザー」という素晴らしいデータ・サービスがある。しかし、いずれのサービスもあまり利用されていない。メリルリンチのトム・ライリー氏によれば、同氏の顧客でスクリーニングを利用する人の割合は五％に満たない。リーマン・ブラザーズ証券のジョナサン・スミス氏も、平均的な個人投資家は同社提供サービスの九〇％を利用していないと述べている。

個別株投資をする人がもっと多かった昔は、証券会社の営業担当者自体が役に立つデータベースだった。昔ながらの営業担当者には特定の業種や企業のことをよく調べている人がたくさんいて、顧客に詳しい情報を提供することができたのだ。もちろん、彼らを往診に応じてくれる医者のごとく持ち上げるのは、やりすぎかもしれない。いろいろな職業の人気度を調べるアンケート調査によれば、証券会社の営業担当者の人気は政治家や中古車の営業担当者より少し劣るのが普通だ。それでも昔は、独自の調査に熱心に取り組んでいたが、今は、勤務先で用意された情報に頼りがちだ。

今どきの営業担当者は、売らなければいけないものを株のほかにもたくさん抱えている。年金、リミテッド・パートナーシップ、節税商品、保険、CD、債券投信、株式投信といった具合だ。そしてこういう「金融商品」をすべて、少なくとも売り込むことができる程度には理解しておかねばならない。だから、公益株や小売株、自動車株とかの動向を追いかける時間はないし、元気もない。個別株に投資する顧客もほとんどいないから、銘柄選択についてアドバイスしてほしいという需要もほとんどない。そもそも、証券会社の手数料収入における稼ぎ頭は株ではなく、投信だったり証券の引受業務だったりオプション取引だったりするのだ。

減りつつある個別株投資家の相談に直接乗る営業担当者も減っていること、「遊び金」での気まぐれな投機やプロの能力の過大評価が助長される環境であることなどを考え合わせると、個別株投資などやっても仕方がないという結論にこれほど多くの人が至ることになっても不思議はあるまい。しかし、そんなことは、聖アグネス小学校の子どもたちの前で口にしてはいけない。

聖アグネス小学校のポートフォリオ

表1-1は、ボストン郊外のマサチューセッツ州アーリントンにある聖アグネス小学校に通う七年生(訳注:日本の中学一年生に相当)たちが、仕事熱心なポートフォリオ・マネジャーになって一九九〇年に選び抜いた一四銘柄である。彼らの先生で、このポートフォリオのCEOでもあるジョーン・モリセイ氏は、株で勝つためにはクォートロンも一流校のMBAの学位も、さらに言うなら運転免許証さえいらないという話を聞いて、本当かどうか試してみたくなったのだそうだ。

この運用成績が、投信の情報提供で知られるリッパー社のリポートや経済誌「フォーブス」に掲載されることはないだろう。しかし、この聖アグネスのモデル・ポートフォリオは二年間で七〇%という高いリターンを記録しており、同じ時期に二六%上昇したS&P五〇〇を大幅に上回っている。また、この時期の聖アグネスの運用成績は、ほとんどの(割合で言えば九九%の)株式投信をも上回っている。しかも、投信の運用担当者が銘柄選択の専門家として多額の報酬を得る一方で、この学校の生徒たちは先生といっしょに無料の朝食を食べ、映画を一本見るだけでよしとしている。

私がこの素晴らしい運用成績を知ることができたのは、生徒たちが大きなスクラップブックをオフ

表1-1
聖アグネス小学校のポートフォリオ

（単位：%）

銘柄	パフォーマンス*
ウォルマート	164.7
ナイキ	178.5
ウォルト・ディズニー	3.4
リミテッド	68.8
LAギア	-64.3
ペンテック	53.1
ギャップ	320.3
ペプシコ	63.8
フード・ライオン	146.9
トップス	55.7
サバンナ・フーズ	-38.5
IBM	3.6
ナイネックス	-0.22
モービル	19.1
当ポートフォリオのリターン	69.6
（参考）S&P500指数のリターン	26.08

＊1990年1月1日〜1991年12月31日のトータル・リターン

イスに送ってくれたからだった。そこには厳選された銘柄のリストだけでなく、各銘柄の絵も描かれていた。ここから、ピーターの法則❸が導かれる。

【ピーターの法則❸】
クレヨンで絵に描けないアイデアには投資するな。

このルールは、アマチュアかプロかを問わず、多くの大人の運用担当者が受け入れるべきものである。大人には、事業が黒字でその理由も分かる企業を無視し、事業が赤字でその理由もよく分からないベンチャー企業に資金を投じる癖があるからだ。このルールに従っていれば、「メモリー・モジュール」のメーカーで、株価が16ドルから25セントに下落したデンスパック・マイクロシステムズに手を出すことはなかっただろう。デンスパック・マイクロシステムズの絵なんて、いったい誰が描けるだろうか。

聖アグネスのポートフォリオ運用部門（モリセイ先生の社会科のクラスともいう）のメンバー全員を祝福し、その成功の秘訣も教えてもらおうと思った私は、彼らをフィデリティの役員食堂での昼食に招待した（この食堂でピザが用意されたのはこれが初めてだった）。聖アグネスで二五年間教えているモリセイ氏によれば、このクラスは毎年四人一組のチームに分けられる。各チームは架空の運用資金二五万ドルの配分を受け、これを最大限に活用すべく競う。また、各チームはお気に入りの銘柄をひとつずつスクラップブックに書くことになっており、それをずらりと並べたものがクラス全体のモデル・ポートフォリオになるという。

生徒たちは金融新聞「インベスターズ・ビジネス・デイリー」紙の読み方を学び、魅力のありそうな企業をリストアップして一つひとつ調査していく。まず、これまでの業績や業界内での相対的な強さをチェックする。そしてその結果を持ち寄ってデータを検討し、どの銘柄に投資するかを決める。これは、ウォール街で多くのファンド・マネジャーが踏んでいる手続きによく似ている。もっとも、彼らがこの生徒たちほど腕が立つとは限らないが。

「ひとつのポートフォリオには少なくとも一〇銘柄を組み入れること、そして配当がたくさん出る銘柄をひとつか二つ入れることを強調するようにしています」とモリセイ氏は言う。「ただ、子どもたちは銘柄をポートフォリオに組み入れる前に、その会社が何をやっているかを正確に説明しなければなりません。どんなサービスや製品を提供しているのか、クラスのみんなに話せない間は、買うことができないのです。自分が知っているものを買うこと。これがテーマのひとつです」。自分が知っているものを買う――これは多くのプロが実践を怠っている、非常に高度な戦略だ。

子どもの目線で銘柄を選ぶ

聖アグネスの生徒たちが知っている企業のひとつに、カラーペンやフェルトペンを作っているペンテック・インターナショナルがあった。彼らのお気に入りは、フェルトペンとラインマーカーがセットになったツインタイプの製品で、モリセイ氏が教室に持ってきたものだった。このペンはクラス内で評判になり、自分で選んだ銘柄にこれでアンダーラインを引いた生徒もいた。この会社自体を調べ始めるまでに、それほど時間はかからなかった。

その当時の株価は5ドル。調べたところ、長期の借入金はゼロだった。製品は優れており、クラス内での人気から判断して全米のほかの学校でも人気を博しそうだった。また生徒たちに言わせれば、あまり名前を知られていない会社であることもプラス材料だった。例えば、「ペーパーメイト」ブランドのペンや父親愛用のカミソリを作っているジレットほど有名ではない、ということだ。

聖アグネスのファンド・マネジャーたちは仲間を助けてやろうと思ったのか、ペンテックのペンを私に一本送ってくれた。そして、この素晴らしい会社のことを調べるように勧めてくれた。この勧めに私は従っておくべきだった。ぐずぐずしているうちに、株価は5ドル1／8から9ドル1／2へとほぼ二倍に上昇したのだ。

このような子どもの目線での銘柄選択により、一九九〇年の聖アグネスのファンド・マネジャーたちはウォルト・ディズニー、スニーカー・メーカー二社(ナイキとLAギア)、ギャップ(ほとんどの生徒がここで服を買っている)、ペプシコ(ペプシ・コーラ、ピザ・ハット、ケンタッキー・フライドチキン、スナック菓子のフリトレーでお馴染み)、そしてトップス(ベースボール・カードのメーカー)を選び出した。「七年生の間でベースボール・カードが大流行していたんです」とモリセイ氏。「ですので、トップスを組み入れることには何の異論も出ませんでした。それに、この会社はこの子たちが自分で買えるものを作っていました。何かを買うときに、自分たちが投資している会社の売り上げに貢献しているという気になれたんです」

ほかの銘柄についても聞いてみた。ウォルマートを選んだのは、録画しておいたテレビ番組「お金持ちと有名人のライフスタイル」に創業者のサム・ウォルトンが登場し、投資が経済にいかに利益をもたらすかについて話すのを見たからだった。ナイネックスとモービルは、配当が多いことが決め手になった。フード・ライオンは、しっかり経営されていて自己資本利益率(ROE)が高いことと、サム・ウォルトンが出てきた例の番組でも取り上げられていたことが理由だった。

モリセイ氏は言う。「番組では、ノースカロライナ州ソールズベリーの市民八八人にスポットを当てていました。フード・ライオンの株が一九五七年に公開されたときに、全員が一〇株ずつ、一株100ドルで買っていたんですが、その一〇〇〇ドルの投資が一四〇〇〇万ドルになったんです。信じられます？　八八人全員が百万長者になったんですよ。子どもたちはこの話に、控えめに言っても感銘を受けていました。年末にはたくさんのことを忘れていましたが、フード・ライオンの話だけは覚えていたんです」

なぜ、子どもたちは良い銘柄を選べたのか？

このモデル・ポートフォリオの唯一の失敗はＩＢＭである。言うまでもないが、これはプロのファンド・マネジャーたちが二〇年にわたってひいきにしてきた銘柄だ(小生もその一人である。大人たちはこの銘柄を買い続ける一方で、買わなければよかったと思い続けている)。どうしてそこまで執着してしまうのか。理由は簡単だ。ＩＢＭは誰もが知っている定評ある銘柄であり、これで損をしても問題視されないのである。生徒たちはウォール街の大人たちをまねようとしたわけだが、これぐらいは許してやってもよいだろう。

プロのファンド・マネジャーが聖アグネスの生徒たちの成績を見たら、きっとこんな文句をつけてくるに違いない。

（1）「架空の資金での運用結果にすぎない」。その通り。しかし、それがどうだというのだ。むしろ、生徒たちが本物のお金を運用しなかったことにプロは安心すべきではないだろうか。この運用成績を投資家が見たら、プロが運用する投信からこの子たちが運用するファンドに何十億ドルものの資金が移される可能性もあるのだから。

（2）「こんな銘柄は誰でも選べた」。そうだろうか。だとしたら、なぜ誰もやっていなかったのか。

（3）「お好みの銘柄がたまたま上昇しただけだ」。そうかもしれない。しかし、モリセイ氏のクラスで四人一組のチームが運用していた小規模なポートフォリオの中には、クラス全体で選んだ銘柄によるモデル・ポートフォリオ以上の成績をあげたものもあった。一九九〇年に最高の成績を残したチームは、次のような銘柄を選んでいた（カッコ内はその理由）。

ディズニー　一〇〇株（子どもなら誰でもこの会社を説明できる）
ケロッグ　一〇〇株（作っている製品が好きだから）
トップス　三〇〇株（ベースボール・カードを交換しない子なんて、いないでしょ）
マクドナルド　二〇〇株（人は食べなければ生きていけない）
ウォルマート　一〇〇株（すごい高成長）
サバンナ・フーズ　一〇〇株（「インベスターズ・デイリー」で読んだ）

ジフィー・ループ　五〇〇〇株（たまたま安かったから）
ハスブロ　六〇〇株（おもちゃの会社だよね）
タイコ・トーイ　一〇〇〇株（右に同じ）
ＩＢＭ　一〇〇株（まだ成熟したとは言えない）
ナショナル・ピザ　六〇〇株（ピザを出されて、断る人はいない）
バンク・オブ・ニューイングランド　一〇〇〇株（もう下がりようがないでしょ）

最後の銘柄は私自身も持っていて、損をした。だからこの失敗はよく分かる。またこのチームでは、ナショナル・ピザとタイコ・トーイがこの損を埋めて余りある利益をもたらした。いずれも株価が四倍になった四倍株《フォーバガー》であり、どのポートフォリオにあっても運用成績を大幅に引き上げただろう。ナショナル・ピザは、チームの一人がナスダック市場のリストに目を通して見つけ、調査をしてから買った銘柄だった。大人の投資家の中には、この大事な二番目のステップを端折る人がいまだに多い。

一九九一年に最高の成績をあげたチームは、架空の運用資金をフィリップ・モリス、コカ・コーラ、テキサコ、レイセオン、ナイキ、メルク、ブロックバスター・エンタテインメント、プレイボーイ・エンタープライズの八社に投じた。メルクとテキサコは配当の高さが目にとまったという。プレイボーイが目にとまったのは、会社の業績とは全く関係ない理由によるものだったが、雑誌の発行部数が多いこととケーブルテレビのチャンネルを運営していることに注目したそうだ。

レイセオンについては湾岸戦争の際、モリセイ氏の生徒がサウジアラビアにいる米軍の部隊に手紙を書いたことがきっかけで、クラス全体に紹介された。生徒たちは部隊のロバート・スイッシャー少佐と文通をするようになり、駐留地から数マイルしか離れていないところにスカッド・ミサイルが撃ち込まれたときの様子を教わった。そしてパトリオット・ミサイルをレイセオンが作ったことを知ると、すぐにこの会社のことを調べたそうだ。モリセイ氏は言う。「スイッシャー少佐の命を守っている兵器に、架空の資金とはいえ投資していると思うと、悪い気はしませんでした」

投資の格言を唱えよう

フィデリティの本社にやって来て役員食堂でピザを食べ、ペンテックについて調べよという(従っておくべきだった)アドバイスを残してくれた聖アグネスのファンド・マネジャーたちは後日、そのお返しに私を学校のポートフォリオ運用部門(教室ともいう)に招いてくれた。幼稚園から八年生までの子どもを教育している、一〇〇年の歴史を持つ同校にお邪魔したところ、生徒たちの声を録音したカセットテープを一本、おみやげとして手渡してくれた。

この素晴らしいテープには、彼ら独自の銘柄選択のアイデアや戦略とともに、私が彼らに話したことも(私自身が忘れてしまうことのないように)いくつか収められていた。そのいくつかを、ここで紹介しよう。

こんにちは。ローリーです。この前教えてもらったことで覚えているのは、この七〇年間に相場が下がったことは四〇回もあった、だから投資家は市場に長い間とどまるつもりでいなくちゃいけないということです……本物のお金で投資するようになったら、私はお金をずっと市場に置いておきます。

こんにちは、フェリシティです。私が覚えているのは、シアーズのお話と、初めてショッピング・モールができ始めたころにはその九五％にシアーズが入っていたということです……自分が投資をするときには、成長の余地がある会社に投資しようと思います。

こんにちは、キムです。私は、Ｋマートは大都市にばかり出店したけれども、業績はウォルマートのほうがよかった、競争相手がいない小さな町にばかり出店したからだというお話を覚えています。それから、サム・ウォルトンの賞の式典に招かれて講演したという話も覚えています。ウォルマートはちょうど昨日、株価が60ドルになって、一株を二株にする株式分割を発表しました。

ウィリーです。えっと、食堂で出てきた昼食がピザだったので、みんなほっとしました。以上です。

こんにちは、スティーブです。僕は、ナイキの株をたくさん買おうってチームの仲間を説得したんです。56ドルで買いましたが、今は76ドルになっています。僕はスニーカーをたくさん持っています。とても履きやすいんです。

こんにちは、キムと、モウリーンと、ジャッキーです。私たちが覚えているのは、コカ・コーラは五年前まではまずまずの会社だったけれど、ダイエット・コークを出したら大人がコーヒーや紅茶からそっちに乗り換えてきた、というお話でした。コカ・コーラはこの間、84ドルで株式分割をしたところで、今も株価は順調です。

テープの最後の部分では、七年生ポートフォリオ運用部門の全員が声をそろえて、次のような投資の格言を読み上げてくれた。今後の失敗から自分の身を守るために、私たちはこの合唱を丸暗記して、シャワーを浴びながらでも唱えるべきだろう。

- 優れた会社は、配当を毎年増やすのが普通
- 損失はあっという間に生まれるが、利益が生まれるまでには長い時間がかかる
- 株価が安いというだけでなく、これから好業績をあげると自分が考える会社を選ぶのであれば、株式投資はギャンブルではない
- 株式市場で大儲けすることもあるが、すでに分かっているように、損をすることもある
- 資金を投じる前に、投資先の会社のことを調べよ
- 株式投資にあたっては、常に分散投資を心がけよ

・複数の銘柄に投資せよ。五銘柄のうちひとつは大幅に値上がりし、ひとつは大幅に値下がりし、残る三銘柄はまずまずの結果を残すのだから
・ひとつの銘柄に入れ込まない。絶えず新しい可能性に目を向けよ
・ただ銘柄を選ぶだけではダメ。宿題をちゃんとやること
・公益株を買うのはよいが、それはあくまで配当が高いから。利益が得られるのは成長株のほうだ
・株価が下がったからといって、もう下がらないとは限らない
・長期的には小型株を買ったほうがよい
・「割安だから」ではなく、「この会社のことをよく知っているから」という理由で買うべきだ

モリセイ氏は、アマチュアによる株式の銘柄選択を生徒だけでなく同僚の先生たちにも広める活動を続けており、先生方はウォール・ストリート・ワンダーズという投資クラブを始めるに至った。名誉会員の私とスイッシャー少佐を含め、二二名が参加するクラブである。

ウォール・ストリート・ワンダーズの運用成績はまずまずだが、子どもたちほどではない。モリセイ氏は、この数字を私と確認した後にこう言った。「あのう、子どもたちのほうが私たちより成績が良いことは、私からほかの先生方に伝えるまでは内緒にしておいてくださいね」

投資クラブの成功のカギは何か

規律のあるやり方で個別株投資に臨めば、子どもと同様に大人も市場平均を上回る運用成績をあげ

ることができる。ミシガン州ロイヤル・オークに本部を構える全米投資家団体協会(NAIC)のデータがその何よりの証拠だ。全米で一万にのぼる株式投資クラブを代表し、その活動を支援するガイドブックや月刊誌を発行している団体である。

一九八〇年代にはNAIC傘下の投資クラブの過半数がS&P五〇〇を、ついでに言えば全株式投資信託の四分の三をも上回る運用成績をあげた。また九一年には六一・九%のクラブがS&P五〇〇以上の運用成績を残し、九二年にも六九%がこの指数以上の成績をあげたという。こうした投資クラブの成功のカギは、株を定期的に買っていくことにある。そうすることで、相場はこれから上がるのか下がるのかといった当て推量に惑わされずに済み、虎の子の貯蓄にダメージをもたらす衝動的な売買を防ぐことができるのだ。退職貯蓄口座や年金プランを通じて毎月決まった金額だけ機械的に株を買っていけば、これらの投資クラブと同じように、自己規律から利益を得ることになるだろう。

私がフィデリティの技術部門に頼んだ計算の結果も、スケジュールに沿った投資が有効であることを裏付けている。これによると、もし一九四〇年一月三一日にS&P五〇〇に一〇〇〇ドルを投じ、その後五二年間放っておいたら、その口座には今ごろ三三万三七九三・三〇ドルが入っていることになるという。四〇年には株価指数に投資する投信はなかったから、これはあくまで仮の話だが、数多くの銘柄に長期間投資をすることの価値がよく分かる計算だ。

また、同じケースで毎年一月三一日に一〇〇〇ドルを追加投資することにし、それを五二年間ずっと続けた場合には、計五万二〇〇〇ドルの投資が三五五万四二二七ドルになるという。さらに、株式市場が一〇%以上下落するたびに(過去五二年間で三一回あった)一〇〇〇ドルを追加投資する勇気があった場合には、計八万三〇〇〇ドルの投資が六二九万五〇〇〇ドルになるらしい。このように定期的に投資することを習慣にし、何があってもそれを守れば、大きな利益が得られる。大半の投資家が恐怖に駆られて株を売るときにこれを買い増せば、さらに利益が得られるのである。

世界の終わりや銀行システムの終わりがあちこちで予言された一九八七年一〇月のブラック・マンデーのときもその後も、NAICの傘下にある一万の投資クラブはすべて予定通りに投資を続けた。恐ろしい話には耳を貸さずに株を買い続けた。

一人で投資をしていたら、怖じ気づいて持ち株を手放し、後で後悔することもあるかもしれない。しかし、投資クラブでは何事も多数決だ。多数決が常に正しいわけではないが、この場合は、全部売り払おうという愚かな提案が実行されないための歯止めになる。実際、投資クラブでの運用成績がそのクラブのメンバー個人の成績よりも高くなることが多い理由のひとつは、この集団での意思決定に求めることができる。

五銘柄に分散投資する

投資クラブの会合は月に一度、メンバーの自宅かホテルの貸会議室で行われる。投資のアイデアを交換し、次に何を買うかを決めるのだ。各メンバーは一社か二社の調査を担当しており、その最新情報をチェックしていく。こうすることで、妙なことが行われなくなる。誰かがおもむろに立ち上がって、「ホーム・ショッピング・ネットワークを買おう。あれなら間違いないってタクシーの運転手が言ってたぞ」などと言い出すことがなくなるのだ。自分の勧めた銘柄が友人の懐具合に影響するとなれば、たいていの人は自分の宿題をきちんとやるようになる。

ＮＡＩＣ傘下の投資クラブはほとんどの場合、しっかり経営されていて業績が良く、かつ増益傾向にある成長株を購入する。そういう銘柄は、株価が一〇年間で一〇倍、二〇倍、さらには三〇倍になることも珍しくない。

ＮＡＩＣはこの四〇年間で、私がマゼランで得たものと同じ教訓を数多く学んだ。成長株を五銘柄選び出せば、三銘柄は予想通りの値動きを示し、一銘柄は予想もしないトラブルに巻き込まれて値下がりし、残る一銘柄は想像だにしない大成功を収めて驚異的なリターンをあげる、というのもそのひとつだ。どの銘柄が予想以上に上昇し、どの銘柄が予想以上に下落するかは事前には分からないため、ＮＡＩＣでは、少なくとも五銘柄に分散して投資するようにアドバイスしている。「五銘柄ルール」と呼んでいるそうだ。

ＮＡＩＣの理事がわざわざ私に送ってくださった「投資家マニュアル」には、聖アグネス小学校の合唱のレパートリーにも加えることができる重要な格言がいくつか収められている。これも芝を刈りながら、いや、証券会社に注文の電話をかける前に唱えるとよいだろう。

- 投資する銘柄の数は、自分が状況を把握できる範囲内にとどめること
- 一定の期間を空けて機械的に投資すること
- 売上高や一株利益がまずまずのペースで増加しており、株価も妥当な銘柄を見つけること
- 不振が二、三年続いても長期的な成長に支障を来さないかどうか、会社の財務の強さと債務構造を

確認すること

- その会社の株を買うか買わないかは、その会社の成長力が自分の目標に見合うかどうか、そして株価が妥当かどうかで判断すること
- 今までの増収の要因を理解しておけば、その成長ペースが今後も続くかどうかを正しく見極めるのに役に立つ

第2章■週末の不安に負けない

株式投資で利益を得るカギは、怖じ気づいて逃げ出さないことにある。この点はいくら強調してもしすぎることはない。銘柄選択の方法や、成功している投資信託を見つける方法を説いた本は毎年大量に出版されるが、投資家の側に精神力が備わっていなければ、良い情報をいくら仕入れても役には立たない。ダイエットでも株でも、成否を分けるのは知力ではなく胆力だ。

自分で企業を分析したり市場動向をチェックしたりする手間が省ける投信では、知識が徒《あだ》になることが少なくない。いろいろ勉強してタイミングよく投資しようとする（つまり、自信があるときに株を買い、不安なときにこれを売る）人よりも、景気のことなど気にもとめず、相場の状況にも無頓着で、とにかく一定の間隔を置いて機械的に投資を実行する人のほうが好成績を収めるものだ。

私がこの教訓を思い出すのは、年に一度開かれる週刊誌「バロンズ」の座談会で、小生も含めて専門家だと思われている人たちが「週末の不安」に駆られるときである。この会合には、一九八六年から毎年参加している。一月のとある日に八時間ほどテーブルを囲み、投資で注意すべきポイントやコツを披露し合う。するとその内容の大半が、三週間かけて誌面に掲載される。

参加者の顔ぶれは時々変わるが、レギュラーは以下の通りだ。まず、マリオ・ガベーリ氏とマイケル・プライス氏。どちらも、高い評価を受けているうえにこのところ人気が再燃しているバリュー株(割安株)ファンドを運用している。次に、バンガード・ウィンザー・ファンドのジョン・ネフ氏。私がマゼランの運用を始めた一九七七年にはすでに大御所だった人物だ。ポール・チューダー・ジョーンズ氏は商品相場の達人。フィリックス・ズローフ氏は世界を股にかけて活躍する銀行家だ。何かと心配する質《たち》だが、彼の祖国のスイスでは何かにつけて心配する人が多いそうだから、故郷に帰ればバリバリの楽観主義者に分類されるのかもしれない。マーク・パーキンズ氏は現在は運用に携わっているが、私と知り合ったときは銀行アナリストだった。オスカー・シェイファー氏は「スペシャル・シチュエーション」という分野に的を絞って活動しており、ロン・バロン氏はウォール街が注目していない株を探している。アーチー・マカラスター氏は、店頭株専門の抜け目のない投資家だ。

一九九二年の座談会には、ポール・チューダー・ジョーンズ氏に代わってバートン・ビッグス氏が参加した。モルガン・スタンレー・アセット・マネジメントの会長で、グローバルな視点から割安株を探している。また、マーク・パーキンズ氏が九一年に加わったのは、五年連続で参加していたジム・ロジャーズ氏がウォール街を去り、オートバイでのシルクロード走破の旅に出たからだった。私が最近聞いた話では、バイクを南米のペルーにも持ち込んでアンデス山脈を走り回っていたそうだ。最寄りの証券会社から一〇〇〇マイルも離れたところだったらしい(その後はテレビのビジネス番組に再び顔を出している）。

友情というものは大学や軍隊、夏休みのキャンプなどでの経験から生まれるケースがほとんどだが、私たちの場合は株だ。例えば私は、ロン・バロン氏の顔を見ると、彼と私が同じ時期に持っていた（そして値上がりする前に売ってしまった）ある銘柄をどうしても思い出してしまう。

玄人たちの座談会

座談会は正午きっかりに始まる。前半と後半があり、前半は金融市場の概観がテーマとなる。景気はこれからどうなるか、世界は本当に終わりつつあるのかといった話をすることになっている。厄介なのはこの前半だ。

前半の議論は分析に値する。というのは、この議論はアマチュアの投資家が週末に、朝食のテーブルやジムやゴルフコースでする世間話と何ら変わるところがないからだ。ビニール袋に入った新聞やテレビの電波を通じて伝えられる、気の滅入るニュースについて人があれこれ考えてしまうのは、考える時間のある週末なのである。

ひょっとしたら、新聞がビニール袋に入った状態で配達されるのは、書いてある情報から購読者を守るためかもしれない。間違って袋から新聞を取り出したら最後、人類が滅亡する最新の理由があふれ出てくるからだ。地球温暖化、地球寒冷化、悪の帝国ソビエト、悪の帝国ソビエトの崩壊、景気後退、インフレ、識字率の低下、医療費の高騰、イスラム原理主義、財政赤字、頭脳流出、民族紛争、組織犯罪、非組織犯罪、セックス・スキャンダル、マネー・スキャンダル、セックスとマネーのスキャンダルなどなど。スポーツ面でさえ気分が悪くなることがある。

日々のニュースを消化していくことは、株を持たない市民にとっては気が滅入るだけの話だが、投資家にとっては危険な習慣だ。例えば、消費者の半分がエイズウイルスのせいで、そして残りの半分がオゾン層の破壊による熱帯雨林の消滅と砂漠化のせいで命を落とすとなったら、あるいは熱帯雨林が消滅して西半球が新しいゴビ砂漠に変わるとなったら、衣料品販売のギャップの株を持ちたい人などいなくなってしまう。

「日曜版で地球温暖化の話を読んだから、ギャップの株を全部売ることにした」なんてことは自分ならしない、と読者は言うかもしれない。しかし、月曜日になって売り注文がどっと出てくるときには、この種の週末のロジックが見えないところではたらいている。昔から株価が最も大きく下落するのは月曜日であること、そして一二月に相場が下がって終わる年が多いことは決して偶然ではない。一二月には税金対策の損失確定の売りが出るうえに、何千万人もの人々が長い休暇に入り、世界の行く末について考える時間を手にしてしまうからなのだ。

「バロンズ」の座談会の前半で専門家たちがやっているのは、こうした週末の不安を語り合うことにほかならない。一九八六年にはマネーサプライのM1とM3、財政均衡のためのグラム・ラドマン法案、主要七カ国(G7)はどうするのか、「Jカーブ効果」で貿易赤字は減り始めるのかといった不安について話をした。八七年には、ドルが下落している、外国の企業が米国市場でダンピングをしている、イラン・イラク戦争で世界の石油が不足する、外国人が米国の株や債券を買わなくなる、消費者はすでに借金漬けでもう何も買えない、レーガン大統領は三期目の再選を目指せないといった不安について語った。

座談会の参加者全員がいつも心配しているわけではなかった。心配の度合いは人によって異なるし、去年は不安でいっぱいだった人が今年は元気だということもあった。二、三名が楽観的な見通しを語り、全体に沈んだ雰囲気を多少盛り上げるということもよくあった。実際、参加者が景気と株式市場の見通しについて最も楽観的だった年は一九八七年だったが、この年には株価が計一〇〇〇ポイント下がるブラック・マンデーがあった。この年に警鐘を鳴らしていたのはジム・ロジャーズ氏ただ一人で、彼は翌八八年にも、世界中の株価急落が迫っていると警告した。彼は今でこそ、下落すると見込んだ株を「空売り」することで有名だが、八七年と八八年の座談会では、悲観的な見通しを立てたにもかかわらず空売りの推奨をほとんどしなかった。成功する投資家は、週末の不安に振り回されて戦略を変えるようなことはしないのだ。

座談会に顔をそろえるのは、他人のお金を何十億ドルも集めて運用している影響力のある玄人たちだ。世界的な不況が差し迫っているのか、それとも景気は上向くのか、議論を重ねても意見が一致することはない。

ただ、参加者の不安が頂点に達したのが一九八八年の座談会、つまりブラック・マンデーの二カ月後の会合だったことは特筆に値しよう。大幅な下落に見舞われた直後だったから、次の年にもまた大幅な下落があるのでは、と思っていたのだ。ここから、ピーターの法則❹が導かれる。

【ピーターの法則❹】

バックミラーで未来は見えない。

一九八八年の座談会の雰囲気を決めたのは、ズローフ氏が最初につぶやいた。「一九八二年から一九八七年まで続いたハネムーンが終わりましたね」という一言だった。この日は結局、これよりも楽観的なコメントは出てこなかった。この発言の後はずっと、今回の下落が標準的な弱気相場になる(ダウ平均が一五〇〇ドルかそれ以下の水準になる)のか、あるいは殺人的な弱気相場に発展して「世界中の金融関係者と投資家のほとんどが吹き飛ばされ」(ジム・ロジャーズ氏)、「一九三〇年代前半のような世界的な恐慌」(ポール・チューダー・ジョーンズ氏)になるのかを論じていた。

殺人的な弱気相場や世界的な恐慌について語る合間には、貿易赤字や失業、財政赤字などについて心配した。私の場合、「バロンズ」の座談会の前日はよく眠れないのが普通だが、この年は座談会を終えた後、三カ月間も悪夢にうなされた。

一九八九年にはズローフ氏が中国の干支を持ち出してきて、今年はへび年だから不吉だなどと言っていたが、座談会の参加者はいくぶん元気を取り戻した。九〇年に集まったときには、あれほど予想されていた恐慌は影も形もなく、ダウ平均は二五〇〇ドルを回復していた。しかしそれでも、私たちは株を買わない新しい理由を見つけた。不動産価格の急落を新たな災難の一つとみなしたのだ。七年連続で上昇すれば(八七年の相場は、ブラック・マンデーにもかかわらず八六年よりやや上昇して引けた）下落相場は避けられないという事実に、私たちは動揺していた。これまでが順調すぎたというわけだ。知的なうえに多少のことでは怖がらない私の友人たちも、このときばかりは、銀行からお金を引き出して家の中に隠しておこうかと話していた。大銀行が破綻して銀行システムが崩壊するかもしれないと考えたからだった。

一九八〇年から八二年にかけても投資家は株式相場に悲観的で、話が株に及ぶと地震やお葬式、あるいはボストン・レッドソックス優勝へのはかない期待まで持ち出して話題を変えたものだった。しかし、九〇年はそのときよりも悲観的だった。この年には、投資家は株の話題を単に避けるだけでなく、「株の下落に賭ける」理由を語るのに熱心だった。私自身、タクシーの運転手が債券投資を勧めたり、理容師が「プット・オプション」を買ったと自慢したりするのを耳にした（プット・オプションとは、決まった価格で株を売る権利のこと。株価が下がるとプット・オプションの価値は上がる）。

理容師という職業の人たちはプット・オプションなんて用語は聞いたことがないはずだ、と私は思い込んでいた。ところが、彼らは自分で稼いだお金を使ってあの複雑な賭けをしていた。かの大富豪バーナード・バルークは、靴磨きの少年が株を買ったときがすべての株の売り時だと言ったそうだが、もしそれが正しければ、理容師がプットに目をつけたときはきっと株の買い時だ。

一九九〇年の暮れにかけて、メディアは人々の不安をあおるニュースであふれていた。レイオフ、不動産の急落、景気後退、不確実性といった言葉が新聞や雑誌の見出しをにぎわせた。

おまけに、砂漠では戦争が始まっていた。テレビカメラが国防総省の会見室に入り込んだ。何千万人もの視聴者が、イラクとクウェートがどこにあるかを初めて知った。軍事評論家たちは気が滅入る話をした。世界で四番目の規模を誇るイラク軍の兵士はよく訓練されている、砂丘の下に基地を作って潜んでいる彼らが米軍の兵士に生物化学兵器を使用すればどれほどの死傷者が出ることになるか、といった話だった。

この見通しは案の定、臆病になっている株式評論家たちの予測に影響を及ぼした。一九九一年一月一五日に行われた「バロンズ」の「衰退する経済」座談会には、例の死傷者の予測が重くのしかかっていた。ズローフ氏が悲観的なのは毎度のことだが、この年は輪をかけて悲観的で、ダウ平均は八七年のブラック・マンデーでつけた安値と二〇〇〇ドルとの間のどこかにまで下がると予測した。マイケル・プライス氏は五〇〇ポイントの下落を予想し、マーク・パーキンズ氏は最終的に一六〇〇〜一七〇〇ドルに下がると読んだ。小生も手を挙げ、最悪の場合には深刻な景気後退になりかねないと発言し、もし一部で予想されているように戦争がひどくなれば株価は三三％下落するだろうとの見通しを示した。

世界の終わりに耳を貸さなかった人たち

投資で成功した人でなければ、この座談会には参加できない。従って、私を含む参加者の全員が投資には熟達しており、それゆえに自分たちが発した悲観的なシグナルに振り回されずに済んだと見てよいだろう。私はほかの米国民と同様に、「砂漠の嵐作戦」が長期にわたる血まみれの戦いになる恐れがあることを承知していたが、その一方で、多方面から出た売り注文のせいで株式市場が大バーゲンセール状態になっていることに気づかないわけにはいかなかった。マゼラン時代のように何百万株も売買することはもうなかったが、自分自身のポートフォリオでは買いを入れていたし、運用を手伝っていた慈善基金や公的機関でも株を買っていた。

熟練の個別株ハンターが有望な銘柄を探すには、まさにうってつけの場面だった。メディアには悲観的な見出しが躍っている。ダウ平均は夏から初秋にかけて六〇〇ポイントも下落した。タクシーの運転手が債券投資を勧め、投信のファンド・マネジャーは運用資産の一二％を現金で持っている。おまけに「バロンズ」の座談会でも、少なくとも私のほかに五人が深刻な景気後退を予測していた。

ご承知の通り、この戦争は一部で言われていたほどひどくはならなかったし（イラクの方々にとってはそうではなかったが）、株価は三三％下がるどころか上昇した。S＆P五〇〇は三〇％、ダウ平均は二五％、小型株は六〇％の上昇をそれぞれ記録し、一九九一年の上昇率は過去二〇年で最も高い値になった。もし座談会での私たちの話に少しでも耳を傾けていたら、この大幅な値上がりの波に乗り損なっていただろう。

また、過去六年間の「衰退する経済」座談会を支配した悲観的な空気にもし着目していたら、現代史上最大の上昇相場のさなかに、つまり世界の終わりなどという話に耳を傾けなかった人たちが資産を三倍にも四倍にも膨らませたあの時期に、怖じ気づいて株から手を引いてしまっていたことだろう。もし今度、日本が破綻するとか、隕石が猛スピードでニューヨーク証券取引所に突っ込んでくるとか言う輩の話を信じ、儲かる投資から手を引きそうになったら、ぜひ私のこの話を思い出していただきたい。

「不安と恐怖が市場に厚く垂れ込めている」。一九九一年の座談会の模様を掲載した週の「バロンズ」

はそう書いた。ところが、それから程なく市場は力強い上昇に転じ、ダウ平均は史上最高値を更新することになったのだ。

銘柄選択の成功は信念を貫けるか否かにかかっている

「分かった。じゃあ、今後相場が下がったときには悪いニュースを無視して、バーゲンセール状態の株を買うことにしよう」。そうつぶやくのは簡単だ。しかし、危機というものは前回のそれよりも深刻に見えるのが普通だから、悪いニュースを無視することは危機が来るたびに難しくなっていく。怖じ気づいて買いそびれるのを防ぐには、定期的に(例えば毎月)株を買っていくのが一番よい。退職年金プランの401Kや、前述の投資クラブで広く行われているやり方だ。強気なときに買ってそうでないときに売るというやり方よりも、こちらの機械的な投資の運用成績が高いのは、決して意外なことではない。

強気なときに買い、弱気なときに売る――このやり方での個別株投資の問題点は、市場が六〇〇ポイントも上昇して株価が割高になっているときに限って人は強気になり、逆に六〇〇ポイント下落してお買い得品がごろごろしているときに限って弱気になってしまうところにある。株を毎月××ドル買うとあらかじめ決めておかないのであれば、信念を貫くために何か別の方法を見つけなければならない。

普通なら、信念を貫くことと株の銘柄選択とが同じ段落で論じられることはない。しかし、銘柄選択の成功は信念を貫けるか否かにかかっている。バランスシートやPERの分析で世界一の達人になれたとしても、信念がなければ、悲観的な見出しを信じることが多くなってしまうだろう。優れた投信を買っても、信念がなければ、最悪の事態を恐れるときに売ってしまうだろう。そういうときにはまず間違いなく、株価は最も安い水準にある。

ところで、私が言う信念とはいったいどんな信念なのだろうか。分かりやすく言うならそれは、米国はずっと存続するというような信念である。人類は今後も朝、目が覚めたらズボンに足を一本ずつ入れていくし、そのズボンを作る会社は株主のために利益を稼ぐというような信念である。古参の企業が勢いを失って消えて行くにつれ、ウォルマートやフェデラル・エクスプレス、アップルコンピュータのように人をわくわくさせる新しい企業が台頭してくるというような信念である。そして、米国は勤勉で創意工夫をする人々の国であり、有名校を出て高い給料をもらっているヤッピーの人たちであっても怠けていればこっぴどく叱られる国だというような信念である。

私は、その時々の大局に疑問を抱いたり失望したりしたときには、「もっと大きな大局」に必ず目を向けるように心がけている。自分は株式投資で信念を貫けると思っている読者なら、このもっと大きな大局を知っておいて損はない。

もっと大きな大局とは、株が過去七〇年間に年率で平均一一％のリターンをもたらしてきたことであり、その一方で短期・長期の米国債やＣＤなどのリターンはその半分にも満たなかったことである。二〇世紀には大小の災難が起こった――そして世界が終わるかもしれないという不安が広がった――にもかかわらず、株は債券の二倍も報われる投資対象であり続けているのだ。この点だけを心にとめて投資するほうが、景気後退の到来を予測している評論家や投資アドバイザー二〇〇人の意見に基づいて投資するよりも、長期的にははるかに大きな利益を得られるだろう。
また、株がほかの投資対象を上回るリターンをあげた過去七〇年間には、株価が一〇％以上下落する恐ろしい局面が四〇回もあった。この四〇回のうち、一三回は下落率が三三％に達していた。一九二九年から三三年にかけての急落もそのひとつだった。

何千万人もの人々が株を避けて債券やマネー・マーケット商品を好み続けている理由はいくつかあるだろうが、何より大きく作用しているのは一九二九年の大暴落の文化的記憶だと私は確信している。あの暴落は、六〇年が過ぎた今でも、当時生まれてすらいなかった私の世代も含む多くの国民を株から遠ざけている。

もし私たちがこの暴落のトラウマに苦しんでいるのだとしたら、それによる不利益は非常に大きい。次の暴落を避けるためにお金を債券、マネー・マーケット商品、普通預金口座、CDなどで運用している人は、この六〇年間の株価上昇の恩恵にあずかれず、インフレによる資産の目減りにも見舞われているからだ。実際、インフレによる目減りは、株価暴落が生じたときにもたらされるダメージよりも大きなものになっている。

あの有名な大暴落の後に大恐慌がやって来たせいで、私たちは株式市場の暴落と景気の急激な悪化を結びつけて考えるようになっている。株価が暴落すれば景気も大幅に悪化すると信じ込んでしまっている。あまり報じられなかったが、一九二九年に匹敵するほど深刻だった七二年の暴落（このときは、タコ・ベルのような素晴らしい会社の株価が15ドルから1ドルに下がった）のときに景気が大きく悪化しなかったにもかかわらず、八七年のブラック・マンデーのときもそうだったにもかかわらず、この見当違いな見方は人々の心にこびりついてしまっている。

おそらく、大暴落はいずれまたやって来るだろう。だが、私にはそういう予言をする手立てがない（「バロンズ」の座談会に参加するベテランたちも同様だ）。だから、自分の身をあらかじめ守ろうとすることにどんな意味があるのか、さっぱり分からない。もし私が自分の身を守ろうとしていたら、おそらく現代に入って四〇回あった下落のうち三九回で株を売り切ってしまい、後で悔しがったことだろう。何しろ一九二九年の大暴落の後でさえ、株価は最終的には立ち直ったのだから。

株の下落は特に驚くことではない。繰り返し起こることであり、ミネソタの寒気と同じくらい普通にあることだ。寒い地方に住む人は、いずれ凍り付くような季節がやって来ることを知っている。だから、外の気温が氷点下になっても、次の氷河期が始まったとは考えない。防寒着を着て、道路に塩をまき、夏にはまた暖かくなると思うだけだ。

ミネソタ州民と寒気との関係は、株の銘柄選択で成功している投資家と株式市場の下落のそれと同じである。やって来ることは分かっている。乗り切る用意もできている。ほかの株といっしょにお気に入りの銘柄が値下がりしたら、すかさず買い注文を入れるのだ。

ダウ平均が一日で五〇八ポイントも下落した一九二九年の大暴落の後、専門家たちは最悪の事態になると口をそろえた。しかし、ダウ平均は結局一〇〇〇ポイント下げたものの（八月の高値から三三％下落）、多くの人が予想した「世界が終わる日」はやってこなかった。あの暴落はたしかに大幅だったが、普通の調整であり、二〇世紀に一三回あった三三％の下落の一三回目にすぎなかった。

下落率が一〇％を超える次の下落――本書が世に出るころにはもう発生しているかもしれない――

は、現代史上四一回目の下落になるだろう。三三%を超えれば、一四回目の大暴落だ。私はマゼラン・ファンドの年次報告書でも、そういう下落は避けられないとたびたび指摘していた。

市場が悲観的になっているときでも、過去には四〇回もの大幅下落があったという事実を思い出すと私は元気になる。優良企業の株のバーゲンセールがまた始まっていることになるからだ。

第3章 ■ 投資信託では何を選ぶべきか

投資信託にすれば手間が省ける、どの株を買うべきか悩まなくて済む——そういう時代は終わった。今度は、どの投信を買うべきか悩まなければならない。先日数えてみたが、今では三五六五本もの投資信託が存在している。株式投信が一二六六本、債券投信が一四五七本、課税対象になるマネー・マーケット・ファンド（ＭＭＦ）が五六六本、短期地方債投信が二七六本という内訳だ。一九七六年には全部で四五二本（うち株式投信が二七八本）だったから、まさに様変わりである。

この投信設定のブームには衰える兆しがない。今ではカントリー・ファンドに地域ファンド、ヘッジファンドにセクター（業種別）ファンド、割安株ファンドに成長株ファンド、シンプル・ファンドにハイブリッド・ファンド、逆張りファンドにインデックス（指数連動型）ファンド、さらには投信に投資するファンド・オブ・ファンドまである。この調子ではいずれ、独裁国家にしか投資しないファンドとか、名前に母音のない国専門のファンドとか、ファンド・オブ・ファンドに投資するファンドなども登場することになろう。最近はどこの証券会社のオフィスにも、「緊急時の対応について」と題された掲示板にこんな指令が貼ってあるそうだ。「利益急減時には投信を新規設定すること」

投信業界は先日、重要な節目を迎えた。投信の本数が、ニューヨーク証券取引所とアメリカン証券取引所の上場株式の合計よりも多くなったのである。しかも、この上場株のうち三二八銘柄は実際には投信だ（後述するクローズド・エンド型投信の受益証券）。さてさて、この混乱状態に対処するには、いったいどうすればよいのだろうか。

ポートフォリオを作る

二年前、ポートフォリオの見直しを手伝っていたニュー・イングランドのＮＰＯ（引き続き名前は伏せておく）から全く同じことを尋ねられた。このＮＰＯも御多分に漏れず、常に資金を必要としていた。運用はもう何年も一人の担当者が行っており、大半の投資家と同様に、資産を債券と株に分けていた。

この運用資産の配分の見直しを助言するにあたって私が直面した問題は、普通の人が直面する問題と何ら変わるところがなかった。

まず、株と債券の割合を変えるべきかどうかを判断しなければならなかった。これはなかなか面白い問題だった。実際、この「投資元本の増加か利息収入か」という選択ほど、家計の資産形成に大きな影響を及ぼす決断はない。

私自身の家族のポートフォリオは、債券の割合を若干多めにせざるを得なくなっている。給料がなくなった分を投資の収入で埋めなければならないからだ。それでも、まだ株にはかなり投資をしている。ほとんどの人は、債券が多すぎで株が少なすぎるという間違いを犯す。その傾向が今ほど強い時代はない。一九八〇年には、投信全体に占める株式投信の割合は六九％だったが、九〇年にはこの値がわずか四三％にとどまった。今日では、全投信の資金の約七五％が債券投信とＭＭＦにとどまっている。

債券の人気が高まることは、財政赤字を埋めるために国債を際限なく売らねばならない政府にしてみれば、願ってもない話である。逆に、債券保有者の将来の財産にとってはあまりありがたくない話であるため、その資金は株に投じるべきである。本書の序章で論じたように、株のほうがはるかに気前が良い。この七〇年あまりに長期国債があげたリターンは年率換算で四・八％だったが、株のそれは一〇・三％に達しているのだ。

債券よりも株のほうがリターンが高いのはなぜか。理由は簡単だ。企業が成長して利益を増やすにつれ、株主は増加した利益の一部を手にしていく。つまり、配当が引き上げられる。この配当は、その株が値上がりする際の重要な要因であるため、一〇～二〇年連続で増配している銘柄だけでポートフォリオを作れば、間違えることはほとんどないだろう。

私が夜眠る前に愛読しているムーディーズ発行の『ハンドブック・オブ・ディビデンド・アチーバー』（一九九一年版）によれば、二〇年連続で増配している企業は一三四社あり、一〇年連続で増配している企業は三六二社を数える。であれば、このムーディーズのリストに載っている個別株を買い、そのリストに載っている限り保有し続けるというやり方が考えられる。ウォール街で成功を収める実に簡単な方法だと言えよう。実際、パトナムが運用するパトナム・ディビデンド・グロース・ファンドはこの配当重視戦略を採用している。

企業は配当を引き上げて株主に報いるのが常《つね》だが、金融の歴史を――それこそメディチ家の時代まで――さかのぼっても、社債の金利を引き上げて社債の保有者に報いた企業は存在しない。社債を持っていても株主総会には招かれないから、スライドを使った説明を聞いたり、会場でオードブルを食べたり、質問に答えてもらったり、好業績を祝うお土産をもらったりすることもない。インフレの分だけ目減りした元本が戻ってくるのが関の山だ。

債券がこれほどもてはやされる理由のひとつは、この国ではお金の大半を高齢者が持っており、そうした高齢者は利息収入で食べているケースが多いということに求められる。そのため、まだ所得を稼げる若い人は株を買い、利息収入で食べていかねばならなくなる年齢まで資産を増やし続けることになっている。しかし、「若者は株を、高齢者は債券を」というお馴染みの処方箋は時代遅れになりつつある。人は昔ほど簡単に死ななくなってきたからだ。

最近では、健康な六二歳の人の寿命は八二歳だとされている。この差にあたる二〇年はお金を稼ぐのではなく使う二〇年であり、資産の購買力がインフレで目減りする二〇年である。債券や預金があるから引退後も楽しく暮らせると思っていた高齢者は、現実がそうでないことに気づきつつある。いろいろな料金を今後二〇年間支払うとなれば、生活水準を維持するために、投資元本が増える要素をポートフォリオに再度組み入れる必要があるだろう。また、金利水準が低下していることから、かなりの額の運用資産を持つ人でも利息だけで暮らしていくことは難しくなりつつある。

そのため、全米各地の高齢者が「年利三・五％のＣＤで食べていけるのだろうか」という疑問を口にする状況になっている。

例えば、すでに引退している高齢の夫婦が純資産の五〇万ドルをすべて短期国債かＣＤに投資しているとしよう。もし金利が低下したら、この夫婦は満期のＣＤを今よりも低い利率で預け替えなければならず、利息収入は劇的に減ってしまう。逆に金利が上昇したら、ＣＤの利率も上昇して利息収入は増えるが、そのときはインフレ率も上昇している。もしこの五〇万ドル全額を表面利率七％の長期国債に投じたら、年当たり三万五〇〇〇ドルの安定した利息収入が得られるものの、そのときのインフレ率が五％だったら、夫婦が毎年手にする三万五〇〇〇ドルの購買力は一〇年経てば半減するし、一五年経てば三分の一になってしまう。

となれば、この夫婦はいずれ、楽しみにしていた旅行をキャンセルしたり、五〇万ドルの蓄えの一部を取り崩したりしなければならないかもしれない。蓄えの一部を取り崩せば将来の利息収入は減るし、子どもに遺すつもりの財産も減ってしまう。ずば抜けたお金持ちでない限り、株式投資をせずにいい暮らしを長期間続けることはできないのだ。

もちろん、株にいくら投資するべきかは、金銭的なゆとりがいくらあるか、そして投資したお金をいつごろから使い始めるかによって変わってくる。とはいえ、株に投資する割合は自分が我慢できる限界まで高くしておくべきだ、と私は考えている。

私は例の匿名のＮＰＯにも同じ提案をした。ポートフォリオの見直しを決断するまで、この団体は運用資産の半分を株に、半分を債券にそれぞれ配分していた。運用対象の債券は満期までの期間が五

〜六年のものが中心で、当時の利回りは約九％だった。株で運用している部分の配当利回りは三％だったので、ポートフォリオ全体のリターンは六％だった。

債券は満期まで持ち続け、購入した価格で償還を受けるのが普通であるため、ポートフォリオの半分は元本成長の見込みがない。一方、株で運用する残りの半分は配当収入が得られるうえに、年八％のペースで元本が増える可能性もある。

（過去の実績によれば、株は年一一％近いリターンをもたらす。三％が配当で、残る八％が株価の上昇によるものだ。もちろん、株価上昇の大きな要因は、増配が続いて株の価値がさらに高まることにある）

ポートフォリオの半分を年八％で成長する株に投じ、残りの半分を全く成長しない債券に投じると、ポートフォリオ全体の成長率は四％となる。これはインフレによる目減りをかろうじて避けられるペースだ。

では、株と債券の割合を変えたらどうなるだろうか。株を増やして債券を減らせば、この団体は向こう数年間、いくらかの利息収入をあきらめることになる。しかし、株価の長期的な上昇と株の配当収入の増加により、この短期的な犠牲を補って余りある利益を得ることになるだろう。

株と債券の割合を変えるとどうなるかをまとめたのが表3－1である。フィデリティ・アセット・マネジャー・ファンドの運用で優秀な成績を収めているボブ・ベックウィットが私の代わりに作成してくれたものだ。

ベックウィットは、フィデリティで働くクオンツ（訳注：コンピューターや金融工学を用いて投資

表3-1
株と債券の割合を調整する

		債券の価値(年末時点)	利息収入	株式の価値(年末時点)	配当収入	利息・配当の合計	投資元本(年末時点)
ケースA 債券100%	1年目	$10,000	$700	—	—	$700	$10,000
	2年目	10,000	700	—	—	700	10,000
	10年目	10,000	700	—	—	700	10,000
	20年目	10,000	700	—	—	700	10,000
	20年間合計	10,000	14,000	—	—	14,000	10,000
ケースB* 債券50% 株式50%	1年目	5,000	350	5,400	150	500	10,400
	2年目	5,200	364	5,616	162	526	10,816
	10年目	7,117	498	7,686	300	798	14,803
	20年目	10,534	737	11,377	647	1,384	21,911
	20年間合計	10,534	10,422	11,377	6,864	17,286	21,911
ケースC 株式100%	1年目	—	—	10,800	300	300	10,800
	2年目	—	—	11,664	324	324	11,664
	10年目	—	—	21,589	600	600	21,589
	20年目	—	—	46,610	1,295	1,295	46,610
	20年間合計	—	—	46,610	13,729	13,729	46,610

＊50：50の割合を維持するには、ポートフォリオを定期的に「リバランス」しなければならない。すなわち、株価の上昇にあわせて債券の保有を増やしてやる必要がある。

を行う人）の一人だ。クオンツは、線形思考による理解がほとんど及ばない概念を扱える複眼的な思考ができる人たちで、クオンツ同士でしか通じない言語を話す。ベックウィットはその中では珍しく、クオンツ・モードから離れて普通の英語でも会話ができる人物だ。

ベックウィットが分析してくれた三つのシナリオでは、いずれも一万ドルを投資する。債券の表面利率は七％で、株の配当利回りは三％、株価の上昇率は年八％という標準的なペースを想定する。

ケースAでは、一万ドルすべてを債券に投じる。その後二〇年間で得られる利息は一万四〇〇〇ドルで、満期には元本の一万ドルが還ってくる。

ケースBでは、一万ドルを株と債券に二等分する。その後二〇年間に得られる債券の利息は一万四二二ドルで、株の配当は六八六四ドル。そして、二〇年後のポートフォリオの価値は二万一九一一ドルとなる。

ケースCでは、一万ドルすべてを株に投じる。その後二〇年間で得られる配当は一万三七二九ドルで、二〇年後のポートフォリオの価値は四万六六一〇ドルとなる。

配当は年々増えるため、最終的には株の配当収入が債券の利息収入を上回ることになろう。二〇年間で得られる利息・配当の合計で、ケースBがケースAを三二八六ドル上回るのはそのためだ。ケースCに至っては、二〇年間の配当収入がケースAの利息収入を二七一ドルしか下回っていない。すべての資金を株に投資し、株価上昇の恩恵をフルに享受しようとしても、それによって失われる利息収入は二七一ドルにとどまるのだ。

この分析をさらに進めていくと、たとえ利息収入が必要だとしても、理論的には債券に資金を投じる意味がないことが分かる。どうしてそういう過激な結論になるのか。ベックウィットに作ってもらった表３－２を見てほしい。

投資できるお金が一〇万ドルあり、現在の生活水準を維持するには年七〇〇〇ドルの利息・配当収入が必要だと仮定しよう。利息・配当収入が必要な人には、債券を買いなさいとアドバイスをするのが常道だ。しかしここはあえて、ワイルドでクレージーな方向に舵を切る。全体で三％の配当利回りが得られる株のポートフォリオに一〇万ドル全額を投じるのだ。

一年目には三〇〇〇ドルの配当収入が得られる。だが、これでは現在の生活水準を維持できないため、株を四〇〇〇ドル売る。株価が八％という通常のペースで上昇していたら、一年目の年末には株のポートフォリオの価値が一〇万八〇〇〇ドルになっている。このうちの四〇〇〇ドルを換金するのだ。したがって、年末の価値は一〇万四〇〇〇ドルとなる。

二年目には三一二〇ドルの配当収入が得られるから、株の売却は三八八〇ドルで済む。その後は毎年、配当収入が増えるにつれて株の売却額が減っていく。一六年目には配当の小切手だけで七〇〇〇ドルを超えるようになる。株を売らなくても生活水準を維持できるのだ。

二〇年目の年末には、当初一〇万ドルだった資金が三四万九一四〇ドルと四倍近くに膨らんでいる。しかも、それまでの間に一四万六八二〇ドルの支出を配当からまかなえているのだ。

今度こそ、株よりも債券を選ぶ最後の理由――利息収入を手放すゆとりがない――が正しくないことが明白になったと言えるだろう。しかし、ここで再び問題になるのが「怖い」という感情だ。たしかに、株は年八％のペースで順調に値上がりするわけではない。何年間も下がり続けることもある。ま

表3-2
全額を株に投資したら……

想定：配当利回りは年3%。株価は年8%のペースで上昇し、配当額も同じペースで増える。
少なくとも年当たり7000ドルは支出に回す*。

年	年初の株の価値	配当収入	年末の株の価値	支出	年末のポートフォリオ価値
1	$100,000	$3,000	$108,000	$7,000	$104,000
2	104,000	3,120	112,320	7,000	108,440
3	108,440	3,250	117,200	7,000	113,370
4	113,370	3,400	122,440	7,000	118,840
5	118,840	3,570	128,350	7,000	124,910
6	124,910	3,750	134,900	7,000	131,650
7	131,650	3,950	142,180	7,000	139,130
8	139,130	4,170	150,260	7,000	147,440
9	147,440	4,420	159,230	7,000	156,660
10	156,660	4,700	169,190	7,000	166,890
小計(1-10)		37,330		70,000	166,890
11	166,890	5,010	180,240	7,000	178,250
12	178,250	5,350	192,510	7,000	190,850
13	190,850	5,730	206,120	7,000	204,850
14	204,850	6,150	221,230	7,000	220,380
15	220,380	6,610	238,010	7,000	237,620
16	237,620	7,130	256,630	7,130	256,630
17	256,630	7,700	277,160	7,700	277,160
18	277,160	8,310	299,330	8,310	299,330
19	299,330	8,980	323,280	8,980	323,280
20	323,280	9,700	349,140	9,700	349,140
小計(11-20)		70,670		76,820	349,140
合計(1-20)		108,000		146,820	349,140

＊10ドル未満は四捨五入。

た、債券の代わりに株で資産を運用する人は、定期的にやって来る相場の調整を乗り越えなければいけないうえに、配当収入の不足を補うために株を売る準備もしなければならない。株価が安いときに売らねばならない場合もあるだろう。

これは、運用を始めた当初は特に難しい作業になる。株式市場が下落すれば、ポートフォリオの価値が投資元本を割り込むこともあり得るからだ。世間の人はずっと、株を買った途端に大暴落がやって来て虎の子の蓄えがなくなってしまうと心配し続けている。だから、読者はその怖さのために債券を持ち続けてしまうだろう。表３－１や表３－２を学んで、運用資産をすべて株に投じるという長期の知恵に納得した後でもそうなるだろう。

では、読者が株を買った翌日に市場が大幅な調整に見舞われ、読者のポートフォリオが一夜にして二五％目減りしたとしよう。読者はきっと、家族の大事なお金をスッてしまったと自分を責めるだろうが、その株を売らずに持っている限りは、全額債券で運用する場合よりもはるかによい結果が得られる。ベックウィットがコンピューターで計算したところによれば、二〇年後のポートフォリオの価値は一八万五三五〇ドルとなり、全額を債券に投じていた場合の二倍近い額になるのだ。

この際だから、もっと悪いケースも想定してみよう。深刻な景気後退が二〇年続き、通常なら八％の株価上昇率が半分の四％にとどまったとする。現代金融史上最も長きに及ぶ災難となるだろうが、この場合でも全額を株で運用するポートフォリオは、毎年七〇〇〇ドルを引き出しても、二〇年後に一〇万ドルの価値を維持している。このようなケースでも全額債券で運用した場合と等しくなるのだ。

ベックウィットに出してもらったこの数字を例のＮＰＯへのプレゼンテーションに持って行けたら

よかったのに、と思う。この数字があれば、全額を株で運用するように勧めることができたかもしれないからだ。実際には、株の割合を高めることになったので、少なくとも正しい方向には踏み出すことができたのだが。

債券か、それとも債券投信か

債券と株の割合が決まったら、次は債券投資の中身を決める。私は債券のファンではないから、この話は手短にする。私が株を売り込みたがっていることは読者にはもうお見通しだろうが、ここでは株の話題を横に置き、債券は資金の安全な預け先だという見方について話をする。この見方は間違っているということだ。

自分は株ではなく債券で運用しているから夜ぐっすり眠れるんだという人は、目覚めが悪いことが多い。表面利率が八%の三〇年物米国債が安全なのは、低インフレが三〇年間続く場合に限られる。もしインフレ率がかつてのように二桁に戻ったら、表面利率が八%の債券の市場価格は二〇~三〇%下落してしまう。そんなときにこの債券を手放せば損をする。三〇年間持ち続ければ元本は間違いなく還ってくるが、そのときの元本の価値は今日のそれの数分の一にすぎないだろう。ワインやベースボール・カードとは違い、お金は年を経るたびに価値が下がる。例えば、一九九二年の一ドルには六二年当時の一ドルの三分の一程度の価値しかない。

(なお、このところかなり軽視されているMMFがそれほどひどいものだとは言い切れないことを指摘しておきたい。インフレ率が二・五%でMMFの利回りが三・五%だったら、少なくとも一%は勝っている。また、金利が上昇すればMMFの利回りも上昇するだろう。三・五％の利回りで暮らしていけるとは言わないが、少なくとも、元本割れのリスクは避けられる。最近は手数料の安いMMFもいくつか設定されており、この商品の魅力は増している。低金利が永遠に続く公算は小さいから、MMFは長期債よりもはるかに安全な投資先だと言えよう）

債券は直接買うのではなく投信を通じて買ったほうが安全だという話があるが、これも誤解だ。たしかに、社債や低格付けのジャンク・ボンドについて言うならこれは正しい。投信はいろいろな銘柄に分散投資を行うことでデフォルト（債務不履行）のリスクを抑えられるからだ。しかし、債券投信といえども金利の上昇から元本を守ることはできない。長期債投資で直面する最大の危険が、この金利の上昇だ。金利が上昇すれば債券投信も、同様な期間の債券と同じペースで価値を失っていく。

ジャンク・ボンドの投信や、社債と国債の両方に投資して利回りを高くする投信を買うというなら、まだ分かる。分からないのは、中長期国債の投信に資金を全額投じたいと考える人がいることだ。そういう人はたくさんいる。その証拠に、今日では一〇〇〇億ドルを超える資金がこの種の投信に投じられている。

こんなことを書くと債券投信部の友人が減るかもしれないが、何であんなものがこの世にあるのか私には理解できない。中期国債の投信を買って年〇・七五％の手数料（人件費、会計処理の料金、報告書の作成費用などに充てられる）を支払うのであれば、同じくらい簡単に買える期間七年の米国債を利用すればいいからだ。そうすればこの手数料はかからないし、利回りだって高くなる。

米国債は短期でも長期でも証券会社で買える。連邦準備銀行から直接買うこともできる。後者の場合、販売手数料はかからない。三年債や財務省短期証券は五〇〇〇ドルから買えるし、一〇年債や三〇年債もたった一〇〇〇ドルから購入できる。財務省短期証券の利息は前払いで、長期債の利息は証券会社や銀行の口座に自動的に振り込まれる。面倒なことは何もない。

国債の投信を勧める担当者は、専門家がタイミングよく売買するしポジションのヘッジもするから利回りが高くなるなどと言いたがる。しかし、利回りが高くなることはあまりないらしい。ニューヨークの債券ディーラー、ガブリエル・ヒューグリン・キャッシュマン社の研究によれば、一九八〇年から八六年にかけて債券投信のリターンは個別債券のそれを常に下回っており、最大で年当たり二％の差がついていた。また、債券投信と個別債券との利回りの差は、債券投信を長く持てば持つほど拡大したという。専門家の運用がもたらす利益よりも、専門家を養うために徴収される手数料のほうが多かったのだ。

この研究では、債券投信の運用者は後々の総合利回り（トータル・リターン）を犠牲にして足元の利回りを最大化しようとしているとも指摘されている。この指摘を裏付けたり、その誤りを示したりするような証拠は私の手元にはない。ただ確実に言えるのは、七年物米国債では七年後に少なくとも元本が還ってくると確信できるのに対し、中期国債の投信にはそのような保証がないことだ。また、この投信を途中で売却するときの価格は、そのときの債券市場の動向に左右される。

もうひとつ理解できないのは、国債の投信やいわゆるジニーメイ証券（訳注：たくさんの住宅ローン債権を束ねて作るモーゲージ担保証券に政府系機関の保証がついたもの。高い信用力がある）の投信を買うときに「ロード（販売手数料）」を証券会社に前払いする人がとても多いことだ。常に市場平均を上回るリターンをたたき出してくれる株式投信を買うときに支払うのなら、まだ分かる。投信の運用益でいずれ取り戻すことになるからだ。しかし、米国債やジニーメイ証券の価格はどれも同じだから、この種の投信の運用者がライバルに差をつけるためにできることはほとんどない。実際、ロードがある投信とロードのない投信（ノーロード・ファンドという）の運用成績はほとんど同じだ。ここから、ピーターの法則❺が導かれる。

【ピーターの法則❺】
ラジオのスイッチを入れてもらうために、わざわざお金を払って高名な演奏家を呼ぶのは無意味だ。

例のＮＰＯでは、債券に振り向けた資金の運用を七人に任せた。このうちの二名がこの資金の大半を従来の方法で運用する。残りは三名が転換社債（後述）で、そして二名がジャンク・ボンドでそれぞれ運用する。ジャンク・ボンドは、大当たりの銘柄を選べば非常に魅力的な投資対象になり得るが、私たちは全財産をここに賭けたいとは思わなかった。

株か、それとも株式投信か

ある意味で、株式投信と個別株との間に違いはない。どちらも保有し続けることが利益を得る唯一の方法だからだ。これには強い精神力が必要だ。怖じ気づいて株から手を引いてしまうかもしれないという問題は、株式投信を買っても解決されない。最高の運用成績をあげていた投信が、相場の調整局面で平均株価以上に下落することはざらにある。私がマゼラン・ファンドを運用していたときには平均株価が一〇%以上下がった局面が九回あったが、マゼランは常にそれ以上に価値を下げ、相場が反発するとそれ以上に価値を上げるという状況だった(これについては後で詳しく論じる)。この回復局面から利益を手にするには、とにかく市場に踏みとどまる必要があった。

私はマゼランの投資家に宛てた手紙の中で、この船は大波を受けて水浸しになることがあると警告した。人間という生き物は、あらかじめ災難に備えておけば、それが実際に起こっても(嫌な思いはするかもしれないが)冷静さを失わずに済むという理屈からだった。ほとんどの投資家は冷静さを維持し、マゼランを持ち続けたと思う。ただ、そうでない人もいた。かのウォーレン・バフェット氏は、持ち株が半値になる状況に耐えられない人は株に投資するべきでないと語っているが、これは株式投信にも言えることだ。

自分の投信があっという間に二〇~三〇%値下がりする状況に耐えられない人は、成長株ファンドや一般的な株式投信に投資するべきでない。おそらく、株と債券の両方に投資するバランス・ファンドか、株と債券の割合を機動的に変えるアセット・アロケーション・ファンドを選ぶべきだろう。どちらも、成長株にのみ投資する成長株ファンドに比べれば価値の変動が小さいからだ。もちろん、最終的な利益もその分少なくなるのだが。

今日販売されている一〇〇〇本以上の株式投信に目を向けると、ピーターの法則❻が導かれる。

【ピーターの法則❻】

投信を買うなら、いい投信を買いたい。

言うは易く行うは難し。過去一〇年の成績を振り返ると、いずれの年でもかなりの割合（最大で七五％）の投信が並以下の成績に終わっている。さまざまな銘柄で構成される株価指数に負けているという意味だ。実際、この株式市場全体に負けないリターンを記録しさえすれば、その運用担当者はランキングの上位二五％に入ることができていた。

株価指数の構成銘柄と同じものを組み入れながら、なお株価指数を下回る成績を出せる投信がたくさん存在する――これは現代の逆説と言ってよかろう。運用担当者の過半数が平均を下回る成績しか取れないというのは論理的でないように思えるが、実際そうなっている。これほど多くのファンドがあの有名なS＆P五〇〇に負けるという事態は、一九九〇年まで八年間続いていたのだ。

こんな不思議な現象がなぜ引き起こされるのか。原因はまだ解明されていないが、仮説はいろいろある。第一に、ファンド・マネジャーは概して銘柄選択が下手くそだから、コンピューターなど捨ててしまい、壁に貼った新聞の株式欄にダーツを投げたほうがよっぽどましだという説がある。第二に、ウォール街の住民はには群れたがり屋が多く、ファンド・マネジャーたちは少しでも高い運用成績を目指しているように見せかけているだけだという説がある。彼らは実は隠れ指数連動主義者で、市場平均に近づくことを人生の最大の目標にしているのだが、若干残っている創造性が邪魔をしてそれもできずにいる。大衆受けするベストセラーを書こうとしてもできずにいる頭脳明晰な作家と同じ、というわけだ。

第三の、そして比較的情け深い説は、平均株価――特にS&P五〇〇――を構成する銘柄にはここ数年で株価を大幅に伸ばした大企業が多い、というものである。これによると、一九八〇年代に平均株価に勝つことは七〇年代よりも難しかった。八〇年代にはS&P五〇〇を構成する大企業の買収が盛んに行われ、その株価が押し上げられた。また、多くの外国人が米国市場に投資するようになったが、彼らは有名な大型株を好んで買ったため、指数の上昇に弾みがついた。

一方、一九七〇年代には有名企業(例えばポラロイド、エイボン・プロダクツ、ゼロックス、鉄鋼メーカー、自動車メーカー)の株価が下落した。業績が悪化したからだ。メルクのように質の高い成長企業は繁栄を続けたが、株価はすでに割高でどうしようもなかった。当時は、こうした大型株を避けたファンド・マネジャーのほうがはるかに有利だったのだ。

第四の説は、指数に連動するインデックス・ファンドの人気が自己成就的な予言を生み出したというものだ。インデックス・ファンドに投資する大手機関投資家が増え、そのインデックス(指数)の構成銘柄に流入する資金が増えるにつれて株価が押し上げられ、インデックス・ファンドがほかの種類の投信をしのぐ成績をあげる、というわけだ。

それでは、運用担当者が自分の判断で株を売買するアクティブ運用の株式投信の山の中から「これは」という一本を選び抜くことなど忘れ、インデックス投信を一、二本買っておしまいとするべきなのだろうか。私はこの選択肢について、投信の権威であるマイケル・リッパー氏と議論したことがある。

表3-3
株式投信 vs S&P500指数
過去10年のうち8年で、S&P500指数は平均的な株式投信運用担当者を上回る運用成績をあげているが……

暦年	ゼネラル・エクイティ・ファンド(%)	S&P500 (%、配当再投資を含むベース)
1992	9.1	7.6
1991	35.9	30.4
1990	-6.0	-3.1
1989	24.9	31.6
1988	15.4	16.6
1987	0.9	5.2
1986	14.4	18.7
1985	28.1	31.7
1984	-1.2	6.3
1983	21.6	22.6
……長期的には、運用担当者がいる株式投信のほうがわずかに上回る。		
1982	26.0	21.6
1981	-0.6	-4.9
1980	34.8	32.5
1979	29.5	18.6
1978	11.9	6.6
1977	2.5	-7.1
1976	26.7	23.9
1975	35.0	37.2
1974	-24.2	-26.5
1973	-22.3	-14.7
1972	13.2	19.0
1971	21.3	14.3
1970	-7.2	3.9
1969	-13.0	-8.4
1968	18.1	11.0
1967	37.2	23.9
1966	-4.9	-10.0
1965	23.3	12.5
1964	14.3	16.5
1963	19.2	22.8
1962	-13.6	-8.7
1961	25.9	26.9
1960	3.6	0.5
累積トータル・リターン(%)		
1960-92	2548.8	2470.5

出所：リッパー・アナリティカル・サービシズ

リッパー氏はそのとき、表3－3を見せてくれた。多数のアクティブ運用投信（ここでは便宜的にゼネラル・エクイティ・ファンドと呼ぶ）の総合的な成績と、S&P五〇〇（配当再投資を含むベース）の成績を比較した表である。S&P五〇〇のリターンからインデックス投信の運用会社が徴求するごくわずかな残高ベース手数料を差し引けば、S&P五〇〇のリターンはインデックス投信のそれと基本的に同じになる。

この表には、本書でこれまで論じてきたことが数字で表現されている。ここ一〇年間はインデックス投信がアクティブ運用の株式投信を上回っており、大きな差がつく年もあった。もし一九八三年一月一日にバンガード五〇〇・インデックス・ファンドに一〇万ドルを投じて放っておいたら、九一年一月一日にはこれが三〇万八四五〇ドルに増えていただろう。しかし、同じ一〇万ドルを同じ日に平均的なアクティブ運用の株式投信に投じていたら、八年後の価値は二三万六三六七ドルでしかなかっただろう。九一年に記録が途切れるまで、S&P五〇〇は平均的な株式投信を上回るリターンを計上し続けたのだ。

過去三〇年間で見ると、アクティブ運用投信とS&P五〇〇の成績は同程度で、アクティブ運用投信がわずかにリードしている。つまり、優秀なファンド・マネジャーが運用する、いい銘柄を組み入れた最高のファンドを選び抜くために費やした時間や努力は、実を結ばない場合がほとんどだった。平均株価をコンスタントに上回る運用成績をあげる少数の投信（これについては後述する）を選ぶ幸運に恵まれなければ、せっかくの調査も水の泡に終わっていたのだ。これでは、ダーツの的に矢を投げるようなことはせずに、的を丸ごと買ったほうがいいという話になってしまうだろう。

リッパー氏自身、これから勝利するファンド・マネジャーを見つける調査を毎年繰り返すことに虚しさを覚えるという。たしかにこの表を見ていると、やっぱりムダな抵抗なのかという気もしてくる。だがそれでも、人は永遠に希望の火を絶やさない。人間の精神はウォール街でもしっかり生き続けているし、投資家の側でも、常に市場平均を上回る銘柄を見つけ出そうと投信のリストに目を凝らす人はなくなりそうにない。

例のＮＰＯのために、私は仲間といっしょにこの課題に取り組んだ。七五人ものファンド・マネジャーの履歴書と運用成績を何時間もかけて検討し、最終的に二五人を面接した。

数名のファンド・マネジャーを雇って、それぞれに株式ポートフォリオを割り当てることは事前に決めていた。運用スタイルや哲学の異なる複数の投信を買うのと同じだ。市場や状況は変わるもの。同じスタイルのファンド・マネジャー（言い換えれば、同じスタイルの投信）だけでは成功しない時期が出てきてしまう、と考えたのだ。個別株に言えることは投信にも言える。次の大きなチャンスがどこに転がっているのか、事前に分かる人はいない。だからこそ分散投資は有効なのだ。

一本の投信しか持っていない場合、その投信のファンド・マネジャーの勘が鈍ってしまうと、あるいはその投信の保有銘柄がほかの投資家から敬遠されてしまうと、困った状況に陥りかねない。例えば割安株ファンドでは、最初の三年の運用成績は非常に良かったがその後の六年はひどかったということが起こり得る。実際、一九八七年にブラック・マンデーが起きるまで、割安株ファンドは八年連続で市場全体を上回る成績をあげ、成長株ファンドはその後塵を拝していた。また最近は成長株ファンドが市場全体を上回っていたが、九二年はそうならなかった。

では、ここからはますます複雑になる株式投信の種類について考えてみよう。最も基本的な分類は次のようになる。

1　値上がり益追求型ファンド

このファンドの運用担当者はあらゆる種類の株を買うことが許されており、特定の運用哲学に従わなくてもよい。マゼラン・ファンドもここに分類される。

2　割安株ファンド

そのときの利益水準ではなく、資産に最大の魅力がある企業に投資する。天然資源を採掘する企業、不動産を保有する企業、ケーブルテレビ会社、パイプライン運営会社、ボトラー（訳注：清涼飲料水の原液を薄め、瓶詰めして販売する企業）などがこれにあたる。多額の借り入れをして資産を購入しているところが多く、借り入れを完済した段階で利益を計上することを目指している。

3　優良成長株ファンド

事業基盤が確立しており、安定したまずまずのペースで売上高を伸ばし、かつ年一五％以上のペースで純利益を増やしている中堅企業や大企業に投資する。循環株、成長の遅い優良企業株、公益株には投資しない。

4　新興成長株ファンド

小型株を中心に投資する。小型株はここ数年、市場全体を下回る成績だったが、一九九一年に突然その本領を発揮し始めた。

5 スペシャル・シチュエーション・ファンド

特異な材料が飛び出して今後の見通しが変わった企業に投資する。投資対象銘柄の共通点はそれだけで、業種・規模などはバラバラ。

自分が持っている投信がどの種類に当てはまるかを知っておくと、これを持ち続けるべきか手放すべきかと悩んだときに、状況に即した判断がしやすくなる。第２章で紹介したマリオ・ガベーリ氏の割安株ファンドの運用成績が市場全体を四年間下回ったからといって、同氏のファンドを見捨てるのは得策ではない(実際、このファンドは一九九二年に反転上昇した)。割安株自体が不人気なときには、ガベーリ氏もカート・リンドナー氏もマイケル・プライス氏も、人気のある成長株ファンドの運用担当者には太刀打ちできないからだ。

唯一公正だと言えるのは、同じ割安株ファンド同士を比べることだ。もしガベーリ氏がリンドナー氏を上回る運用成績を何年も続けていたら、それはガベーリ氏のファンドを保有し続ける根拠になる。だが、成長株ファンドの運用で有名なジョン・テンプルトン氏にガベーリ氏が負けていたとしても、ガベーリ氏を責めてはいけない。責めるべきは、割安株投資という投資スタイルなのだ。

同様に、金鉱株全体が一年間で一〇％下落したのであれば、同じ年に同じく一〇％値下がりした金鉱株ファンドの運用担当者をつかまえて責め立てるのはばかげている。運用成績が悪いからもっといい投信に乗り換えたいと考えるのは自然なことだ。しかし、投信の種類を考慮せずにその誘惑に乗るのは間違っている。そういう人は、最悪のタイミングでしびれを切らしてしまうことが多い。割安株ファンドが上向いて成長株ファンドが下落し始めるちょうどそのときに、割安株ファンドから成長株ファンドに乗り換えてしまうことが多いのだ。

実際、割安株ファンド全般の成績が悪い年に、ほかの割安株ファンドよりも高い成績をあげている割安株ファンドが一本だけあったとしたら、これは必ずしも喜ばしいことではない(これは成長株ファンドでも、そのほかの種類のファンドでも言える)。なぜなら、そのファンドが好成績をあげているのは、運用担当者が割安株に幻滅して資金の一部を優良株や公益株に回したためかもしれないからだ。運用担当者自身が割安株投資というスタイルの不振にいらだってしまったというわけだ。

指定の投資スタイルから外れることは、短期的には良い結果を生むかもしれないが、その結果は長持ちしない恐れがある。やがて割安株が値上がりしても、この運用担当者は割安株にフルに投資していないため、投信の保有者はしかるべき利益を手にできないことになってしまうのだ。

それなりの知識がある投資家なら、投信の半期報告書や年次報告書に目を通し、運用担当者が指定された種類の株をちゃんと買っているかどうかチェックできる。例えば、もし割安株ファンドのポートフォリオにマイクロソフト株が紛れ込んでいたら、それはおかしいのである。

投信のオールスター・チームを編成する

運用資産の一部でいいから、ぴったりの分野にぴったりのタイミングで投資される確率を高くしたい——そう考えた私は仲間といっしょに、例のNPOのために計一三の投信と運用会社を選び抜いた。割安株ファンドの運用会社が一社、優良成長株ファンドの運用会社が二社、スペシャル・シチュエーション・ファンドが二本、値上がり益追求型ファンドが三本、新興成長株ファンドが一本、増配を続けている企業にだけ投資するファンドが一本、転換社債ファンド（後述）が三本という布陣である。

このチームから毎年スターが登場し、市場全体を上回る運用成績を残してくれると私たちは期待している。凡庸な成績の投信や運用会社があっても、スターがそれをカバーしてくれれば、チーム全体では市場平均を上回ることができるだろう。

普通の投資家は、もっとシンプルなやり方でこの戦略を実行すればいい。例えば、運用する資金を六分割し、前述の五種類の投信を一本ずつ購入する。残った資金は、相場の乱高下に備えて公益株ファンドかバランス・ファンドに投じる、というやり方が考えられよう。

新興成長株ファンドは一九二六年以降、Ｓ＆Ｐ五〇〇を大幅に上回る運用成績を残しているから、運用資金のいくらかは常にここに投じておくとよい。また、アクティブ運用投信とインデックス投信を併用することもできるだろう。例えば、優良成長株ファンドの代わりにＳ＆Ｐ五〇〇に連動するインデックス投信を買うとか、新興成長株ファンドの代わりにラッセル二〇〇〇指数に連動するインデックス投信を買うとか、割安株の代わりにガベーリ・アセットやリンドナー・ファンドの投信か、マイケル・プライスのミューチュアル・ビーコンを買うとか、値上がり益追求型ファンドとして（ちょっと宣伝させてもらってもいいかな？）マゼラン・ファンドを買うことが考えられよう。

一番簡単なのは、運用資金を六等分し、投信を六本買って終わりにすることだ。新たな資金を投じるときには、これを繰り返せばよい。

ただ、新規の資金は運用成績が市場全体に比べて見劣りする分野にだけ投じることとし、運用資産における各投信の割合を調整するという少し高度なアプローチもある。この調整は必ず「新規の資金」でのみ行う。個人投資家は慈善団体とは違い、税金の心配をしなければならないため、投信の売買やスイッチング（乗り換え）を頻繁に行うのはあまり良いやり方ではないだろう。

では、「運用成績が市場全体に比べて見劣りする分野」がどれであるかは、どうやって判断するのか。私たちは一九九〇年の秋、例のNPOでこの問題に取り組んだ。私はこのとき、ブリストル・マイヤーズ、フィリップ・モリス、アボット・ラボラトリーズといった有名な成長株――ウォール街がはやし立てて新高値にまで持ち上げた銘柄――はすでに割高でいずれ報いを受けるだろう、少なくともある程度伸び悩むだろうと確信していた。どうやってこれを見抜いたかは第7章で紹介しよう。

今、名前をあげた三社は食品・医薬品の典型的な大企業で、S&P五〇〇の構成銘柄でもある。一方、ダウ平均は循環株の割合が非常に大きく、ナスダック指数やラッセル二〇〇〇は比較的小さな新興成長株（例えばレストラン・チェーンやハイテク企業）で構成されている。

S&P五〇〇とラッセル二〇〇〇の過去一〇年間における成績を比較すると、ひとつのパターンがあることに気づく。まず、新興成長株は大型の成長株よりも値動きがはるかに荒い。また、こうした小型の成長株は長期間低迷しても、最終的には大型の成長株に追いつく。

新興成長株は一九九〇年までの五年間、S&P五〇〇をはるかに下回る成績しかあげられなかった。S&P五〇〇が一一四・五八％上昇する一方で、ラッセル二〇〇〇は四七・六五％しか上昇しなかったのだ。しかし、ラッセル二〇〇〇は九一年に六二・四％もの急騰を演じ、この遅れを一気に取り戻した。新興成長株ファンドの中には、このラッセル二〇〇〇を上回る七〇～八〇％の上昇を遂げたものもあった。

こうしてみると、一九九〇年が新興成長株に追加投資を行うのに適した年だったことは明らかである。もし読者が「バロンズ」や「ウォール・ストリート・ジャーナル」紙に掲載されているさまざまな株価指数の推移に注意を払っていたら、きっと新興成長株を買いたいと思ったことだろう。

勝てるファンドを選ぼう

では、割安株ファンドや成長株ファンド、値上がり益追求型ファンドの中からライバルより良い成績をあげられる投信を選び出すにはどうしたらよいのだろうか。ほとんどの人は、ここで過去の実績に目を向ける。「バロンズ」に公表されているリッパー社のガイドや、投信の実績を同様に記録したいろいろな情報源にあたる。過去一年、三年、五年、あるいはそれより昔にまでさかのぼって比較する。米国ではこれも国民的娯楽になっている。多くの人の時間が過去の成績のチェックに費やされ、それについて何冊もの本や雑誌が発行されている。だがほとんど例外なく、この努力は時間のムダだ。

前年の優勝者を、つまりリッパー社がまとめた直近の一年間の運用成績ランキングで一位になった投信を買う人がいるが、これなどは特にばかげている。直近の一年間の運用成績がトップだった投信は、ひとつの業界かひとつの種類の企業に賭けていて、たまたまそれが当たったというケースであることが多い。そうでなければ、群れから抜け出して大差をつけることなどできやしない。次の年にこのツキが逃げてしまったら、この投信はランキングの最下位あたりに沈むことになろう。

過去の実績から将来の勝者を選び出そうというやり方は、三年さかのぼっても五年さかのぼっても成功しないようである。「インベストメント・ビジョン」誌（現在の「ワース」誌）が行った研究によれば、一九八一年から九〇年にかけて毎年、直近三年間の運用成績が最も良かった投信に投資していったときの運用成績は、同じ期間のS＆P五〇〇のそれを二・〇五％下回っていたという。直近三年間の成績ではなく直近五年間や直近一〇年間の成績が良かった投信に投資していったときでも、S＆P五〇〇の運用成績をそれぞれ〇・八八％、一・〇二％上回るにとどまったそうだ。この程度の差では、投信を売買するコストを吸収できない。

では、直近五年間または一〇年間の運用成績が最も良かった投信を五年間保有し続けた場合はどうだろうか。結果は、直近五年間の場合でS＆P五〇〇と似たり寄ったり。直近一〇年間の場合では、S＆P五〇〇を〇・六一％下回る成績にとどまった。

これでもう明らかだろう。投信の過去の運用成績表などに時間を費やしてはいけない。長期にわたって好成績を収めた投信を選んではいけないというわけではない。ただ、波に乗ろうとしていろいろな投信を売ったり買ったりするよりも、一貫して安定した成績をあげている投信を持ち続けた方がよい、ということだ。

もうひとつ、投信には、弱気相場のときどうなるかという大きな問題がある。これも一筋縄ではいかないテーマである。投信の中には、下落の幅がほかの投信より大きいが反転上昇の幅もほかより大きいというものもあれば、下落も上昇も小幅だというものもある。下落幅は大きいが上昇幅は小さいという投信もあるが、これは避けるべきだ。

この問題については、「フォーブス」誌の九月号に毎年掲載されるリスト「オーナー・ロール」が優れた情報源となる。このリストに載る投信はそれなりの歴史――二度の強気相場と少なくとも二度の弱気相場――を経たものでなければならず、それぞれの相場においてどんな成績だったかがＡからＦまでの六段階で評価される。運用担当者の名前、その担当年数、手数料、ＰＥＲ、過去一〇年間の平均リターン(年率)もあわせて掲載されている。

ここに載ること自体が大変なことであるため、このリストは購入に適した投信の一覧になっている。強気相場と弱気相場の両方でＡかＢを取っている投信を選べば、まず間違いはないだろう。

米国に一二〇〇あまり存在する株式投信のうち、一九七八年までさかのぼることができるのは二六四本だけ。そしてそのうち、毎年価値を高めてきた投信は九本だけだ。そのトップに君臨するのはフェニックス・グロースという投信で、七七年以降の平均リターン(年率、複利ベース)が二〇・二％に達している。残りの八本も一三％以上の平均リターンを記録している。

ノーロードはお買い得か

もうひとつ考えなければいけない問題が、ロードと呼ばれる販売手数料がかかる「ロード投信」と、これがかからない「ノーロード投信」の違いである。ロード投信は手数料の分だけ優れた商品なのだろうか。実は、必ずしもそうとは言えない。成功しているロード投信もあれば、同じくらい成功しているノーロード投信もあるというのが現実だ。同じ投信を数年間保有するのであれば、購入時に支払う二～五％の手数料はさほど大きな負担にはならないだろう。従って、ロードがあるからという理由で投信を買ったり、買うのをやめたりするべきではない。

投信を保有している間ずっと生じる残高ベース手数料や諸経費は、運用成績を確実に押し下げる。この点ではインデックス投信に分がある。アクティブ運用投信同士で過去の実績を比較する際は、残高ベース手数料は無視してよい。投信の年間リターンは、この手数料や諸経費を差し引いた後のベースで計算されるからだ。

投資家の中には、投信の資産規模を心配する人がいる。マゼランでは特にそうだ。マゼランは、資産が一〇億ドルを突破した一九八三年から「規模が大きすぎて成功しない」と言われ始めた。二〇億ドルのときも、四〇億ドルのときも、一〇〇億ドルのときもそう言われた。私が辞めるころには一四〇億ドルになっていたが、やはり同じことを言われた。おそらく、後任のモリス・スミスの下で二〇〇億ドルに達したときも言われただろう。

モリスが運用を始めてから一年間、地元紙「ボストン・グローブ」は「モリス・スミス・ウォッチ」なるコラムを連載した。「大きすぎて成功しないファンドでモリス・スミスが失敗するところを見るコーナー」とでも呼べそうなコラムだった。モリスが一九九一年に優れた運用成績をたたき出した後、このコラムは姿を消したが、「お前のファンドは大きすぎる」との指摘はまだ多い。モリスはもう退いたから、今度はジェフ・ヴィニックがこの大きすぎるファンドを成功に導く番だ。

たしかに、規模の大きな投信の運用には難しい面もある。例えるならこれは、大食らいのアメフト選手が小さなケーキだけを食べて生きようとするのに似ている。小さなケーキしか食べられないから、栄養を十分に取るにはたくさんの数のケーキを食べなければならない。規模の大きな投信も同じで、運用を続けるためには株を大量に買わなければならないのだ。小規模だが素晴らしい企業を見つけても、その株だけでは投信全体の成績を引き上げるには至らない。従って大企業の株を買わざるを得ないが、それでも十分な量を買い集めるには何カ月もかかるし、処分するのにも数カ月かかる。

しかし、こうした難しい面は高度な運用技術で乗り切ることができる。ミューチュアル・ビーコンやミューチュアル・シェアーズといった投信を運用しているマイケル・プライス氏や、私からマゼランを引き継いでくれたモリス・スミスがその好例だ。

次に、四種類の投信について話をしておきたい。セクター・ファンド、転換社債ファンド、クローズド・エンド型ファンド、カントリー・ファンドの四種類だ。

セクター・ファンド

セクター・ファンドという分類は一九五〇年代から存在する。フィデリティでは八一年に数本のセクター・ファンドを新規設定し、比較的安いコストでセクター間のスイッチングができるようにした。これにより、ひとつの業種(例えば石油産業)については強気だがその業種の企業を個別に調査する時間はないという投資家は、石油・ガスセクター・ファンドを買えばよいことになった。

セクター・ファンドは、気まぐれな投資家がその場のひらめきを実行に移せるように作られたものではなかったが、残念ながら、そういう使い方をされることが時々ある。石油がこれから値上がりするという勘に基づき、エクソンのような石油会社ではなく石油・ガスファンドを買う人がいるのだ。しかし、セクター・ファンドへの投資であっても、石油価格が下落すれば損失はまず免れないだろう。

セクター・ファンドへの投資に最も向いているのは、何らかのコモディティ(市況商品)か何らかの種類の事業について特殊な知識を持っている人である。宝石店のオーナー、工務店の店主、保険会社の損害査定人、ガソリンスタンドの管理者、医師、科学者、さらにはいろいろな分野の最新情報(例えば金・銀の価格、木材の価格、保険の料率、原油価格、新薬の認可、バイオテクノロジー企業の製品開発)に通じている人たちだ。

値上がりするセクターにタイミングよく資金を投じていれば、あっという間に利益を手にすることができる。例えば、フィデリティ・バイオテクノロジー・ファンドは一九九一年に九九・〇五%値上がりした。しかし、短期間で得られる利益は短期間で失われることがあるということなのか、九二年の一月から九月にかけては二一・五%値下がりしている。また、ハイテク業界に投資するセクター・ファンドは八二年の半ばから八三年の半ばにかけて大幅に値上がりしたものの、その後数年間は大幅な下落を強いられた。過去一〇年間で見ると、最も利益が出たのはヘルスケア、金融サービス、公益のセクター・ファンドで、最も利益が出なかったのは貴金属のセクター・ファンドだった。

株式市場のどのセクターもいずれは日の目を見る――この考え方にのっとって、私は再び金鉱株に興味を持ち始めている。

私がマゼランの運用を始めて間もないころは金が急騰しており、人々は歯医者を避けていた。ドリルで歯を削られるのも嫌だが、それ以上に金の詰め物が高くつくことを恐れたからだった。当時は、金鉱株ファンドが最も高い運用成績をあげていた。ストラテジック・インベストメンツとかインターナショナル・インベスターズとか、ユナイテッド・サービシズといった名前のついた投信だ。事情をよく知らない人たちには、これらの名前は普通の株式投信のように聞こえたたし、そのように混同されることが私にはとても腹立たしかった。

なぜか。それは、リッパー社による直近五年間の投信運用成績ランキングで、私のファンドはたいてい金鉱株ファンド——多くの人はこれが金鉱株ファンドであることに気づいていなかった——に負けていたからだった。普通の投資家には、私よりもほかのファンド・マネジャーのほうがいい仕事をしているように見えただろう。だが実際は、ランキングの最上位にあったのはたまたま人気を集めている分野に特化していた投信だった。これらの金鉱株ファンドは程なく上位の座から滑り落ち、ここ数年はランキングの最下位にまで落ち込んでいる。

実際、一九九二年六月までの一〇年間に米国で最も悪い成績を残した投信一〇本のうち、五本は金鉱株ファンドだった。例えばＵＳゴールドシェアーズは、平均的な投信が三〜四倍に値上がりしたこの期間に一五％しか値上がりしなかった。ＭＭＦや米国貯蓄国債にも負けてしまった計算だ。

しかし、金は古代エジプトやインカ帝国が栄える前から世界中でもてはやされてきた貴金属だ。これですべてが終わったとは思えない。私が関わっている慈善団体の中にも金鉱株を持っているところがひとつあるし、先日には金の情報に詳しい人たちのプレゼンテーションを聞く機会に恵まれた。これによると、一九八〇年代には南アフリカの金産出量が減少したものの、米国、カナダ、ブラジル、そしてオーストラリアの新しい鉱山がこれを補って余りある量の金を掘り出した。このため金が供給過剰になり、旧ソビエト連邦諸国による投げ売りも手伝って値段が安くなっているが、この供給過剰が今後も続くことは考えにくいという。

新しい鉱山からの供給は程なく途絶えるだろうし、長引く価格の低迷を受けて鉱山会社は新鉱山の探査や開発に力を入れなくなっている。従って、一九九〇年代半ばには金価格上昇の条件が整いそうだ。宝飾品用や工業用の金の需要は今後増えるだろうが、その供給は減っている。もしインフレ率が再度二桁に乗れば、ヘッジ手段として人々は再び金を買い始めるだろう。

また、金価格を押し上げる「中国要因」もある。中国の労働者は以前よりも裕福になりつつあるが、所得が増えても買うモノがない。自動車や家電製品、住宅といった高額な品の供給がまだ限られているためだ。そこで中国政府は、金地金の所有を認めることで労働者たちが鬱憤を晴らせるようにしようとしている。この政策は金の全く新しい需要を生み出しつつある。ほかの発展途上国でこのパターンが繰り返される可能性もある。

今日の市場には金セクター・ファンドが三四本存在する。南アフリカの鉱山会社の株を組み入れているものもあれば、南アフリカ以外の国の鉱山会社しか買っていないものもある。資産の半分を金に、残りの半分を国債に投じたハイブリッド・ファンドもある。将来の大恐慌とハイパーインフレの両方が心配だという極端に怖がりな投資家の目を引く組み合わせだ。

転換社債ファンド

小型株の高い株価上昇率と債券の安定性という「いいとこ取り」ができるにもかかわらず、過小評価されているのが転換社債である。比較的小さな企業が発行するのが一般的で、表面利率が普通社債より低い代わりに、特定の価格(転換価格)で普通株に転換できるという特徴がある。

転換価格は、転換社債発行時の普通株の株価より二〇~二五%高い水準に設定されるのが通例である。普通株が値上がりしてこの水準を超えると、普通株に転換できるという特徴に価値が生まれる。またそうなるまでの間、投資家は利息収入を手にすることができる。普通株は急激かつ大幅に下落する恐れがあるものの、転換社債には利息が付くため、価格はそこまで大きく崩れない。例えば一九九〇年には、転換社債を発行している企業の普通株は二七・三％下落したが、同じ企業の転換社債の下落率は一三％にとどまっていた。

それでも、転換社債への投資にはいくつか落とし穴が隠れているから、この手のものは専門家に任せるのがいい。転換社債ファンドはもっと注目されてよい投信であり、設定本数も多く、そのうちの一本を選べばアマチュアの投資家でもそこそこのリターンが得られる。今日で言えば、優れた転換社債ファンドの利回りは七％で、平均的な個別株の配当利回り・三％を大幅に上回っている。中でも、パトナム・コンバーティブル・インカム・グロース・トラストという投信は二〇年間の総利回りが八八四・八％に達しており、S&P五〇〇を上回っている。すでに見たように、そのようなアクティブ運用ファンドはほとんどない。

例の匿名のNPOで、私たちは転換社債ファンドを三本も購入した。この時点では転換社債は割安に見えたからだ。なぜそう見えたのか、説明しよう。普通社債の利回りは転換社債よりも一・五〜二％高いのが普通だ。この格差（スプレッド）が拡大するとき、転換社債は割高になりつつある。縮小するときはその逆だ。一九八七年、あのブラック・マンデーの直前には普通社債の利回りが転換社債のそれを四％上回っており、転換社債が極端に割高になっていた。しかし、サダム・フセインによるクウェート侵攻を背景に相場が急落した九〇年一〇月、普通社債の利回りは同じ企業の転換社債のそれを一％「下回って」いた。この時期は、転換社債を有利な利回りで購入できるめったにないチャンスだったのだ。

従って、転換社債と普通社債の利回り格差が小さいとき（例えば二％以下）には転換社債ファンドを購入し、利回り格差がこれより拡大したときには、逆に転換社債ファンドを売却するという戦略がいいだろう。

クローズド・エンド型ファンド

クローズド・エンド型ファンドは、主要な証券取引所で個別株と同じように売買されている。現在は三一八本が上場している。債券投信、地方債投信、株式投信、成長株ファンド、割安株ファンドなど種類は多く、その規模もさまざまだ。

クローズド・エンド型ファンドと、マゼランのようなオープン・エンド型ファンドとの最大の違いは、クローズド・エンド型が静的であること。つまり、発行される受益証券の数が一定だということだ。クローズド・エンド型ファンドの保有者がこれを手放すときには、受益証券を誰かに――個別株のときと全く同じやり方で――売却する。一方、オープン・エンド型は動的で、投資家がこの投信を買うときには受益証券が新たに発行される。この投信を手放すときには、受益証券が「償還」されて投信の資産規模がその分だけ小さくなる。

クローズド・エンド型もオープン・エンド型も、基本的には同じように運用される。ただ、クローズド・エンド型の運用担当者は雇用が比較的保証されている。大量解約によって資産規模が劇的に縮小することがなく、失敗するとしたらそれは運用で損失を出すときに限られるからだ。解雇される可能性がないわけではないが、よほどひどいことをしない限り働き続けられるという意味で、クローズド・エンド型の運用担当者はテニュア（終身在職権）を取った大学教授に似ていると言えよう。

クローズド・エンド型とオープン・エンド型のどちらが——全体として——優れた運用成績を収めているかを明らかにした研究を、私は目にしたことがない。ざっと見た限りでは、どちらにもこれといった優位性はない。「フォーブス」の「オーナー・ロール」にはどちらの型の投信も載っているから、どちらの型でも良好な成績をあげることは可能だと言える。

ただひとつ興味深いことに、クローズド・エンド型は個別株のように売買されるため、その価値も個別株のように変動する。そのため、ファンドが保有している株の市場価格（あるいは純資産価値＝NAV）よりも高い値段が付いたり安い値段が付いたりする。相場が急落する局面では、NAVに比べて大幅に割安な価格で購入できるチャンスが生まれるのだ。

カントリー・ファンド

クローズド・エンド型ファンドの中には、むしろカントリー・ファンドとして知られているものが少なくない。企業ではなくお気に入りの国に投資できるという、少しロマンチックな投資商品だ。トレビの泉の近くでおいしいワインを楽しんだら、よっぽど冷めた田舎者でない限り、誰もがイタリア・ファンドに投資をしたくなるだろう。投信会社のマーケティング部門には、外国の主要なホテルからカントリー・ファンドを購入できるフリーコールの番号を用意することをおすすめしたい。

今日では、指定の国や地域に投資するカントリー・ファンドや地域ファンドが少なくとも七五本存在する。旧共産圏の崩壊を受けて、今後さらに増えることは間違いない。マイアミでは近々、キューバに投資する投信が新たに二本設定される。ハバナに資本主義が復活するとの目論見だ。カストロはまだ荷造りさえしていないのだが……。

長期投資の手段としてカントリー・ファンド投資を使う最強の理由は、外国の経済成長率は米国のそれより高く、それゆえ株価も速いペースで上昇するというものである。たしかに、一九八〇年代はその通りだった。私のマゼラン・ファンドでも、値上がりした銘柄の割合は外国株のほうが米国株よりも高かった。

しかし、カントリー・ファンドで成功するには、逆張りを好む姿勢と忍耐力が必要だ。この投信には、手っ取り早く儲けたいという欲望をかき立てる面があるが、例の週末の不安に駆られる人にはこれが落とし穴になり得る。その好例がジャーマニー・ファンド、そしてそこから派生したニュー・ジャーマニー・ファンドだ。どちらも、ベルリンの壁が壊されて東西ドイツの国民が街中で抱き合い、世界中の人々が喝采の声をあげたことを受けて作られた投信である。欧州ではこのとき、偉大なるドイツの復興が始まろうとしていた。

見る者の心を揺さぶるベルリンの壁崩壊の向こうでは、夢のような欧州再統合の計画が進められた。各国が何百年も抱き合ってきた敵意は、一九九二年の末日に消えてなくなるはずだった。フランスはドイツと仲直りし、英国はドイツやフランスと仲直りする。イタリアはリラを捨て、オランダはギルダーを捨てて共通通貨を導入する。そして統合と平和、繁栄が実現するという筋書きだった。私個人は、ピア・ワン・インポーツの業績が急回復すると信じるほうが容易だろうと思っていた。

ベルリンの住民が崩された壁のがれきの上で歓喜の踊りを楽しんでいる間に、二本のジャーマニー・ファンドの受益証券の価格は、同ファンドが保有する株の価値を二五％も上回るに至った。好況になるという期待感だけで一日に二％ずつ値上がりしたのだ。最近では、北朝鮮と韓国が統一されるという過度な期待がある。これも同様に短命な期待に終わるだろう。

六カ月後、偉大なるドイツの復興には問題が山積していることが投資家の間でもようやく認識され、熱狂は失望に早変わり。ジャーマニー・ファンドの価格も急落し、保有する株式の価値を二〇～二五％下回るほどになった。その後も、保有する株式の価値を超えられない状態が続いている。

一方、人々がドイツの将来をまだ楽観視していた一九九一年に、そのドイツ株式市場は大きく下落したが、ドイツから暗いニュースしか流れてこなかった九二年上半期には、ドイツ株は良好な成績をあげていた。こうした事態の推移を正確に理解することは、その場にいても難しいのである。外国にいるなら、なおさらだ。

カントリー・ファンドの買い時は、それが不人気で二〇～二五％割安になる状況にあるときだ。遅かれ早かれドイツは復興するだろうし、ジャーマニー・ファンドを底値で買った辛抱強い投資家は、あのとき買っておいてよかったと思うことになるだろう。

もっとも、カントリー・ファンドには欠点も多い。まず、残高ベース手数料などはかなり高めなのが一般的だ。また、投資先の企業の業績が良いだけでは不十分で、その国の通貨が米ドルに対して値を保っていなければならない。もしその通貨が下落したら、株式運用で得た利益も吹き飛んでしまう。

さらに、投資先の企業のビジネスに水を差す課税や規制が講じられることもあり得るため、運用担当者はしっかりと調査をしていなければならない。

誰が運用担当者であるかも重要だ。担当の国を一度しか訪れたことがなく、その証拠として観光客向けのポスターをオフィスの壁に貼っているような人物なのか。それとも、その国に住んで働いた経験があり、大手企業とパイプを持ち、現地の情報を継続的に収集できる人物なのか、という意味だ。

どの国に投資すべきか

投資すべきは米国か、それとも外国かという議論については、少し言っておきたいことがある。最近では、何においても外国製は国内製より優れていると考えるのが流行っている。ドイツ人は米国人よりも能率的で最高の車を作るとか、日本人は勤勉で最高のテレビを作るとか、フランス人は遊ぶことが好きで最高のパンを焼くとか、シンガポール人は教育水準が高くて最高のハードディスクを作るとか、そういう話だ。だが何回かの外国旅行で私が感じたのは、米国にはまだ世界最高の企業が残っているし、それらに投資するための最高のシステムがあるということだ。

欧州には、米国の優良企業に相当する巨大なコングロマリットがいくつもある。しかし、米国と違って成長企業は少ない。全くないわけではないが、株価が高すぎることが多いのだ。例えば、妻のキャロリンは香水売り場でのファンダメンタルズ分析で、フランスの化粧品会社ロレアルを見いだした。私もこの銘柄は気に入ったが、PERが五〇倍もあっては手を出せない。

米国には二〇年連続で利益を伸ばした企業が何千社もあると私は確信しているが、欧州では一〇社見つけるのも難しいだろう。米国では普通に見られる持続的な増益が、欧州では優良企業でさえ記録できていないのだ。

外国企業に関する情報は断片的で、誤解を招くものも多い。ウォール街は企業を綿密に調査しているが、これに似たものは英国にしか見られない。同じ欧州でも、大陸側では証券アナリストという職業はまだ確立していない。スウェーデンに至っては、アナリストがほとんど見当たらない。私が出会えたのは一人だけで、この人はゼネラル・モーターズ（GM）やIBMに匹敵する影響力を持つボルボを訪れたことがなかった。

企業が出す業績見通しも、想像の産物に近いことがある。米国のアナリストはよく間違えると批判されるが、欧州のアナリストに比べればほとんど間違えないと言える。私がフランスで、マトラというコングロマリットのリポートを読んだときのことだ。非常に明るい見通しが語られていたので、同社を実際に訪問してみた。広報担当者が各部門の見通しを大まかに説明してくれたが、実にひどい話ばかりだった。破滅的な競争に巻き込まれた部門があれば想定外の資産評価引き下げを余儀なくされている部門があり、労働争議が泥沼化している部門もあるという具合だった。私は言った。「これじゃ、私がリポートで読んだ会社と同じとは思えませんね。ここには今年の利益は二倍になるって書いてあるのに」。さすがにムッとしたのか、私は件の広報担当者に少しにらまれてしまった。

このようにアナリストによる欧州企業の調査はまだお粗末だが、自分で調査をすれば、この状況を逆手に取ることができる。例えば、ボルボの株価が同社の一株当たりの手持ち現金と同じ水準になっているというような状況を見つけられるかもしれない。私がマゼランの外国株運用で好成績を収められたのは、自分で調査をしたからだった。米国には、自分と同じ銘柄に目をつけて研究している聡明な人たちが一〇〇〇人もいる。これでは銘柄選択で勝つことは難しい。ところがフランスやスイス、スウェーデンはそうではない。ここの聡明な人たちはみんな、ボルボとかネスレではなく、ギリシャの詩人ウェルギリウスや哲学者のニーチェを研究しているのだ。

では、日本人はどうだろうか。資本主義と残業の闘士で、ニューヨークのロックフェラー・センターと映画会社コロムビア・ピクチャーズを買収し、近々シアトル・マリナーズのオーナーにもなる、そしてゆくゆくは首都ワシントンDCの名所「ワシントン・モニュメント」にも手を伸ばすかもしれないあの国の人たちはどうなのだろうか。もし読者が私の日本調査の旅に一度でも同行していたら、日本のほうが優れているなんて話は端からでたらめだったことが分かっただろう。

ピーター・リンチ、日本を嗤う

日本は世界一お金持ちの国でありながら、国民は家計のやりくりに四苦八苦している。そして米国人が大きなクローゼットや別荘を持っていること、米国の物価が安いことに感嘆の声をあげている。何しろ日本ではリンゴ一個が五ドルもするし、レストランで夕食(といっても、ディナーとは呼べない代物)を取れば百ドルかかる。地下鉄はぎゅうぎゅう詰めで、一時間半乗っていても首都圏から抜け出せない(ここはロードアイランド州より広い)。車中では、ハワイに移住できたら何かいいものが手に入るかもしれないなどと夢見るが、実際は日本にとどまり、一〇〇平方メートル足らずの小屋の住宅ローン百万ドルを返済しなければならない。小屋を売っても、別の百万ドルの小屋を買うか、家賃が月一万五〇〇〇ドルのアパートに引っ越すしかない。

日本人の苦しい状況を見ていると、自分は昔一〇〇万ドルもする犬を飼っていたんだと自慢する男の話を思い出す。この男は、どうしてその犬が一〇〇万ドルだと分かったんだいと尋ねられ、五〇万ドルの猫二匹と交換したからさと答えたそうだ。ひょっとすると、日本人は五〇万ドルの猫や五〇万ドルのゴルフ会員権を持っているのかもしれない。そして、最近までは、これを一〇万ドルの株式数枚と交換していたのかもしれない。

かつて米国の証券会社の広告に「E・F・ハットンが語れば、人々が耳をそばだてる」という文句があったが、日本の証券会社の広告はそんなものではすまなかっただろう。「野村證券が命ずれば、人々はそれに従う」となったのではないだろうか。証券会社は完全に信用されていて、彼らのアドバイスは福音のように受け止められていた。日本人は五〇万ドルの猫を合図に従って買っていった。

その結果、日本の株式市場のPERは五〇倍とか一〇〇倍とか二〇〇倍といったとてつもない水準に上昇した。あまりにも常軌を逸した数字だったため、日本の高PERは文化的な特質なのだという声も一部であがり始めた。実際、米国の投資家も一九六〇年代後半には同じ特質を発揮していた。当時の株価は非常に過大評価されており、ダウ平均が六七年の史上最高値(インフレ調整後)に再度到達するのに二二年もかかったほどだった。

日本市場では、ウォール街では一九二〇年代以降見られないレベルの不正が舞台裏で行われてきた。大口の投資家は証券会社から、相場で損が出たらその穴埋めをしてもらえるとの保証を得ていたのだ。メリルリンチやスミス・バーニーが同じくらい寛大に接してくれていたら、投資家は米国株をもう少し買う気になってくれただろうに。

私は日本を初めて訪れた一九八六年に、この市場は操作されているという印象を抱いた。出張のお膳立てをしてくれたフィデリティの東京事務所には当時、八〇名のスタッフがいた。アダム・スミス著『マネーゲーム：情報に賭ける社会』という本が創業者のジョンソン氏について一章を割いてくれたおかげで、フィデリティは日本でもその名を知られている。

それにもかかわらず、一部の日本企業と面談を設定するにあたっては、手紙を何通も書いたり電話を何本もかけたりしなければならなかった。私は年次報告書を事前に入手してこれを英訳してもらい、それを読んで質問をまとめた。やり方は米国企業の場合と同じだった。まずは丁寧な冗談でウォーミングアップをし、それから事実に即した質問をして、ちゃんと下調べをしてきたことを示すというやり方だ。

日本の企業には非常に格式張ったところがあり、私との面談も何かの儀式のようだった。私は何度もお辞儀をし、コーヒーを何杯も飲んだ。ある企業では、設備投資について質問したところ(英語で約一五秒)、通訳がそれを日本人の専門家に伝えるまでに五分かかり、日本語で答えが出てくるまでにさらに七分かかり、ようやく出てきた英語での答えが「一億五〇〇〇万円」の一言だった。ずいぶんもったいをつける言語である。

またある有名な証券会社幹部との面談では、日本の株価がどの程度操作されているのか分かったような気がした。先方は自分のお気に入りの銘柄について話をしていた(何という名前だったかは思い出せない)。そして同じ数字を、一〇万円とか何とか言う数字を繰り返し口にしていた。それが売上高なのか純利益なのか、私はよく分からなかったので説明を求めた。すると、それは一二カ月後の株価だった。実際、一年後にチェックしたところ、株価は彼の言った通りになっていた。

この国は、ファンダメンタルズ分析を手がけるアナリストには悪夢のようなところだった。バランスシートの内容が悪く、利益の変動も激しいのにＰＥＲだけは異様に高い銘柄がごろごろしていた。金融史上最大の株式公開を成し遂げた日本電信電話（ＮＴＴ）もそのひとつだった。

第16章でも述べるが、私は民営化される電話会社の株を買わずにはいられない。しかし、この「スシ・ベル」は例外だった。国民が電話機に飢えている発展途上国の高成長企業ではなく、すでに成熟していろいろな規制も受けている日本企業だったからだ。分割される前の米国の電話会社ＡＴ＆Ｔ（ベル・システム）のような感じで、年六～七％ならともかく二桁成長は期待できなかった。

ＮＴＴ株は一九八七年、一株１１０万円で売り出された（訳注：正確には１１９万７０００円）。いくら何でも高すぎると私は思ったが、株価はその後、三倍近くに上昇した。その時点のＰＥＲは三〇〇倍というような値だった。市場時価総額は三五〇〇億ドルに達し、ドイツの株式市場全体を、そしてわれらが米国フォーチュン五〇〇社の上位一〇〇社の時価総額の合計をも上回るほどだった。

この取引では、王様が裸だったうえに、国民も身ぐるみをはがされた。ブラック・マンデーの後、日本政府はＮＴＴ株を二度も、さらに割高な価格で押しつけることができたのだ。二度目の売出し価格は２５５万円で、三度目は１９０万円だった。株価はその後、一本調子で下落している。この原稿を書いている時点では57万５０００円でしかない。一九八七年の売出し価格を大幅に下回る水準である。ウォール街の投資家にしてみれば、これはフォーチュン一〇〇社の時価総額がそっくり失われたようなものだ。

この57万5000円という株価でも、NTTの時価総額は、三〇年連続で増益を達成している米国最大の企業フィリップ・モリスのそれを上回る。また、株価が下がったとはいえ、PERはまだ五〇倍と割高だ。

日本の投資家は企業の最終利益にはほとんど注意を払わず、キャッシュフローにもっぱら目を向けていたと聞いたことがある。これはおそらく、最終利益が少ないからだろう。湯水のごとくお金を使う、特に企業の買収や不動産の取得に多額の資金を投じる企業には、多額の減価償却費と借入金が発生する。どちらもキャッシュフローを押し上げて利益水準を押し下げる要因だ。

日本市場について調べている人は、日本の投資家がキャッシュフローを好むのは高PERと同じく文化的な特質によるものだと言うだろう。しかし、赤字には文化もへったくれもない。一〇〇万ドルの犬や五〇万ドルの猫の購入資金を貸していた日本の銀行は今、赤字という問題に直面している。

米国経済に比べると、日本経済では投機がはるかに大きな役目を担っている。米国では、最盛期のメリルリンチでもフォーチュン五〇〇社の上位一〇〇社に名前を連ねることはなかった。ところが日本では、上位二五社のうち五社を証券会社が、そして五～一〇社を銀行が占めていた時期があった。

米国の銀行も、不動産開発を推進したライヒマンやトランプにばかげた融資をしたことで批判されている。しかしこちらは、最もばかげた融資でさえ何らかの担保を取っていた。日本の銀行は、最も楽観的な想定でも諸費用をまかなう程度の賃料収入しか得られないオフィスビルの建設資金を全額、それも無担保で貸し付けていたのだ。

最近の株価急落局面まで、日本株でお買い得だったのは小型株だけだった。米国でもそうだが、こうした小さな企業が日本の将来の成長と繁栄のカギを握っていると私は考えている。日本の小型株は、大相場が始まった当初は無視されていたため、私はもっぱらこのセクターだけを買っていた。そして大型株のように異常な水準に株価が達したところで売り抜けた。総じて言えば、私は日本株よりも古き良き米国の新興成長株投信に投資をしておきたいと考えている。

投信の投資マニュアル

最後に、投信の戦略についてのこれまでの議論をまとめておこう。

- 株式投信にはできるだけ多くの資金を投じること。たとえ定期的な利息収入が必要であっても、配当のある株に投資をし、保有株の一部をときおり売却して利息収入の代わりにする方が、長期的には得をする。
- どうしても国債を買わなければいけない場合は、財務省から直接購入すること。債券投信は、無意味な運用手数料を支払うことになるので避ける。
- 自分が保有する株式投信の種類を知っておくこと。運用成績を評価するときには、同じ種類のもの同士を比べること。割安株ファンドなら、ほかの割安株ファンドと比較すること。成長株ファンドより成績が悪いからといって、金鉱株ファンドの運用担当者を責めてはいけない。
- 投資資金は三、四種類の株式投信に分散させること(成長株、割安株、新興成長株など)。そうすれば、株式市場で最も上昇している分野に常に投資していることになる。

- 追加投資をするときは、それまでの数年間で最も出遅れているセクターに資金を振り向けること。
- 将来勝利を収めそうな投信を過去の運用成績を頼りに見つけ出そうとするのは、不毛とは言わないまでもかなり難しい。底堅いパフォーマンスをあげている投信を長期間保有するべきである。投信の頻繁な乗り換えはコストがかかり、財産に悪影響を及ぼす。

第4章 ■ 一三年間で資産規模を七七倍に育てる〈前期〉

――解約の嵐の中、中小型株で稼ぐ

先日、机の上に積み上げられた目論見書の類いを脇にやり、ほこりだらけの棚から引っ張り出した分厚いルーズリーフを広げた。マゼラン・ファンドの投資家に配布してきた運用報告書の綴りである。これに目を通すことで、過去一三年間の歩みを振り返ろうと考えた。

この作業ではフィデリティのコンピューターの達人、ガイ・セルンドロ、フィル・セアー、そして特にジャック・ペロルドの助けを借りた。私が購入した銘柄の中から最も大きく値上がり・値下がりしたもののリストを作り、プリントアウトしてもらったのだ。このリストからは思っていた以上のことが分かった。驚かされたと言ってもいい情報もあった。マゼランが成功した最大の要因は小型成長株への投資だという定説が、実は的外れであることが分かったからだ。

以下では、私がマゼラン・ファンドを運用した日々を振り返る。私の失敗から学びたいファンド・マネジャーやアマチュア投資家、あるいは何がうまくいって何がうまくいかなかったのかを単に知りたいという方々の参考になれば幸いである。

今回は外交官が回顧録を書くときのスタイルを借用し、前期・中期・後期の三部立てで書いていく。これは単に、そうしたほうがまとめやすいからである。銘柄選択にのめり込んだ男――私はかつてそうだったし、今でもそうだ――の人生がものすごく重要だからというわけではない。

マゼラン・ファンドの運用を始める

フィデリティという会社は株式を公開していない。もし公開していたら、私はほかの人にフィデリティ株を買うよう勧めていただろう。正確に言うなら、それができる程度の判断力はあっただろうと思いたい。フィデリティの投信に新たな資金が続々と投じられ、新しい投信が続々と設定されていくところを、そしてジョンソン氏やその息子のネッド・ジョンソン氏が優れた経営手腕を発揮しているところを直接目にしていたからだ。

マゼラン・ファンドは、最初から私が運用したわけではなく、ネッド・ジョンソン氏が一九六三年にフィデリティ・インターナショナル・ファンドとして立ち上げたものである。ところが、当時のケネディ大統領の政策で外国への投資に税金がかけられたため、インターナショナル・ファンド（訳注：米国外に投資をする投信の総称）の運用担当者は外国株を売却して国内株を買わざるを得なくなった。そのためフィデリティ・インターナショナル・ファンドも、六五年三月三一日にマゼラン・ファンドに改名されるまではまさに名ばかりのインターナショナル・ファンドで、実態は国内株ファンドだった。当時のマゼランでは、クライスラーが最大の投資先だった。その二〇年後に破綻寸前の状況から立ち直り、私にとっても最大の投資先となった銘柄である。この世の中には、決してあきらめてはいけない企業というものが存在するのだ。

マゼランが立ち上げられたころ、私はまだボストン・カレッジの学生で、週末にはゴルフ場でキャディーのアルバイトをしていた。時代は投信ブームで、誰もが投信を買いたがっていた。その熱気は、昼は学校で教壇に立ち夜はパートタイムで投信を売っているという販売員とともに、私の母のところにも届いた。夫に先立たれ、蓄えも多くなかった母は、この販売員の勧めに乗ってフィデリティ・キャピタルという投信を購入した。「中国の人」が運用しているのが気に入ったのだという。母は、東洋の神秘なるものを信じていたのだ。この中国の人とは、ゲリー・ツァイ氏のことである。フィデリティ・トレンドという投信を担当していたネッド・ジョンソン氏とともに、傑出したファンド・マネジャーだった。

この販売員に教えてもらわなければ、フィデリティ・キャピタル・ファンドを中国の人が運用していることなど、母には知る由もなかっただろう。当時は投信の販売員（その多くはパートタイムだった）が田舎町にやって来ては、掃除機や保険、百科事典、墓地などの販売員とともに家々を訪ねて回っていた。母が買ったのは、毎月二〇〇ドルをずっと投資し続ける契約だった。将来の暮らしを楽にするのが目的だった。簡単に払える金額ではなかったが、フィデリティ・キャピタルはS&Pを超える運用成績をあげてくれた。一九五〇年代には三倍に増え、六〇年代の最初の六年間でさらに二倍に増えたのだ。

株価が大幅に上昇する年が続いた昨今では信じがたいことだが、株式市場をめぐる状況は変わりやすい。株価が大幅に調整して底ばい状態が長く続くと、ウォール街には雑誌編集者が寄りつかなくなる。カクテル・パーティーでも株の自慢話が聞かれなくなり、投資家の忍耐力が試されるだけになる。銘柄選択に真剣に取り組む投資家は、シーズンオフに避暑地に出かけたときのような孤独感を味わい始める。

私がフィデリティにアナリストの職を得たとき、株式市場はちょうどそういうさえない時期に入るところだった。株価はピークを越え、一九七二～七四年の急落に向かっていた。大恐慌に先立つ二九～三二年以来のひどい暴落である。投信を買いたいという投資家はあっという間にいなくなった。関心すら示されなくなった。あまりに売れないために、販売部隊も解散を余儀なくされた。販売員たちは掃除機やカーワックスなど、投信ブームの前に扱っていた商品を売る仕事に戻っていった。

株式投信を見切った投資家たちは、MMFや債券投信に資金を投じた。フィデリティはその種のファンドから得た利益で、不人気な株式投信をいくつか存続させた。生き残った株式投信は、株に興味がある数少ない顧客——急速に姿を消しつつある絶滅危惧種のようだった——を奪い合わねばならなかった。

当時は、どの株式投信にもこれといった特色がなく、ほとんどが「値上がり益追求型ファンド」と呼ばれていた。曖昧な分類だったため、運用担当者は循環株でも公益株でも、成長株でもスペシャル・シチュエーションでも何でも買うことができた。購入している銘柄は投信ごとに違ったものの、買う側からは全部同じもののように見えた。

一九六六年のフィデリティ・マゼラン・ファンドの資産は二〇〇〇万ドルほどだったが、顧客の解約が相次ぎ、七六年には六〇〇〇万ドルになっていた。運用手数料として残高の〇・六％相当額を毎年いただいていたが、この規模では年三万六〇〇〇ドルにしかならず、給料はおろか電気代も払えるかどうかという状況だった。

そこで一九七六年、効率を高めるために、六〇〇〇万ドルのマゼラン・ファンドは一二〇〇万ドルのエセックス・ファンドと統合された。顧客の投信離れに同じように苦しんでいたエセックスは、一億ドル規模に育った時期もあったが、その後の下落相場で運用成績を悪化させ、税務上の繰越損失が五〇〇〇万ドルにのぼっていた。実はここが最大の魅力だった。六九年から七二年までディック・ハーバマン氏とネッド・ジョンソン氏が、そして七二年以降はハーバマン氏が巧みに運用してきたマゼランと統合すれば、エセックス・ファンドの繰越損失を有効活用できる、とフィデリティの経営陣と受託者委員会は考えたのだ。統合後の運用で利益を得ても五〇〇〇万ドルまでは税金がかからない、というわけだ。

以上が、一九七七年に私がマゼランの運用担当者に指名されるまでのいきさつである。資産は一八〇〇万ドル。株式市場の状況は最悪で、顧客の数はすでに少なく、さらに急速に減っていた。顧客を増やす手段はなかった。なぜなら、フィデリティはマゼランの販売を停止していたからだ。

引き継ぎ後、最初にした二つの作業

投資家がマゼラン・ファンドの受託証券を再び買えるようになったのはその四年後、一九八一年のことだった。再開までに長い時間がかかったことについては、マスコミで広く誤解されてしまっている。よく言われるのは、これは悪くない運用成績が記録されてから販売を再開して売り上げを伸ばす巧みな戦略だった、というものだ。また、マゼランは一般投資家の資金を集める前に新人ファンド・マネジャーに長期間の仮免運転をさせる「インキュベーター（保育器）ファンド」だと言われることもよくある。

しかし、実態はそれほど立派なものではない。フィデリティとしては、新しい投資家はいつでも大歓迎だった。販売をやめていたのは、販売に携わる人がいなかったからだった。投信のビジネスは本当に落ち込んでいたから、証券会社も販売部隊を解散してしまっていた。投信に興味を示すかもしれないごくわずかな変わり者を訪ねてみようという人は、もう一人も残っていなかったのだ。

私自身は、マゼラン運用の最初の四年間を目立たずに過ごせたことは、むしろありがたいことだったと考えている。売買の手法を学んだり間違えたりすることが、スポットライトを浴びることなくできたからだ。ファンド・マネジャーもスポーツ選手も、じっくり育てれば優れた成績を長期間あげられるということかもしれない。

上場企業の二五％ぐらいのことをよく知っているアナリストでは、何でも売買できる値上がり益追求型ファンドの運用にいつでも自信を持って取り組めるというわけにはいかない。私はアナリスト時代には繊維、金属、化学株の調査を主に手がけたが、一九七四年から七七年までフィデリティの調査部長を務め、投資委員会にも参加していたから、ほかの業界にもいくらか馴染みがあった。また、七五年にはボストンの慈善団体の資産運用を手伝い始めていた。運用に直接関与したのはそのときが初めてだった。

イタリアには昔、いろいろな女性とデートしたことを熱心に書き留めていた作家がいたそうだが、私もそれと同じくらい熱心に、訪問した企業のことを日誌に記録している。これによれば、私は一九七七年一〇月一二日にゼネラル・シネマ社を訪問している。きっとピンとこなかったに違いない。同社の株を買った形跡がないからだ。当時の株価は一ドルにも満たなかったが、今日では三〇ドルを超えている。運用を引き継いだ早々に、三〇倍の大化け銘柄を見逃していたのだ（なお、この三〇倍という値は株式分割考慮後のものである。本書では株価はすべて、株式分割を考慮したベースで紹介している。従って、本書にある株価は新聞の株式欄にあるそれとは一致しないかもしれないが、本書に書かれた利益と損失の金額は正確である）。

私の日誌は、このように見逃したチャンスの記録でいっぱいだ。しかし、株式市場は慈悲深いことに、こんな大ばか者にもいつも次のチャンスを与えてくださる。

マゼランの運用を引き継いだ当初は、㈠前任者のお気に入り銘柄を売却して自分が選んだ銘柄を購入する、そして㈡果てしなく続く解約請求に応えるために株をコンスタントに売って現金を用意するという二つの作業に追われた。一九七七年の年末には、コンゴリアム（五万一〇〇〇株、額にして八三万三〇〇〇ドルもあったが、この一〇年後なら、この金額では組み入れ比率の低い投資先になるだろう）、トランスアメリカ、ユニオン・オイル、エトナ保険などが主な投資先になっていた。また私はヘインズ（この会社の製品にぞっこんだった妻のキャロリンに感謝）、タコ・ベル（私の最初のトレーダー、チャーリー・マックスフィールドはこの銘柄の買い注文を受けて「何それ、メキシコの電話会社かい？」と聞き返した）、ファニーメイ（まず三万株購入）などを新たに発掘していた。

コンゴリアムが気に入ったのは、ビニール製の新しい床材を開発していたからだった。キッチン全体に継ぎ目なく、まるで一枚のカーペットのように敷くことができる製品だ。またこの会社は、プレハブ住宅で使われるものと同じモジュラー技術を使って、国防総省に納めるフリゲート艦を建造していた。このプレハブ・フリゲート艦の将来は明るいという話だった。タコ・ベルが気に入ったのは、同社のタコスがおいしいこと、この国の国民の九〇%にはこのおいしいタコスがまだ提供されていないこと、同社の過去の業績が優れていること、現在のバランスシートも良好であること、そして本社の社屋がどこにでもあるガレージのようだったことによるものだった。ここから、ピーターの法則❼が導かれる。

【ピーターの法則❼】

社屋の豪華さと、株主への利益還元に対する経営陣のやる気のなさは正比例する。

私が自分で選んだ銘柄（コンゴリアム、カイザー・スチール、ミッション保険、ラ・キンタ・モーター・イン、二〇世紀フォックス映画、タコ・ベル、ヘインズなど）には、上場企業であることしか共通点がないように見える。私は当初から、実にいろいろな業界の企業に惹かれていたのだ。特筆すべきは、アナリストとして徹底的に調査していた化学株がその中に入っていないことだろう。

そうこうするうちに、マゼランの一九七八年三月三一日付の年次報告書が発行された。私が運用した一〇カ月間について記した報告書だ。表紙には南米大陸沿岸部の手の込んだ古地図が配され、いろいろな入り江や川の名前が書き込まれている。その横には、マゼランのものとおぼしき小ぶりのガリオン船が三隻、南端のホーン岬を目指してさっそうと進んでいく様子も描かれている。表紙の絵は後年、マゼラン・ファンドが大きくかつ複雑になるにつれてシンプルになっていった。スペイン語で記された入り江や川の名前はすぐに消え、船も二隻に減らされた。

この一九七八年三月の年次報告書を読み返したところ、マゼランはこの一二カ月間に二〇％上昇していた。同じ時期にダウ平均は一七・六％下落し、S&P五〇〇も九・四％下がっていた。この好成績には、私が選んだ銘柄も寄与していたに違いない。また、この年の投資家への手紙（私はいつもこの手紙の中で、説明がつかないことの説明に努めなければならなかった）にて私は、自分の戦略を次のように記していた。「自動車、航空宇宙、鉄道、汚染対策関連、公益、化学、電気電子、およびエネルギーの持ち高を減らし、金融機関、放送、娯楽、保険、銀行その他金融、消費財、ホテル、およびリースの持ち高を増やしました」。私は就任直後の一〇カ月間、計五〇銘柄にも満たない二〇〇〇万ドルのポートフォリオでこんなことをやっていたのだ！

つまり、私には総合的な戦略などなかった。この銘柄選択はもっぱら観察に基づくもので、私は訓練された警察犬のようにいろいろな会社を嗅ぎ回っていた。特に、特定のストーリーの細かい部分にこだわった。例えば、マゼランの放送株の組み入れ比率が標準より高いか低いかということよりも、テレビ局を持っている会社の利益が前年よりも増えそうなのはなぜかといったことに注意を向けた。放送局の幹部との面談で、業績が上向きだという話が聞けたら、では御社にとって最強のライバルはどこですかと尋ね、オフィスに戻ってからそのライバルのことを詳しく調べ、結局そのライバル会社の株を買うということもよくあった。とにかくあらゆる方面を嗅ぎ回った。たくさんの業界について少しずつ知る、つまり薄く広く知るというのは必ずしも危険なことではないと言えるだろう。

マゼランは値上がり益追求型ファンドなので、何でも買うことができた。あらゆる種類の国内株はもとより、外国株も債券も買うことができた。そのおかげで、警察犬のようなスタイルを存分に活用することができた。成長株ファンドの運用担当者のような縛りはなかった。成長株は数年おきに軒並み割高になったが、そんなときでも成長株ファンドの運用担当者は割高な成長株を買わざるを得なかった。そうしなければ成長株ファンドではなくなってしまうから、さえない品揃えの中から最善の銘柄を選ぶしかなかった。私は自由にほかの分野に手を出すことができたから、アルミの価格が上昇しているからアルコアの業績が回復するとの話があれば、それにも耳を傾けた。

一九七八年一月。私はマゼラン・ファンドの投資家に向けてこう伝えた。「ポートフォリオは現在、スペシャル・シチュエーション、割安な循環株、中小型の成長株の三種類で占められています」。だが、これでは不十分かもしれないと考え、一年後にもう少し詳しい説明を書いた。

マゼラン・ファンドは、㈠中小型の成長株、㈡業績の見通しが改善しつつある企業、㈢低迷している循環株、㈣配当利回りが高く増配も続いている企業、㈤資産の真の価値が市場で見過ごされていたり過小評価されたりしている銘柄、という五つのカテゴリーで主に見つかる比較的魅力のある普通株への投資を通じて、値上がり益を追求します。将来的には、外国株が大きな役割を占めることもあり得ます。

要するに、証券取引所で売っているものを買うということだ。

この柔軟性がカギだった。割安な銘柄はいつもどこかに転がっていた。私の初期の運用で最も大きな利益を生んでくれたのは、ユノカルとロイヤル・ダッチという大手石油会社だった。資産二〇〇〇万ドルのファンドだから大手石油会社は無視し、もっと成長率の高い小型株に特化するだろうと思われがちだが、私の調査によれば当時のロイヤル・ダッチの業績は回復に転じつつあり、ウォール街はまだそれに気づいていないようだったため買いを入れたのだ。また、マゼランがまだ小粒な投信だったころには、資産の一五%を公益株に投じていたこともあった。航空機製造のボーイング、造船のトッド・シップヤード、倉庫型スーパーのピックン・セイブ、サービス・コーポレーション・インターナショナル(葬儀業界のマクドナルドともいうべき企業)を同時に保有していたこともあった。マゼランの成功は成長株投資のおかげだとよく言われるが、成長株が全体の半分以上を占めたことはなかったように思う。

常に守りの姿勢を取り、株を買ったら、それが値下がりしても持ち続けられるように新しい言い訳を考える(ウォール街のエネルギーの多くは今でも、この言い訳づくりに注がれている)というパターンではなく、常に攻めの姿勢を取ることを私は心がけていた。割安な銘柄を見つけてもそこで止まらず、さらに割安な銘柄を探し続けた。一九七九年は株が全般に値上がりした年で、S&Pは一八・四四%上昇したが、マゼランは五一%上昇した。投資家向けの年次報告書では、自分の戦略を――さも戦略があるかのように――説明するのに再び苦労することになった。「ホテル、レストラン、および小売株の保有を増やしました」と書くのがせいぜいだった。

私は当時、ファスト・フードのレストランに関心を持っていた。とても分かりやすかったからだ。ある地域で成功しているレストラン・チェーンは、ほかの地域でも同様に成功する可能性が高かった。実際、タコ・ベルはカリフォルニア州で大量出店を行い、そこで実力を証明してから東に向かったが、そのころの増益率は年二〇～三〇％に達していた。

クラッカー・バレルの株を買い、後にジョージア州メイコンにある同社の店舗を訪れたことがある。ロビンソン・ハンフリーという証券会社がアトランタで開催した投資家向け企業説明会に参加した際に立ち寄ることにしたのだ。レンタカーの地図で見た限りは、私が泊まったアトランタの中心部のホテルから数マイルしか離れていないように見えた。

実際には一〇〇マイル以上離れていたし、ラッシュに巻き込まれたこともあってたどり着くのに三時間もかかったが、そこで食べたナマズ料理はとてもおいしく、同社の店舗運営にもとても感心した。この株は結局五〇倍に値上がりし、マゼランに大きく貢献してくれた。

同様な現地調査は、同じアトランタのＤＩＹショップでも行った。ホーム・デポという名前だった。ここでも私は釘やねじ、レンガ、モルタルなどの在庫の充実ぶりと値段の安さ、豊富な知識を持つ従業員などはもちろんのこと、その丁寧なサービスに目を見張った。これなら、値段が高くて在庫も貧弱な商店に出向く必要はもうない。

当時のホーム・デポはまだ生まれたばかりの若い企業で、株価は（その後の株式分割を考慮したベースで言えば）25セントだった。私は現場をこの目で見てから同社の株を買ったのだが、一年後に関心がなくなり売ってしまった。今でもとても後悔している。チャート（図４－１）で分かるように、同

表４−１
ホーム・デポ

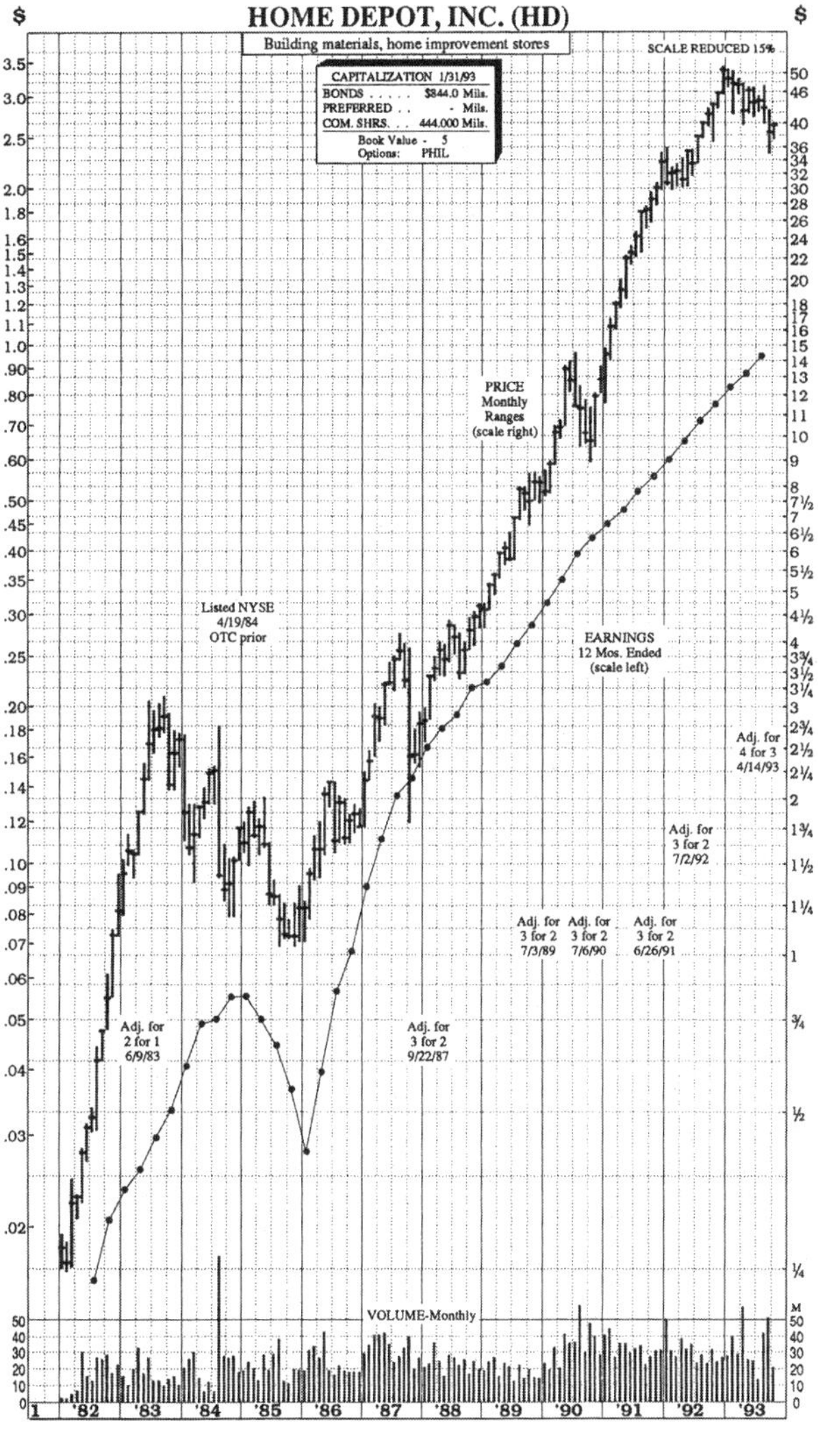
HOME DEPOT, INC. (HD)
Building materials, home improvement stores
SCALE REDUCED 15%
CAPITALIZATION 1/31/93
BONDS . . . . . $844.0 Mils.
PREFERRED . . - Mils.
COM. SHRS. . . 444.000 Mils.
Book Value - 5
Options: PHIL
PRICE
Monthly
Ranges
(scale right)
EARNINGS
12 Mos. Ended
(scale left)
Listed NYSE
4/19/84
OTC prior
Adj. for
2 for 1
6/9/83
Adj. for
3 for 2
9/22/87
Adj. for
3 for 2
7/3/89
Adj. for
3 for 2
7/6/90
Adj. for
3 for 2
6/26/91
Adj. for
3 for 2
7/2/92
Adj. for
4 for 3
4/14/93
VOLUME-Monthly
'82 '83 '84 '85 '86 '87 '88 '89 '90 '91 '92 '93

社の株価はその後、大化けしているからだ。私はこの銘柄をその草創期に見つけておきながら、その潜在力を見抜けなかったのである。

もしホーム・デポがニュー・イングランドで事業を興していたら、あるいは私がプラスのスクリュードライバー（ねじ回し）とカクテルのスクリュードライバーの違いを知っていたら、判断を誤ることはたぶんなかっただろう。このホーム・デポと、同じく早々と手放してしまったトイザらスは、私のファンド・マネジャー人生で最悪の売り注文だったと言える。

ただ、マゼランはホーム・デポなしでも一九七九年の成功を繰り返すことができた。八〇年の上昇率は六九・九％で、S&Pの三二％を上回ったのだ。当時の最大の投資先はゲーミング（正確には、ゴールデン・ナゲットとリゾーツ・インターナショナルというカジノ運営会社）、保険、小売の三セクターだった。またコンビニエンスストアが大好きだったので、ホップイン・フーズ、ピックン・セイブ、ショップ・アンド・ゴー、ストップ・アンド・ショップ、そしてサンシャイン・ジュニアを一度に買った。

私は自分の初期の運用を振り返って、その売買回転率（訳注：ファンドの資産に対する売買代金の比率）の高さに驚いている。四一銘柄を保有していた最初の年が三四三％で、その後の三年間も三〇〇％に達していたのだ。一九七七年八月二日に持ち株の三〇％を売却したのを皮切りに、私は毎月、石油株や保険株、消費関連株などを目がくらむようなペースで売買していった。

一九七七年九月には循環株をいくつか買い、同年一一月にはこれをすべて売り払った。その秋にはファニーメイとヘインズを買ったが、どちらも春には処分していた。組み入れ比率が最も高い銘柄はコンゴリアムからシグナル・カンパニーズ、ミッション保険、トッド・シップヤード、そしてステーキハウスのポンデローザへとめまぐるしく入れ替わった。ピア・ワンやフォー・フェイズという面白い名前の銘柄も同様だった。

フォー・フェイズは、月の満ち欠けと同じサイクルで保有したり処分したりしていたようだ。同社は最終的にモトローラに買収されたため(モトローラは後に大変後悔した)、私もこの銘柄の売買をやめざるを得なくなった。たしかコンピューターの端末に関係する事業を営んでいたと記憶しているが、当時はうまく説明できなかった(今でもそうだ)。幸いなことに私は、自分が理解できないものにはあまり投資をしなかった。ボストンの一二八号線沿いに立ち並ぶハイテク企業については、そのほとんどが「理解できないもの」だった。

花を引き抜き、雑草に水をやる

私が買い入れた銘柄を突然売ってしまうのは、方針を変えたためではなく、新たに訪問した会社が気に入ってそちらに乗り換えたためであるケースがほとんどだった。両方とも持っていたいのは山々だったが、規模が小さく、解約請求が途切れることのないファンドだったから贅沢は言えない。何かを買うには何かを売らねばならず、私はいつも何かを買いたがっていたから、いつも何かを売らなければならなかった。おまけに、有望な銘柄が見つかったかと思えば、その翌日にはさらに有望な銘柄が出てくるというような毎日だった。

こうした頻繁な売買は毎年難題をもたらした。分別のある運用を行っていると投資家に思ってもらえるような説明を報告書に書かなければならない、という難題だ。ある年には、自分の戦略を次のように要約した。「マゼランは株価が上昇した循環株から、増収増益を果たしそうな非循環株に資金を移しています。……景気の減速で利益が押し下げられる恐れのある企業の株を減らしました。もっとも、株価が割安だと思われる循環株にはまだ多額の資金を投じています」

こうやって昔の報告書を振り返ってみて思うのは、ほんの数カ月で手放した銘柄の多くはもっと長期間保有するべきだった、ということだ。無条件に忠誠を誓うということではなく、魅力がどんどん増していく銘柄を辛抱強く持ち続けるという意味である。売ったことを特に後悔しているのは、アルバートソンズ（株価が三〇〇倍になった大変な成長株）、トイザらス（同上）、ピックン・セイブ（紹介ずみ）、ワーナー・コミュニケーションズ（こともあろうに、私はテクニカル・アナリストの助言に従って売ってしまった）、フェデラル・エクスプレス（5ドルで買って、10ドルになったところで素早く売り抜けたが、その二年後には70ドルになっていた）の五銘柄だ。

こうした偉大な銘柄を売ってそれに劣る銘柄を買ってしまった私は、お気に入りの表現を使うなら、「花を引き抜き、雑草に水をやる」というよくありがちなミスを犯したことになる。ある晩のこと、投資の洞察力と巧みな文章で有名なウォーレン・バフェット氏が私に電話をかけてきた。この表現を自分の年次報告書で使わせてもらえないだろうかと尋ねてきたのだ。私は、彼の文章に引用してもらえると聞いてわくわくした。うわさによれば、バフェット氏の年次報告書を読みたいがためにバークシャー・ハサウェイを一株（現在は一万一〇〇〇ドル）持っている投資家もいるらしい。もしそれが本当なら、バークシャーは史上最も高額な雑誌となるだろう。

解約の裏で情報収集に専念する

マゼランが投資家への販売を停止した一方で大量の解約請求(全体の三分の一にものぼった)にも見舞われたために、何かを買うためには何かを売らねばならなかった四年の間、私はさまざまな企業や業界のことを見聞きし、それぞれの業績が何によって変動しているかを学んだ。当時は、自分が数十億ドル規模のファンドを運用するための教育を受けているのだとは全く思っていなかった。

この時期に学んだ最も大切な教訓のひとつが、自らの手で調査をすることの重要性だった。私は何百社もの企業の本社を訪ねたり、投資家向け企業説明会に足を運んでは何百人もの経営者を紹介してもらったりした。また、多数の方々(一九八〇年代前半は、年当たり二〇〇人ほど)にフィデリティまでご足労をいただいた。

フィデリティは企業と昼食会を開くようになった。それに伴い、オフィスの同僚や証券会社の社員と、ゴルフのことやらボストン・レッドソックスのことやらを話しながら食べる昔のシステムはなくなっていった。同僚や証券会社の社員との昼食は楽しかったが、保険やアルミのビジネスがどんなものかを知っているCEOや投資家向け広報(IR)担当者との会食を上回るほどの貴重さはなかった。

昼食会はすぐに朝食会や夕食会にエスカレートし、一日の食事のすべてをフィデリティのダイニング・ルームで、大企業の代表者とともにすることもあり得るほどになった。学校給食のメニューのようなものが毎週配られるようになった。もっとも、「月曜日はスパゲティ、火曜日はハンバーガー」という感じではなく、「月曜日はAT&Tかホーム・デポ、火曜日はエトナかウェルズ・ファーゴかシュルンベルジェ」といった具合に選ぶことができた。

すべての食事会に顔を出すことはさすがにできなかったので、私はまだ投資していない企業の担当者に会うことを心がけた。自分が見逃していることがないかどうか確かめるためだった。例えば、石油株の組み入れ比率が低めであるときは、石油会社との昼食会に必ず出るようにした。おかげで、景気循環に左右されやすいこの業界の最新情報をいち早く入手し、先回りができたことも多かった。

最新情報と言っても、その業界に直接または間接に関わっている人ならいつでも入手できる類いのものだ。例えば製造業者、納入業者、石油業界でいうならタンカーの営業担当者、ガソリンスタンドのオーナー、各種装置の納入業者などは、変化を察知してそれを活用できる立場にある。

ボストンは投信業界の都であるため、ほかの街に出かけなくても多数の企業の担当者に容易に会うことができた。企業の経営幹部や財務部の人たちも、自社株の買い手を求めてパトナム、ウエリントン、マサチューセッツ・フィナンシャル、ステート・ストリート・リサーチ、フィデリティなどを一度に訪ねて回ることができた。

フィデリティのアナリストやファンド・マネジャーたちは、企業担当者を朝食や昼食や夕食に連れ出すだけでなく、社内の会議室でほかの企業の代表とお茶を飲むことも奨励された。企業のほうから面談を申し入れてくることが多かったが、こちらから呼びかけたケースも多かった。

企業のほうから話をしたいといってやって来るときは、ウォール街のほかの企業も耳にしている話をしてくれるのが普通だった。そのため、こちらから呼びかけたときのほうが意義のある会合になる傾向があった。

小売大手シアーズの担当者とは一時間あまり語り合い、カーペットの販売についていろいろなことを教わった。シェル石油の部長は、石油やガス、石油化学製品の市場について、かいつまんだ説明をしてくれた（シェルからいいタイミングで教えを請い、破綻が間近いエチレンメーカーの株を売却できたこともあった）。ケンパーの担当者は、保険料の料率が上昇しているかどうかを教えてくれた。こうした会合では、一〇回に二回の割合で重要な話を聞くことができた。

私は個人的なルールとして、各主要産業の人と少なくとも月に一度は話をすることを心がけていた。その業界の風向きが変わり始めたことを察知したり、ウォール街が見過ごしている新たな展開を見いだしたりするためだった。これは非常に効果的な早期警戒装置になった。

こうした対話はいつも、「ところで、あなたが最も素晴らしいと思うライバル企業はどこですか」という質問で締めくくった。もしある企業のＣＥＯが、ライバル企業は自分の会社と同等かそれ以上にうまくやっていると認めたら、このライバル企業は強力なお墨付きを得たことになる。実際、私はこのお墨付きに従ってライバル企業の株を買うことが多かった。

フィデリティが求めた情報は機密情報でもトップ・シークレットでもなかったし、先方も、自分が知っていることを喜んでお話ししましょうという態度だった。会社を代表してくる人の大部分は、自分の会社の強みと弱みを客観的かつ率直に話してくれた。業績が芳しくないときにはそれを認め、好転し始めたと思われたときにはそう教えてくれた。人間という生き物は、他人の行動の真意を疑ったり冷笑的になったりすることが多い。お金が絡むときは特にそうだ。しかし、私に株を買ってほしいと思っている会社の人たちからうそをつかれたことは、数万回の会合のうちほんの数回にとどまった。

実際、うそつきは産業界よりもウォール街のほうが少ないかもしれない。おそらく、読者にとってそんな話は初耳だろう。これは何も、産業界の商人よりもウォール街の金融人のほうが天使に近いというわけではない。ウォール街はとても疑われているために、その発言を証券取引委員会(SEC)がすべてチェックしており、うそがつけなくなっているのだ。もしうそをつけば、たとえその場ではとがめられなくとも、次の四半期決算でばれてしまうだろう。

投資家が見逃す有力企業に買いを入れる

私は、昼食会やそのほかの会合で会った人全員の名前を記録することにしていた。そうした人たちの多くはその後、貴重な情報源になってくれた。私は何度もお世話になった。よく知らない業界があっても、彼らにお願いすればバランスシートの何を見ればよいか、企業にはどんな質問をすればよいかといった基本を教えてくれた。

例えば私は、エトナやトラベラーズ、コネチカット・ゼネラルといった企業の幹部に会うまで、保険業のことをあまり知らなかった。彼らはほんの数日で、私に保険ビジネスの基本をたたき込んでくれた。おかげで、保険のプロにはとてもかなわないが、保険会社の業績変動要因がどこにあるかを見つけられるようになった。的を射た質問もできるようになった。

保険といえば、私は一九八〇年三月にはマゼランの資産の二五・四%を損害保険株に投じていた。当時人気のなかった損保株を大量に保有していたため、損保業界の友人として講演してくれないかと業界団体から頼まれたほどだった。もっとも、もし私がその後保険株をすべて売って銀行株に乗り換えることに先方が気づいていたら、そんな依頼はしてこなかったかもしれない。

米国ではカーター政権末期の一九八〇年、金利が記録的な水準に上昇していた。ＦＲＢが景気にブレーキをかけたのだ。そうした雰囲気の中、銀行株は一株当たり純資産にも満たないレベルに下落していた。しかし、銀行業界の成長見通しは非常に明るかった。オフィスの机に向かい、金利が下がったらどうなるだろうと想像していく中でそう気づいたわけではない。きっかけは証券会社のロビンソン・ハンフリーがアトランタで開催した投資家向け企業説明会だった。

実を言えば、私が銀行について考え始めたのは会場の外に出たときのことだった。発表が一段落し、これといった実績のない企業のプレゼンテーションに飽きた私は、会場を抜け出してファースト・アトランタを訪問した。一二年連続で増益を果たしている銀行で、その「純利益」は、会場で派手だが安っぽいプレゼンテーションをしていた多くの企業の「売上高」を上回っていた。投資家は明らかにファースト・アトランタを見逃していた。実際、この銀行の株価は、五年後にノースカロライナ州のワコビアと合併するまでに三〇倍に上昇している。

生き残れるかどうか定かでない企業のことでウォール街は騒いでいたが、その一方でファースト・アトランタのように堅実な銀行のＰＥＲが市場全体の半分の水準に放置されていたのである。

ファースト・アトランタの話を聞いたその日から、私は地方銀行の質の高さに感服すると同時に、どうして投資家がこれに気づかないのか、いぶかしく思っている。投信会社からもほとんど注目されていないのだ。試しに図４－２、４－３、４－４の三枚をファンド・マネジャーに見せて、どの会社のチャートだと思うか聞いてみるといい。おそらくウォルマートとか、フィリップ・モリスとか、メルクといった答えが返ってくるだろう。たしかにそういう高成長銘柄のチャートに似ているのだが、すべて銀行株のチャートである。図4－2は株価が一〇年で一〇倍になったワコビア、図4－3はミネアポリスのノーウエスト、図4－4はデトロイトのNBDバンコープのチャートである。

NBDバンコープはもう何年も、ペップ・ボーイズやダンキン・ドーナツといった高成長企業と同じ一五％の増益を続けている。そういう企業のPERが低位に放置されていることに、私はいまだに驚いている。こうした投資家の評価のみを見ていたら、仕事をコツコツこなしているだけの成熟した公益企業のように思えてしまうだろう。

地方銀行に対する評価の誤りは、買いを入れるチャンスをたくさん提供してくれる。マゼランが、銀行株を市場全体に占める割合よりも四～五倍多く保有していたのはそのためだ。私のお気に入りは、株価が2ドルから80ドルに急騰したフィフス・サード銀行（「五番目の第三銀行」などという変わった名前の銀行を無視することはできない）、ほかの投資家からもう何年も訪問を受けていないというメリディアン、高地に住む人は保守的な倹約家が多いためデフォルト（債務不履行）も少ないという「フロスト（厳寒）ベルト」理論に基づいて山間部の中小銀行や貯蓄金融機関を買収していったキーコープなどだった。

しかし、私が買った株の中で最も値上がりした銀行株は、図4－2～図4－4で示した三行をはじめとする地銀株だ。私はいつも、地元に強靱な預金の基盤を築いていて効率的かつ用心深く融資をしている銀行を探している。

マゼランでは銀行株を次々に購入した。一九八〇年末には一二銘柄に達し、その評価額もファンド

図4-2
ワコビア

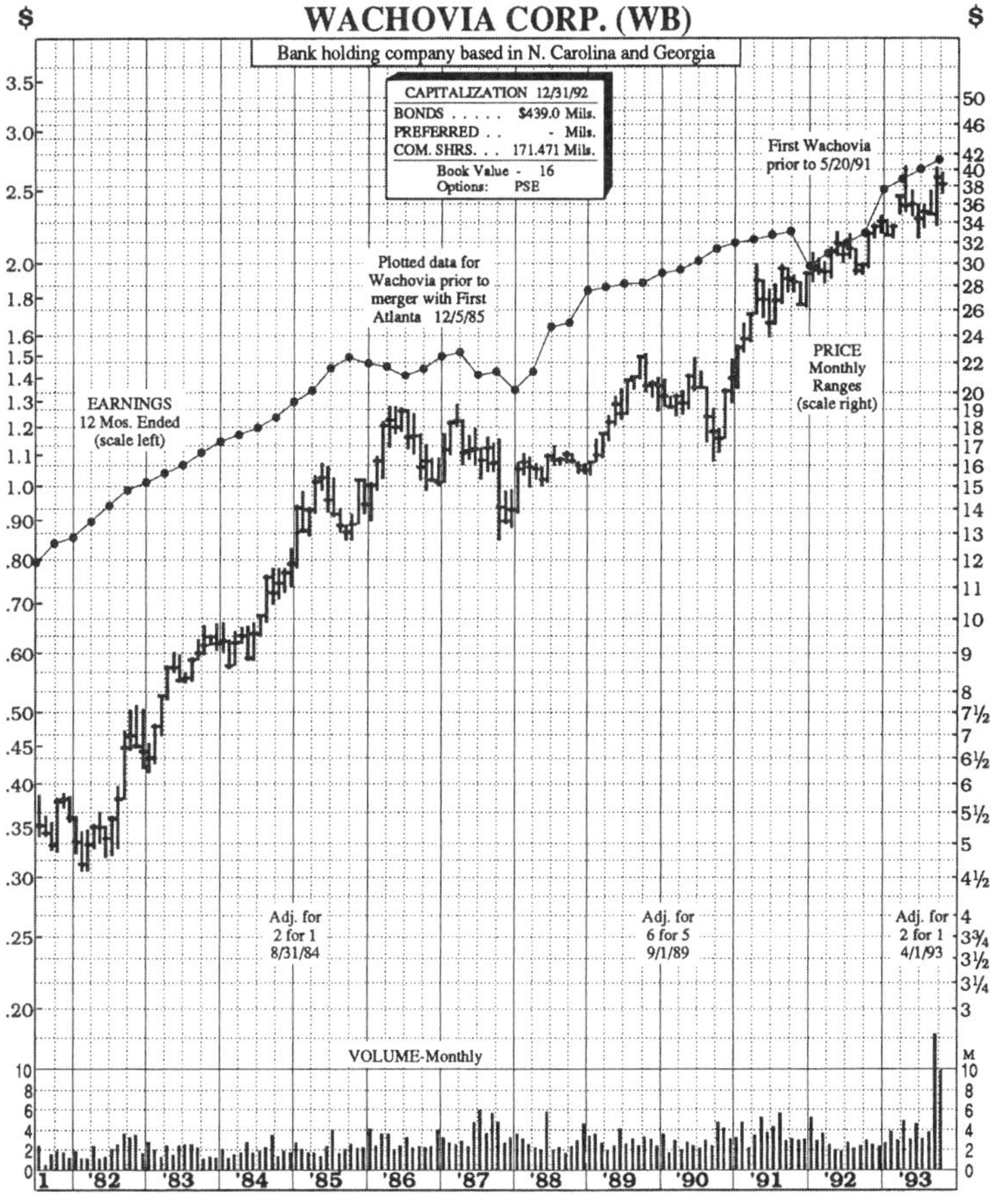

Chart courtesy of: Securities Research Co.
A division of Babson-United Investment Advisors, Inc.
101 Prescott Street, Wellesley Hills, Ma. 02181-3319

図4-3
ノーウエスト

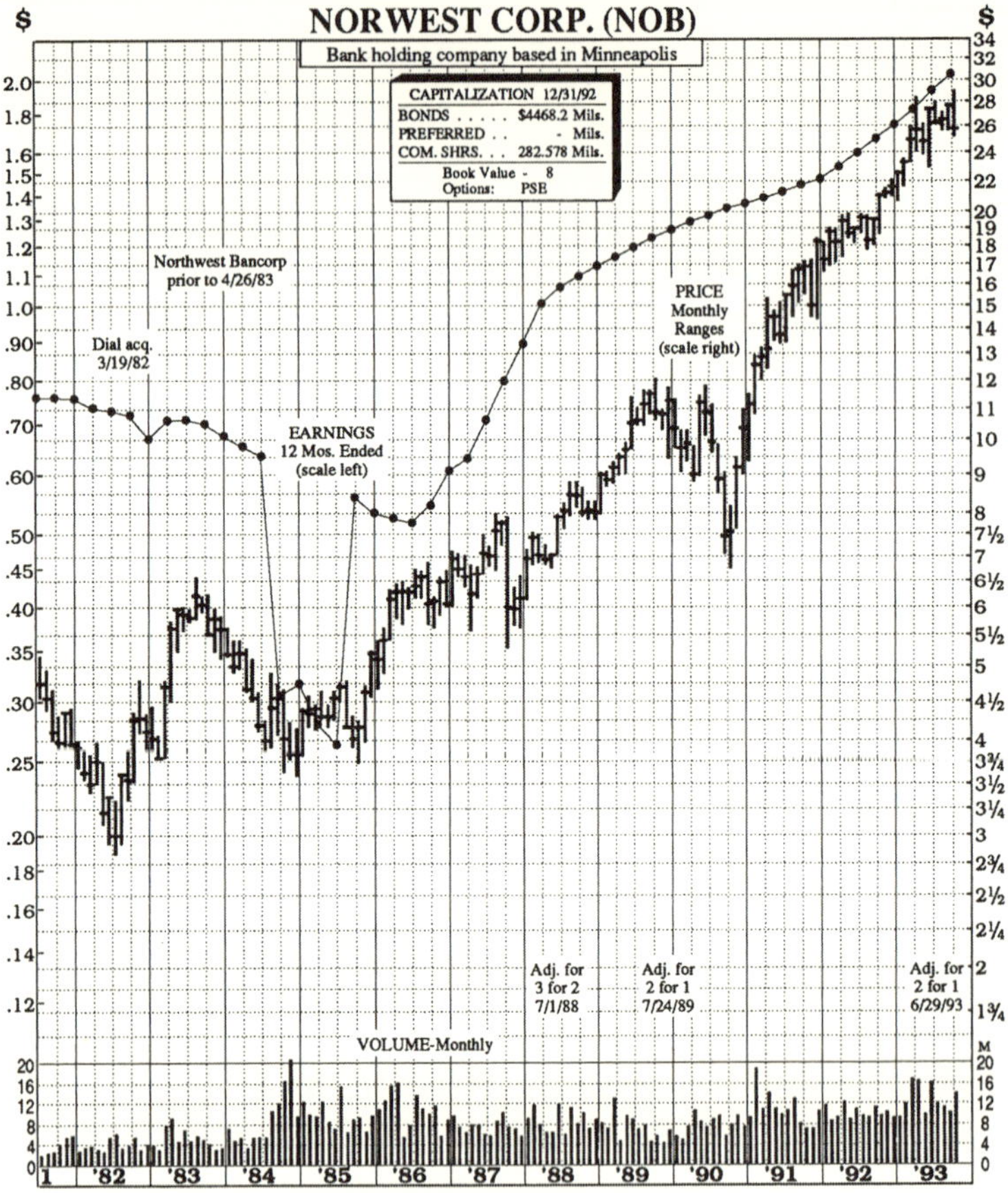

Chart courtesy of: Securities Research Co.
A division of Babson-United Investment Advisors, Inc.
101 Prescott Street, Wellesley Hills, Ma. 02181-3319

図4-4
NBDバンコープ

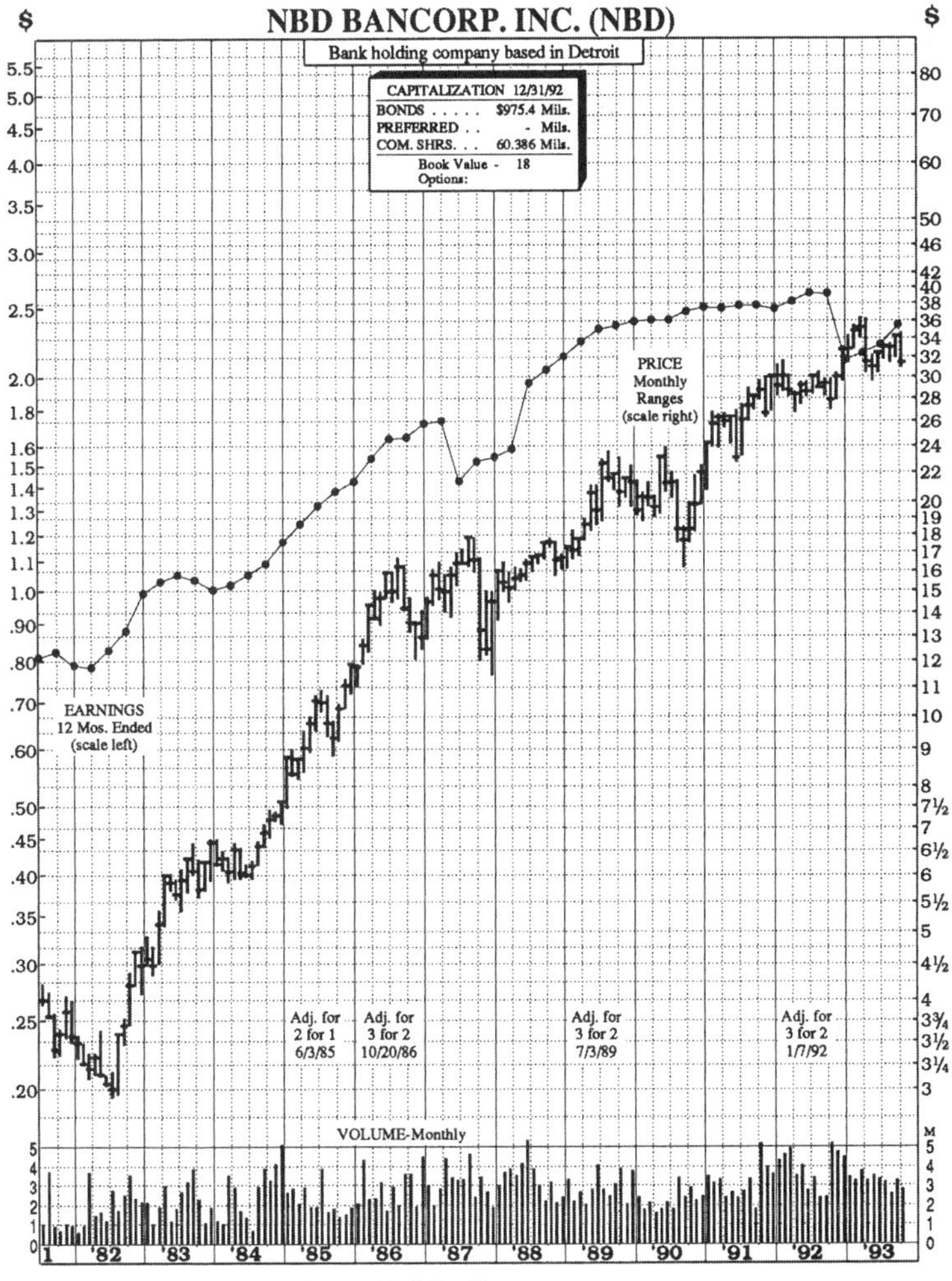

Chart courtesy of: Securities Research Co.
A division of Babson-United Investment Advisors, Inc.
101 Prescott Street, Wellesley Hills, Ma. 02181-3319

全体の九％を占めていた。

一九八一年三月期の年次報告書では、マゼランのお金が二倍近くに増えたと知らせることができた。NAVが前年比で九四・七％増加していたのだ。ちなみに、同じ時期のS&P五〇〇は三二・二％の上昇だった。

株式市場全体を上回る上昇率を四年連続で記録したにもかかわらず、マゼランの投資家の数は減り続けた。この四年間の解約は全体の三分の一に達した。どうしてそんなことになったのか、私にはよく分からない。ただ、エセックス・ファンドとの統合によってマゼラン・ファンドの投資家になった人たちが、含み損がほぼ解消されるのを待って解約したのではないか、という気がしている。運用がうまくいっている投信でも、解約で資金が流出することはあり得る。投資家が感情にまかせて売買をしている場合は特にそうだ。

多額の解約が値上がり益の確保を妨げたことから、マゼラン・ファンドの成長は抑えられた。四年間の運用でポートフォリオの価値は四倍になったから、ファンドの規模は八〇〇〇万ドルになっていたはずなのに、実際は五〇〇〇万ドルにしかならなかった。保有する銘柄数も、運用開始後二年間の五〇～六〇銘柄から一九八〇年半ばの一三〇銘柄に増えたが、解約が急増したために九〇銘柄に圧縮せざるを得なくなった。

マゼラン・ファンドの販売を再開する

マゼランは一九八一年、セーラム・ファンドと統合された。セーラムはフィデリティがダウ・セオリー・ファンドという名称で立ち上げた投信だったが、成績が悪く、税務上の繰越損失が発生していた。統合が最初に発表された七九年から二年間は、ウォーレン・キャセイが立派な運用をしていたものの、規模が小さいために経済的な運営が行えなかった。

このセーラムとの統合を経て、マゼランはようやく投資家への販売（新規の投資資金の受け入れ）を再開した。再開までにこれほど長い時間がかかったことを見れば、いかに株式投資が不人気だったかが分かるだろう。ただ、フィデリティのネッド・ジョンソンCEOはこのとき、一〇年前のように投信の販売を証券会社に任せるのではなく、社内の販売部隊に取り組ませることにした。

マゼランでは当初、ロード（販売手数料）を購入額の二％に設定した。とてもうまくいったので三％に引き上げたが、売れ行きがすっかり鈍ってしまった。そこで今度は、広告掲載日から六〇日以内に購入した投資家には三％のうち一％を割り引くというキャンペーンで売り上げの回復を試みた。

しかし、この巧みなマーケティング戦術はほとんど失敗に終わるところだった。広告に間違った電話番号を印刷してしまったのだ。見込み客がフィデリティの販売部門に電話をかけてもマサチューセッツ眼科医院の電話交換室につながってしまう事態になり、この病院は数週間もの間、「うちは投信会社じゃありません」と言い続ける羽目になった。投信会社と間違えられるなんて、それまで受けたことがないほどひどい侮辱だったに違いない。

セーラムとの統合や販売再開を経て、マゼランの資産は一九八一年に初めて一億ドルの大台を突破した。そして世間の注目を集めたちょうどそのときに、株式市場が急落した。よくあることだが、株に資金を戻しても大丈夫だろうと人々が思い始めたちょうどそのときに、調整局面に入ってしまったのだ。しかし、マゼランはそれにもかかわらず、この年も一六・五％のリターンを残すことができた。

マゼランが好スタートを切ったのは、決して不思議なことではなかった。組み入れ比率の最上位一〇銘柄のPERは、一九七八年には四～六倍で七九年には三～五倍だったからだ。優良企業の株が年間利益の三～六倍で買えるなら、個別株投資で損を出すことはほとんどあるまい。

当時のお気に入り銘柄には、流通や銀行といった業種の中小型株が多かった。一九七〇年代の終わりには、「中小型株は盛りを過ぎた、これからは大型優良株投資の時代だよ」とファンド・マネジャーやそのほかの専門家たちからアドバイスされたものだが、私はこのアドバイスに従わなくてよかったと思っている。当時の大型優良株には投資家がわくわくするような材料もなく、中小型株に比べて二倍も割高だった。小型株《スモール》は単にビューティフルなだけではない。儲かる投資先にもなり得るのだ。

第5章 ■

一三年間で資産規模を七七倍に育てる〈中期〉

——銘柄選択の究極の目標は、掘り出し物を見つけること

ファンド・マネジャー時代の私の一日は朝六時五分に始まった。この時間になるとマーブルヘッドに住む友人、ジェフ・ムーアがサーブに乗ってやって来て、街まで送ってくれるのだ。助手席にはジェフの妻、ボビーが座っている。どちらも放射線科の医師である。

外はまだ暗い。ボビーはレントゲン写真を助手席の小さな明かりにかざして目を凝らす。私は後部座席に体を沈め、別の小さな明かりで株価チャートや年次報告書を読みふける。ボビーの患者にとっては幸いなことに、患者のカルテと私の年次報告書が混ざってしまうことはなかった。会話を交わすこともあまりなかった。

六時四五分には私のオフィスに到着する。しかし、私は一番乗りではない。フィデリティはニュー・イングランドのまじめな会社で、週末の夜明け前にもアナリストやファンド・マネジャーが数名出勤していた。バスケットボールの試合ができるほどの人数だった。ライバル会社では、バスケット

ボールどころか二人でやるトランプゲームでさえ無理だったただろう。

といっても、私たちはバスケットボールはやらなかった。働いたのだ。ネッド・ジョンソン氏は勤勉さを尊ぶ人で、朝九時半から夜九時半まで働くのが常だった。

オフィスに入った私はまず、いろいろなものが山積みになっている机の上から、株の売買に使う高性能な七つ道具を引っ張り出す。証券会社からタダでもらえるS＆Pの株式ガイドブック、昔風のロ－ロデックスの名刺ホルダー、黄色のリポート用紙とFの鉛筆、特大のボタンがついたやたらに重いシャープ製卓上計算機（もう一五年使っている）というラインアップだ。また、机の上にはS＆Pの古いガイドブックも積んである。そして、となりの別のテーブルには株価情報端末「クォートロン」がのっている。

初期のクォートロンでは、銘柄コードを自分で打ち込んでエンターキーを押さなければ最新の株価が表示されなかった。何もしなければスクリーンは真っ黒なままだった。その後の改良版では、ポートフォリオに組み入れたすべての銘柄のコードと株価が表示され、しかも自動的に更新されていく。私としては、スクリーンが真っ黒なままの昔のほうがよかった。最近のファンド・マネジャーがよくやっているように、持っている銘柄の株価が上下するのを一日中見つめるということができないからだ。実際、最新のクォートロンを手にした私は電源を切らざるを得なかった。あれでは刺激が強すぎて目が離せなくなってしまう。

市場が開いて電話が鳴り始めるまでの貴重なひとときに、私はフィデリティの社員が用意してくれる前日の売買の概要をチェックする。「ナイトシート」と呼ばれるこの書類には、フィデリティのファンド・マネジャーたちがどんな取引をしたかがまとめられている。また、フィデリティのアナリストがいろいろな企業への取材で得た情報の要約や、「ウォール・ストリート・ジャーナル」にも目を通す。

午前八時ごろには、その日の売買注文のリストを書き上げる。リストの大半は、その前日や前々日に買った銘柄で占められる。手ごろな価格で少しずつ買い集め、最終的にそれなりの量を保有しようとするとそうなってしまうのだ。リストは、下の階のトレーディング・ルームにいるヘッド・トレーダーのバリー・ライデンを呼んで手渡す。

私のオフィスとトレーディング・ルームとの間には連絡通路がある。ビルの九階の高さにあるため、歩いていると深い谷の上で綱渡りをしているような気分になる。フィデリティはきっと、ファンド・マネジャーがトレーディング・ルームに乗り込んでトレーダーの仕事の邪魔をするのを防ぐためにこんな設計にしたに違いない。実際、私にはそういう効果があった。

当初は、私を担当するトレーダーは一人だけだったが、一九八三年末にはマゼランの規模も大きくなり、売買注文の内容も複雑になっていたため、カーレン・デルーカという二人目のトレーダーがついた。ライデンが買い注文を、デルーカが売り注文を担当するのだ。二人とも私には辛抱強くつきあってくれたし、私のほうも、二人ができるだけ自由に仕事ができるようにした。

私の仕事のうち、最も心配しなくてよいのがこの売買の発注だった。今にして思えば、私は必要以上に長い時間を売買に使っていたように思う。一日当たり一〇分でよいところを一時間もかけていたような気がする。売ったり買ったりするのは楽しかったが、これを一〇分で切り上げ、残りの五〇分で電話での聞き取り調査をあと二件こなしていたら、マゼランの成績はもっと良くなっていただろう。

株ではなく、それを発行している企業に目を向ける。それも投資で成功を収めるカギのひとつだ。

売買注文のリストを渡したら、メインの仕事である企業動向のチェックに取り掛かる。私のやり方は、新聞社の調査報道のそれとさほど変わらない。公になっている資料を読み込んで手がかりをつかみ、アナリストやＩＲ担当者といった人たちと面談してさらに手がかりを得てから企業に直接問い合わせるのだ。

直接会った場合でも電話でも、話をしたら必ずルーズリーフにメモをした。会社の名前とそのときの株価を書きなぐり、聞き出したばかりの話を一、二行にまとめて記録した。銘柄選択に取り組むなら、得られた情報をこのようにノートに綴っていくと得をする可能性があると私は思う。記録しておかなければ、そもそもどうしてその銘柄を買ったのかをすぐに忘れてしまうからだ。

マゼランの規模が大きくなるにつれ、私のノートも増えていった。それらを見直す時間もかなりかかるようになってきた。そこで、役に立たなくなったわけではなかったが企業との昼食会を減らし、オフィスの机に向かったまま電話の合間にサンドイッチをほおばることにした。それまでの昼食会で十分な数の情報源を確保していたから、必要な情報の大半は電話で手に入れられた。

オフィスの外には、いつも冷静なポーラ・サリバンを筆頭に秘書が四人いて、電話の取り次ぎに追われていた。「××様からお電話です！」という声があがると私が受話器を取る仕組みだった。私のオフィスに長居をする人はほとんどいなかった。応接用の長いすは書類置き場と化しており、座るのに適した場所は床しかなかったからだ。

私が席を立つのは、オフィスの冷蔵庫からダイエット・コークを取り出すときとトイレに行くときに限られていた。オフィスから一番近いトイレの間には小さなロビーがあり、いろいろな企業の担当者やほかの会社のアナリストがフィデリティのファンド・マネジャーと待ち合わせをしていた。そこにはたいてい顔見知りの人がいたため、私は非常階段で別の階に行き、比較的人目につかないトイレで用を足すのが常だった。そうでもしなければ、世間話に時間を食われてしまうか、知人や友人を冷たくあしらうことになってしまうからだった。

史上最強の調査チームが誕生する

マゼラン・ファンドの運用はワンマンショーにはほど遠い。私は一九八一年以降、有能なアシスタントをずっとつけてもらっていた。やることは私と同じ。企業やアナリストに電話をして最新情報を入手することだ。そうした仕事の質の基準を設定してくれたのは、初代アシスタントのリッチ・フェンティンだった。彼はその後、フィデリティ・グロースやフィデリティ・ピューリタンの運用担当者になった。後を継いだアシスタントたちも私のミスから多くのことを学んだらしく、成功している投信の運用に携わった。ダニー・フランクはスペシャル・シチュエーションズを手がけ、ジョージ・ノーブルはオーバーシーズ・ファンドを立ち上げた。ボブ・スタンスキーはフィデリティ・グロースを引き継ぎ、ウィル・ダノフはコントラファンドを担当し、ジェフ・ヴィニックはマゼランの現在の運用担当者だ。このほかにもジェフ・バーメイヤー（故人）、デブ・ウィーラー、ジョージ・ドモルキー、カリ・ファイヤストン、ベッティナ・ダルトンが手伝ってくれた。ダルトンは現在、ヴィニックのアシスタントを務めている。

彼らが私の分身になって精力的に働いてくれたおかげで、私はいろいろな場所に一度に顔を出すことができた。スタッフの能力を最大限に活用するには全責任を委譲するのが一番だということを、彼らはまさに体現してくれた。部下というのは、任せてしまえば普通はやり遂げてくれるものなのだ。

フィデリティはこの考え方を実践する会社で、ファンド・マネジャーは全員、自分のファンドの調査活動に全責任を負っていた。これは革命的なことであり、快く思わない同僚も中にはいた。昔はアナリストの調査報告に基づいて、アナリストが推奨した銘柄の中から投資先を選ぶのがファンド・マネジャーの仕事だった。これはファンド・マネジャーにとっては非常に都合のよい仕組みで、雇用の確保という点でも優れている。運用に失敗しても、間違った情報を持ってきたアナリストが悪いと言えるからだ。これでは、ハリーおじさんから仕入れた情報のせいで損をしたと嘆く普通の投資家と変わらない。損が出たことをかじつけた奥方に問い詰められ、「ハリーおじさんはどうしてあんなばかな話をしたんだろう……」と答えるようなものだ。

すると、失敗を自分たちのせいにされると気づいたアナリストたちは、自分の身を守るために、あえて危険を冒さないようになる。新しくて面白そうな銘柄ではなく、IBMのように無難で陳腐な銘柄を好んで推すようになるのだ。無難な銘柄を選んでおけば、たとえファンド・マネジャーの運用成績が悪くてもそれほど怒られはしない。

フィデリティではそういうことがなかった。良かれ悪しかれ、ファンド・マネジャーたちは銘柄を独自に調査し、その結果に責任を負った。アナリストはアナリストで独自に調査を行い、その結果をファンド・マネジャーに提供した。アナリストのアドバイスに従うか否かはファンド・マネジャーの自由だった。つまりこの会社では、分業体制の場合の二倍の調査が行われていたのだ。

　新しい投信を設定すれば新しいファンド・マネジャーが必要になり、そのファンド・マネジャーもほかのファンド・マネジャーのために情報を集めることになる。従って、投信の本数が増えるにつれて、フィデリティの調査の質も高まっていった。同僚から得られる手がかりは、私にとっては特に価値のあるものだった。マゼランは値上がり益追求型ファンドで、自由に株を買えたからだ。スペシャル・シチュエーション・ファンドの担当者のおすすめ銘柄も、小型株ファンドの担当者のおすすめ銘柄も、成長株ファンドの担当者や割安株ファンドの担当者、店頭株ファンドの担当者のおすすめ銘柄もすべて買うことができたのだ。

　私は、店頭株や外国株などに投資する投信の新規設定に大賛成だった。大半が人気を集めたし、たとえ人気が出なかった場合でも、市場の新しい分野に目を向ける調査担当者が増えることになったからだ。私は彼らの発見をフルに活用させてもらった。例えば、ファニーメイの潜在力を最初に見抜いてくれたのは、スペシャル・シチュエーション・ファンドを運用していたダニー・フランクだった。彼はこのほかにも業績が回復期に入った企業をいくつか発掘してくれた。デスティニー・ファンドのジョージ・ヴァンダーハイデンは、オーエンズ・コーニングを私に教えてくれたし、キャピタル・アプリシエーション・ファンドのトム・スウィーニーはエンバイロダインの存在を教えてくれた。これは私にとってトップクラスのお気に入り銘柄だ。

　新しい投信の設定には、下手をすれば他社に引き抜かれてしまうかもしれない才能ある若手アナリストにポストを与えることができるというメリットもあった。その結果、史上最強とも言えそうな株式調査チームが生まれることにもなったのである。

投資する会社を小学生に九〇秒で説明できるようにする

私がマゼランの運用を始めて少し経ったころ、社内での情報交換が正式に行われるようになった。オフィスの冷蔵庫のそばで行われていた立ち話が会議室での定期的なミーティングに取って代わられ、アナリストとファンド・マネジャー全員がその週のおすすめ銘柄を披露し合うことになったのだ。

後に私は、小さなキッチンタイマーを片手にこの会合の司会をするようになった。そして、おすすめ銘柄の説明は三分以内で行うというルールを定めた。私はこっそり、この時間を少しずつ短くしていった。最終的には、一分半でブザーが鳴るようにしていた。これはすでに時効であり、発言時間を返せと言われることはもうないので、ここで告白しておく。

発言者は自分の好きな銘柄のことで頭がいっぱいだから、私が時間をごまかしても気づかなかった。実際、株の話は九〇秒もあれば足りる。どこかの株を買うことにしたというのなら、なぜそう決断したのかを小学五年生でも理解できるシンプルな言葉で、そして小学五年生が飽きてしまわないように手早く説明できるようにすべきだ。

この会議は相手をやり込める場ではなかった。ウォール街というところは、口が達者な輩だけが生き残る戦場のようなところになりがちだが、株について言うなら、戦いは真実にたどり着く最良の道ではない。自分の考えを大っぴらに批判された人は、次の会議では口をつぐんでしまうかもしれない。批判の大合唱にでもなれば、自分の調査に対する自信をなくしてしまうだろう。

厳しいことを言われても、自信はすぐには揺らがないかもしれない。しかし、人間の脳みそはつらい経験を忘れないようにできている。例えば、読者が「クライスラーが5ドルで買える、めったにない大安売りだ」と発言して出席者全員からばかにされたら、その経験は決して忘れないだろう。そして一年あまり経って株価が10ドルになったころ、たまたま手持ちぶさただった読者の脳みそが動きだし、「あの頭のいい人たちの言った通りかもしれない」と考え始める。そしてその翌朝に、一株10ドルで売ってしまうのだ。まだこれからどんどん上がっていくのに、だ。

こういう自信の喪失を招かないために、フィデリティではプレゼンテーションについて感想や意見を言うことを許さなかった。話は聞くだけにし、それを参考にするかしないかは各人に任せるというスタイルを取ったのだ。また私は、発表者の質ではなく発表されたアイデアの質に注目するよう努めた。銘柄選択のスキルがプレゼンのスキルをはるかに上回っているという人はいるし、最も貴重なアドバイスはそういう人から得られることが多かったのである。この会合以外の場では、キッチンタイマーをオフにして、そういう口べたな人たちの知恵を利用するのが常だった。

最終的には、毎週開かれていたこのミーティングは日報の発行に取って代わられた。アナリストとファンド・マネジャーの数が多くなり、ひとつの部屋に入り切れなくなったからだった。

このミーティングのほかに役に立つことが多かった情報源としては、ほかの会社のアナリストやファンド・マネジャーをあげることができる。私は、少なくとも週に一度は競合するどこかのファンドの運用担当者と話をしていた。何かの会議や、街中でばったり出くわすこともときおりあった。「やあ、どうも」とあいさつを交わしたら、すぐに株の話になるのが常だった。「奥さんはどう、元気？」とか

「この間のラリー・バードのスリー・ポイント・シュート見たかい?」なんて話は一切しない。すぐに「最近のお気に入り銘柄は?」と聞く。そして「デルタ航空がいい感じだね」とか「そろそろユニオン・カーバイドが持ち直すんじゃないかと見てるんだ」と続いていくのだ。これが、銘柄選択に携わる者同士のコミュニケーションの取り方だった。

担当する投信の運用成績がリッパーのランキングや「バロンズ」、「フォーブス」などで比較されるという意味では、そして運用成績がほかの投信をどの程度上回るかが翌年の新規資金の流入額を左右するという意味では、私たちは立派な商売敵だった。しかし、そうはいっても、どんな株が今のお気に入りかを話さずにはいられないのが私たちファンド・マネジャーだった。少なくとも、予定の株数を買い終えた後はそうだった。

アメリカン・フットボールのワシントン・レッドスキンズのコーチが、ライバルのシカゴ・ベアーズのコーチに自分のお気に入りのプレーを教えることは考えられない。しかし、私たちファンド・マネジャーは何を買ったかを教え合った。いいアイデアを教えてもらったら、また別のアイデアを教えてお返しをしたものだった。

それに比べると、他社のアナリストや証券会社の営業担当者からのアドバイスは注意深く吟味した。品質にかなりバラツキがあるし、どういう人が発したアドバイスかを知らずに従うのは危険である。高名なアナリストの中には、現在の栄誉に満足してしまっている人もいる。「インスティテューショナル・インベスター」誌のランキングに名前が載るスターであっても、調査対象の企業を何年も訪問していないということが全くないとは言い切れない。

現場を見ない専門家がウォール街では増えている。アナリストは自分のアイデアを上司や顧客に売り込む時間を増やし、調査に割く時間を減らしている。毎日数社に電話をかけるという人は少なくなっており、実際に企業を訪問する人はさらに少なくなっている。

そのため、そういうアナリストに出会ったときは必ず知り合いになっておいた。ホーム・デポの長所を見いだし、婦人服のリミテッドをめざとく見つけて調査対象にしたファースト・ボストンのマギー・ギリアム氏はその好例だ。公益株ならナットウエストのジョン・ケレニー氏、金融サービスならグランタルのエリオット・シュナイダー氏、航空宇宙ならソロモン・ブラザーズのジョージ・シャピロ氏などがそれにあたる。このレベルのアナリストの話は聞くに値する。こちらから声をかけたときは特にそうだ。

アナリストは、株価が25セントだった一〇年前に調査対象に加えた銘柄が今では25ドルで売買されているという自慢話をしたがるものだ。しかしそれ以上に重要なのは、株価が5ドル、10ドル、15ドルと上昇していたときに二本目、三本目、四本目のリポートを出して自分の意見を補強したかどうかである。最初に出した「買い」推奨はすぐに忘れられてしまう。もしアナリストの推奨がそれきりだったら、リポートの購読者はその銘柄からさらに利益を得るチャンスを逃したことになるのだ。

辛抱は必ず報われる

マゼランの販売が再開された一九八一年までには、私はかなり辛抱強い投資家になっていた。マゼランの投資家も同様で、解約請求が減っていた。現金調達のために株を売る必要はなくなり、年間の売買回転率は三〇〇％から一一〇％へとほぼ三分の一になっていた。組み入れ比率が最も高い銘柄の顔ぶれ（天然ガス会社のナイコア、エアコン製造のフェダーズ、葬儀場チェーンのサービス・コーポレーション・インターナショナルなど）も、何カ月も固定されるようになっていた。

当時のマゼランの資産はまだ一億ドルにすぎず、総合株式投信の中では最も小規模な二〇％というカテゴリーに分類されていた。私はこの資金を、ありとあらゆる業種の企業二〇〇社に分散投資していた。放送局（ジョン・ブレア）があるかと思えば家電販売店（ラジオシャックを所有するタンディ）があり、高速道路の工事作業員を守るプラスチック製のバリヤを作る企業（キホーテ）があり、小売業者（テレクレジット）があり、芝生の手入れを請け負う企業（ケムローン）があり、食料品店のクーポン券を扱う企業（セブン・オークス）があり、銀行（アービング）があり、ファスト・フードのレストラン・チェーン（チャート・ハウス、スキッパーズ）があるという具合だった。

私はレストラン・チェーンや小売業者の長期的な可能性に次第に惹かれるようになっていた。全国展開していけば、年率二〇％もの成長が一〇～一五年間続く可能性もあったからだ。これはすごい数字である。もし利益が年二〇％のペースで増えれば、三年半で二倍になるし七年で四倍になる。株価はそれに伴って上昇するし、増益率より速いペースで上昇することも多い。将来性のある企業の株価には、投資家は大きなプレミアムを乗せることをいとわないからだ。

ちなみに、お金がどれぐらいのペースで増えていくかを計算するときには「七二の法則」が役に立つ。七二を投資のリターン（年率、％）の数字で割ると、その投資でお金を二倍に増やすのに何年かかるかが分かるのだ。例えば、リターンが二五％なら三年弱で二倍にできる。一五％なら五年弱だ。

いろいろな産業の浮き沈みを見て私が思ったのは、循環株や割安に放置されていた株への投資で資産を二〜五倍に増やすことは(すべて想定通りに進めば)不可能ではないものの、小売業者やレストランへの投資のほうが割がいいというものだった。どちらの業種もハイテクの成長企業(コンピューター・メーカー、ソフトウェア・メーカー、製薬会社など)と同じペースで成長していたうえに、リスクが総じて小さかったからだ。コンピューター・メーカーの株価は、ライバル会社が優れた製品を発表すれば一夜にして半分になることがある。しかし、ドーナツのチェーン店ではそういうことがない。他社よりもおいしいドーナツを出すチェーンがオハイオ州に誕生したからといって、ニュー・イングランドのチェーン店がすぐに閉店に追い込まれるわけではない。ライバルが攻め込んでくるまでに一〇年かかるかもしれないし、投資家もそれまでには変化に気づく。

私は一九八一年末までに、コンビニエンスストアのサークルKと、倒産から立ち直ったペン・セントラル鉄道を売って利益を確定した。スロットマシン・メーカーのバリーを売り、別のカジノ関連の二銘柄(エルシノアとリゾーツ・インターナショナル)を買った。八二年前半にはサークルKを買い戻した。このころ、組み入れ比率が最も高い銘柄はおもちゃ製造のマテルで、ファンド全体の三%を占めていた。上位一〇銘柄にはこのほかに大手銀行のケミカル・バンク、カリフォルニアのディスカウントストアであるピックン・セイブ、フロッピーディスク・メーカーのバーベイタム(またハイテク株に一杯食わされた)、ギフトの通信販売やレストランの経営を手がけるホーン・アンド・ハーダート、自動車部品販売のペップ・ボーイズなどが名を連ねていた。

ペップ・ボーイズ、セブン・オークス、チャート・ハウス、テレクレジット、クーパー・タイヤ……私のお気に入り銘柄をこのように並べていくと、共通点が浮かび上がってくる。これらはいずれも、バランスシートが良好で見通しも明るいうえに、大半のファンド・マネジャーが手を出さない銘柄だったのだ。前述のように、自分の雇用の確保を考えるファンド・マネジャーは、IBMのような一般に受けがいい銘柄に引き寄せられ、セブン・オークスのように一風変わった銘柄を敬遠しがちである。もしセブン・オークスが値下がりしたら、同社に投資するよう勧めた人が非難されるが、IBMが値下がりしたら、「ウォール街を失望させた」との理由でIBMが非難されるのだ。

私はどうして、こんなばかばかしい基準と距離を置くことができたのか。それは、マゼランのように制約の少ない投信では私を監視する人がいなかったからだ。企業には、監視が階層化されているところが多い。自分の目の前の人を監視する一方で、自分自身も背後の人からどう評価されているかを気にしているという構造が連なっているということだ。

自分の背後にいる人が自分の仕事ぶりをどう思っているかが気にかかるなら、その人はもうプロフェッショナルではないと私には思える。自分のやっていることに責任を持たなくなるし、自分はこの仕事をうまくやれているのだろうか、うまくやれていないから始終監視されているのではないか、という疑念も生じてしまうからだ。

私は、上司の後知恵による批判を免れていた。誰も聞いたことのないような会社の株を買ったり、40ドルで売ったあとに気が変わって50ドルで買い戻したりすることもできた(何をばかなことをやっているんだと上司は思ったかもしれないが、口には出さなかった)。毎週開かれるミーティングで自分の銘柄選択が正しいことを説明する必要もなかったし、自分の戦略や自分自身を手厳しく批判されることもなかった。

市場全体を上回る運用成績を残そうとしているファンド・マネジャーは、すでにたくさんの心配事を抱えている。事前に決めた計画に沿った運用を行うとか、戦略を毎日説明するとかいった新たな負担は無用である。目論見書に書かれた指図に従っている限り、ファンド・マネジャーは年に一度、その運用成績に基づいて評価すればよいのだ。レイノルズ・アルミニウムやダウ・ケミカルといった著名な企業を避けているか、ゴールデン・ナゲットやホーン・アンド・ハーダートといったマイナーな銘柄を買っているかとどうかいうことまで詮索すべきではない。

一九八一～八二年ごろには、私は土曜日も働くようになってきた。机の上の書類の山を片付けるためだ。うずたかく積み上がった郵便物（多いときには一日で一メートル近くに達した）に目を通さねばならなかったし、二月と三月には企業から届いた年次報告書を読む必要もあった。例のノートをめくり、ファンダメンタルズは向上または横ばいだったのに株価は下がっているという銘柄を探した（私は企業の人と話をしたら必ず、その日の日付と株価をメモしていた）。夕方までに机の表面を見るのが目標だったが、そこまでたどり着かないのが常だった。

一九八二年前半の相場環境はひどいものだった。プライムレート（最優遇貸出金利）は二桁に達し、インフレ率と失業率も二桁に乗った。郊外に住む人は金（ゴールド）を買い、ショットガンを買い、スープの缶詰を買いだめした。ビジネスマンが二〇年も使っていない釣り竿を物置から引っ張り出し、リールに油を差したり釣り針を買いそろえたりした。食料品店が閉鎖されても困らないようにするためだった。

金利水準があまりに高くなったため、私のファンドでは数カ月にわたって米国の長期国債が最大の投資先になった。これらの利率は一三〜一四％にも達していた。株は怖いから債券を買うという投資家が多いが、私が国債を買ったのはそれが理由ではなかった。株で通常期待できるリターンよりも国債の利回りの方が高かったのだ。

ここから、ピーターの法則❽が導かれる。債券よりも株を持つほうがいいという一般原則の、唯一の例外がこれだ。

【ピーターの法則❽】

長期国債の利回りがS&P五〇〇の配当利回りを六％以上上回ったら、株を売って債券を買うべし。

金利がさらに高くなれば、あるいはあの高水準に長期間とどまることになれば、経済は破綻するだろうし、副業で魚を釣るというこれ以上ない悪夢が現実のものになるだろう、と私には思われた。もし実際にそうなったら、私もほかの人たちと同じように海で釣り糸を垂れることになるのだろう。マゼランのポートフォリオ戦略どころの騒ぎではなくなる。しかし、実際にそうならないのであれば、私は株と長期債にすべての資金を投じたいと思う。

最高の投資先から手を引くことで経済破綻に備えようとする人がいるが、私には全く理解できない。実際に経済破綻に見舞われたら、銀行にある現金も、株券と同じように無価値になってしまうだろう。それに、もし経済破綻に見舞われないのなら（過去の記録によれば、こちらの方が確率は高い）、「慎重な」タイプの人が向こう見ずなタイプの人になる。なぜか。貴重な資産をわずかな対価で手放してしまうからだ。

一九八二年前半のこと。私は恐怖に屈しないためのいつもの訓練に取り組んだ。「もっと大きな大局」に神経を集中し、最悪の事態は起きないと想定したのだ。そして最悪の事態が起きなかったら、その後はどうなるのかと自問してみた。そこで分かったのは、金利は遅かれ早かれ低下するに違いないということと、低下したら株と長期債の保有者が大きな利益をあげるということの二点だった。

実際、一九八二年から九〇年にかけてＳ＆Ｐ五〇〇は四倍近くに上昇し、三〇年物米国債のリターンはそれをわずかに上回った。そして九一年、株はさらに三一％上昇したが、債券はさっぱりだった。長期的には株のほうが債券よりも高い運用成績をあげることが、再度立証されたことになる。

悲観的な空気が漂っている間、金融評論家たちは自動車販売の不振について繰り返し語っていた。それはあたかも、自動車販売の不振が恒久的な悩みの種であるかのようだった。だが私には、不況であろうとなかろうと、米国人はいずれ車を買わなければならないと思われた。人の死やボストン・レッドソックスのシーズン中の失速と同じくらい確実なものがあるとするなら、それは米国人が車を買わないわけにはいかないということだ。

私が一九八二年三月にクライスラーにたどり着いたのは、それに似た考え方によるものだった。といっても、直接たどり着いたわけではない。私は当初、フォードに興味を持っていた。自動車販売が回復すればその恩恵を享受すると考え、フォードの人と話をしたのだが、そうこうするうちに、クライスラーならもっと大きな恩恵を享受しそうだと確信したのだ。いつものように、ひとつの機会から別の機会へと調査活動の対象を移していった結果だった。川で砂金を見つけた人が金塊を求めて上流に向かうようなものだ。

クライスラーは当時、一株当たり2ドルで売買されていた。この米国第三位の自動車メーカーは経営破綻し、ペン・セントラル鉄道の二の舞いになるというのがウォール街の見立てだった。そこでクライスラーのバランスシートにざっと目を通したところ、現金が一〇億ドル以上あることが分かった。その大半は、戦車部門をゼネラル・ダイナミクスに売却したことによるものだった。つまり、すぐに破綻するという話は誇張だった。破綻する可能性はあったものの、少なくともあと二年はもつことが分かったのだ。また、同社が当面生き延びられるように、米国政府も十分な規模の債務保証をクライスラーに供与していた。

もし自動車販売が全般に順調なのにクライスラーの車が売れないということだったら、私は同社の将来にもっと悲観的になっていただろう。しかし、当時は自動車業界全体が不振で、いずれ回復すると分かっていた。クライスラーはすでに債務を減らしており、販売不振の時期でも損益分岐点の近くにいたため、売り上げさえ上向けば大きな利益をあげられる可能性があった。

私は六月に同社の本社を訪問した。新型車を見て、IR担当のボブ・ジョンソン氏がアレンジしてくれた会合で数名の経営幹部と話をした。おそらくこの日は、私の二一年間の投資人生で最も重要な日だった。

三時間の予定だった経営幹部との面談は七時間続き、ちょっとしたごあいさつのはずだったリー・アイアコッカ会長との面談も二時間に及んだ。こうして私は、クライスラーにはまだしばらく事業を続ける力があるし、製品にも魅力があると確信するに至った。

同社はドッヂ・デイトナ、クライスラー・レーザー、G-124ターボといった新型車を投入するところだった。G-124はポルシェをしのぐ加速性能を誇り、若者やおしゃれなニューヨーカー向けに前輪駆動のコンバーティブルも用意していた。アイアコッカ氏が特に力を入れていたのは「自動車業界では二〇年ぶりの新しい動き」と同氏が評したミニバンだった。T-115というコードネームで開発された同社のミニバンは、その後九年間で三〇〇万台以上売り上げるヒット商品になった。

私はこのとき、ミニバンよりも乗用車の方にひかれていたが、同社を最終的に救ったのはミニバンだった。この会社のことを自分はかなり理解していると思っている場合でも、意外なことは起こるものだ。このミニバンという自動車の設計・エンジニアリングの飛躍的な発展が、日本でもドイツでもスウェーデンでもなく、ここデトロイトでなされたのだ。クライスラーのミニバンの販売台数は、米国内でのボルボの総販売台数の五倍（！）にも達した。

クライスラーは何億もの株を発行している大企業だったため、マゼラン・ファンドは同社の株を大量に保有することができた。また、ウォール街での同社の評判は地に落ちていたため、金融機関は同社を調査対象から外していた。一九八二年春から夏にかけて、私はクライスラー株を買い続けた。六月末には、その組み入れ比率がほかのどの銘柄よりも大きくなり、七月末にはSECが認める上限の五％に達した。

秋になっても、クライスラーはマゼランにとって最大の投資先であり続けた。わずかな差でホーン・アンド・ハーダート、ストップ・アンド・ショップ、IBM、フォードが続いた。もしSECの規制がなければ、私はクライスラーの組み入れ比率を一〇%に、いや二〇%に引き上げていただろう。友人や仕事仲間の大半からは、こんなやり方はクレージーだ、クライスラーは破綻するぞと言われたが、私は引き下がらなかった。

「成功の秘訣は何か」に答えてみた

マゼランにおける債券の組み入れ比率は、この年の一〇月までに五%に引き下げていた。株の強気相場が本格的に始まっていたからだ。金利は下がり始め、景気は回復の兆しを見せていた。循環株が相場の上昇をリードしていた。これは景気後退が終わるころに見られる光景であるため、私はこれに反応して銀行株と保険株を売った。マゼランでは一一%が自動車株、一〇%が小売株で占められた。

この資金配分の変更は、新聞の見出しやFRB議長の発言などから決めたわけではなかった。私はケース・バイ・ケースで決断を下していた。業績が上向く企業が次から次に現れ、それに即して投資をした結果、このような資金配分になったのだ。

そんな折、バイオ製薬会社のジェネンテックが一株25ドルで公開され、その日のうちに75ドルに跳ね上がった。これは私が買った新規公開株のひとつだった。

ハロウィン前の週末に、私は「ウォール・ストリート・ウィーク」というテレビ番組に初めて出演した。司会のルイス・ルーカイザー氏とは面識がなく、カメラが回り始める一分前になってようやく話をすることができた。彼はセットに歩み寄ると、私のほうに身を乗り出してこう言った。「大丈夫、うまくやれますよ。だいたい、これを見ているのは八〇〇万人ぐらいしかいないんですから」

番組が始まった。ルーカイザー氏はハロウィンにひっかけて、ウォール街にとってはお化けよりも政治家のほうが怖いんですよねとジョークを飛ばし、三人のパネリストが例の「週末の不安」を披露した。いつものように心配事だらけで、最初に話題になったのが前日の金曜日にダウ平均が三六ポイント下げたことだった。新聞は「一日の下げ幅としては一九二九年以来最大」だと大騒ぎだったが、この比較はばかげていた。ダウ平均が九九〇のときの三六ポイントの下落と、二八〇だった大暴落直前での三六ポイントの下落とが同じであるはずはない。

心配事が取り越し苦労に終わることはよくあるし、その逆もよくある。株式市場を恐怖で震え上がらせるかもしれない材料は何かと聞かれたパネリストたちは、かつて自動車業界で名をはせたジョン・デロリアンが起訴されたこと、タイレノール事件（訳注：鎮痛剤「タイレノール」が毒物を混ぜられた状態で店頭に並び、それを買って飲んだ七名が死亡した事件）のこと、間近に迫った連邦議会選挙で現職議員が多数落選する恐れがあることなどをあげた。続いてルーカイザー氏は、銀行危機やS&L（貯蓄金融機関）危機で連邦預金保険公社（ＦＤＩＣ）の資金が枯渇してしまわないかと心配していると視聴者からの手紙を読み上げた。パネリストたちは、そんなことにはまずならないと口をそろえた。ルーカイザー氏は、政府は「いざとなったらお札を刷ればいいわけですから」というユーモアにも予言にもなり得るコメントでこの話題を引き取った。

私の出番がやって来た。「過去五年間で最高の銘柄選択を行った投信運用担当者」で、その間のリターンは三〇五％に達するという紹介を受けながら、セットの中央に案内される。この日は、テレビに出るならこれという感じのシンプルなブラウンのスーツとブルーのシャツという出で立ちだったが、緊張していた。金融業界の人間にとってこの番組に出ることは、映画のアカデミー賞の授賞式で受賞作品の名前が書かれた封筒を開けるのに等しい。

ルーカイザー氏は、簡単な質問から話を始めてくれた。最初の問いは「成功の秘訣は何か」だった。私は、自分は年間二〇〇社以上を訪問し、七〇〇社の年次報告書を読んでいると言い、「投資とは九九%の汗である」というエジソンの言葉はその通りだと思うと言った（実際、私はこのとき汗だくだった）。「エジソンが言ったのは天才ですよね、投資じゃなくて」と彼は訂正してくれたが、私は黙っていた。気の利いた答えができればよかったのだが、とにかく緊張していてそれどころではなかった。

ルーカイザー氏は私の仕事のやり方を知りたがった。「いやぁ、買いたいものを買っているだけですよ」と答えようかと思ったが、それはやめて、マゼランの資金を小型成長株・循環株と保守的な銘柄の二つに分けているという話をした。「相場が下向きなときは、保守的な銘柄を売ってほかの銘柄を買います。相場が上向きなときは、それまでに値上がりした小型成長株・循環株の一部を売って保守的な銘柄を買い増します」。私の実際の戦略と、八〇〇万人の視聴者に説明しようととっさの思いつきで語った言葉との間に少しでも似ているところがあるとするなら、それは全くの偶然である。

お気に入りの銘柄は何かという問いには、バセット・ファニチャー、ストップ・アンド・ショップ、そしてクライスラーをはじめとする自動車株全般と答えた。そして、自動車株はここ二年間さえない展開が続いていますが、自動車販売が回復すればクライスラーはその恩恵を享受するでしょうと付け加えた。パネリストの一人がウォール街で有力な見方に触れ、クライスラーはリスクが大きすぎるのではないかと尋ねてきたので、私は「リスクを取ることをいとわないのです」と答えた。

場が和んだのは、ハイテク株はどうかと聞かれたときだった。私は、ハイテクのことは分からない、「電気がどういう仕組みになっているかもよく知らない」と正直に言った。これがウケた。ルーカイザー氏は、そんな自分を「すごく古い人間」だと思ったことはないかと聞いてきたが、今度は「いいえ、全然」ときれいに返すことができた。

私はとても緊張した面持ちで画面に映っていたに違いないが、このテレビ出演はマゼラン・ファンドに驚異的な影響を及ぼした。問い合わせや購入希望の電話が、フィデリティの販売部門にひっきりなしにかかってくるようになったのだ。一九八一年にセーラム・ファンドと統合したときに一億ドルだった資産が、八二年末には四億五〇〇〇万ドルに膨らんでいた。四年前には考えられないようなペースで新規の資金が流入してきたためだった。株式市場が上昇していたこともあり、流入額は一〇月に四〇〇〇万ドル、一一月に七一〇〇万ドル、一二月に五五〇〇万ドルにそれぞれ達した。

かつてのように新しい銘柄を買うために何かを売る必要はなくなり、それまでの持ち株を維持しながら新しい株を買えるようになった。流入した資金をすべてクライスラーに投じることはできなかったため、ほかの自動車株や化学株、小売株を買った。三カ月間で買った株は一六六銘柄にのぼった。

ここには大型株も含まれていたが、過半数は中小型株だった。マゼランが小さなファンドだったころには比較的大型の銘柄が中心で、ファンドの規模が大きくなったら今度は中小型株に注力していたというのは、何とも皮肉な話である。意図してそうしたわけではなかったが、結果的にはこの戦略が奏功した。

マゼランの人気は一九八三年に入っても高まり続けた。二月には七六〇〇万ドル、三月には一億ドルを何かに投資しなければならなかった。相場の状況が悪ければ買うべき株をもっと簡単に見つけられただろうが、八三年の初めはそうではなく、ダウ平均は八二年の安値から三〇〇ポイントも上昇していた。ハイテク株の多くは目もくらむような(そして、その後六〜七年は見られなかった)高値をつけていた。ウォール街は大いに沸いたが、私は少しもうれしくなかった。私にとっては、三〇〇ポイントの下落のほうが好ましかった。掘り出し物が出てくるからだ。

銘柄選択の究極の目標は、掘り出し物を見つけることにある。相場が下落して資産が一〇〜三〇%減ったとしても、どうということはない。直近の相場下落は災厄ではなく、株を安い価格で買い増す好機なのだ。財産とは、そうやって時間をかけて作られるものなのだ。

クライスラーの組み入れ比率は上限の五%で、引き続きマゼランの最大の投資先だった。一九八三年はほぼずっとそうだった。評価額は八カ月間で二倍になった。組み入れ比率上位五銘柄には、ホーン・アンド・ハーダート、ストップ・アンド・ショップ、IBMが引き続き名を連ねた。私は律儀にも、IBMの比率を三%に保ち続けた(といっても、S&P五〇〇におけるIBMの比率は四%だったので、それよりは低かった)。私はおそらく、「ビッグ・ブルーをポートフォリオに組み入れないヤツは真のファンド・マネジャーとはいえない」というサブリミナル・メッセージに反応していたのだろう。

四月に入り、マゼランの資産規模が一〇億ドルに到達した。大台に乗ったわけだが、社内にはこれといった反応は見られなかった。すると程なく、マゼランは成功するには大きくなりすぎたとの指摘が飛び出し、あっという間に広まっていった。

第6章■一三年間で資産規模を七七七倍に育てる〈後期〉——外国株投資とブラック・マンデー後の復活

株の調査に費やす時間と保有する銘柄の数は正比例する。ひとつの銘柄を追いかけていくには年当たり数時間かかる。年次報告書や四半期報告書を読んだり、最新情報を手に入れるために定期的に電話をかけたりする時間のことだ。五銘柄を保有する人なら、この程度の調査は趣味としてこなせるだろう。中小規模の投信のファンド・マネジャーなら、九時から五時までのフルタイムの仕事としてこなせるだろう。だがこれより大きな投信になると、週に六〇～八〇時間働くことになる。

マゼラン・ファンドは一九八三年の半ばまで四五〇銘柄を保有していたが、その年の秋には九〇〇銘柄に倍増した。つまり私は、例のミーティングで九〇〇銘柄のストーリーをそれぞれ九〇秒で説明できるように準備しておかねばならず、そのためには九〇〇銘柄がどんな状況にあるのかをまず知っておかねばならなかった。この調査を手伝ってくれたのが、私の有能なアシスタントたちだった。

その当時、最も規模が大きな投信はジョン・ネフ氏が運用するバンガード・ウィンザーだったが、一九八三年末にはマゼランが資産一六億ドルでこれに肉薄した。この猛スパートを見た評論家たちは、マゼランはかつてのローマ帝国と同じだ、成功するには大きくなりすぎたと言い出した。九〇〇銘柄も組み入れた株式投信が市場平均を上回る可能性はない、その投信「自体」が市場平均だからだ、という理屈だった。地球上最大の覆面インデックス投信を運用しているというわけだ。

規模が大きな投信は凡庸な運用成績しか残せないという説は今日でもよく耳にするが、一〇年前と同様に、この説は間違っている。想像力に富むファンド・マネジャーなら、あまり名前を聞かない企業の中から一〇〇〇銘柄、いや二〇〇〇銘柄を選ぶことができるだろう。その大部分は、ウォール街で運用される標準的な投信には決して組み入れられない、いわゆる「レーダーに引っかからない」銘柄だ。このようなファンド・マネジャーなら、S&Lを三〇〇銘柄、小売業者を二五〇銘柄、石油会社とメーカーは一銘柄もナシという投信を運用することもあり得るだろう。そしてその投信の運用成績は、ほかの投信が好調なときは悪く、不調なときは良くなるだろう。一方、想像力に乏しいファンド・マネジャーなら、機関投資家に幅広く保有されている五〇銘柄に投資先を限定し、S&P五〇〇のミニチュアを作ることができるだろう。

ここから、ピーターの法則❾が導かれる。

【ピーターの法則❾】

すべての普通株が、等しく普通であるわけではない。

資産の規模や組み入れられた銘柄の数を見ても、その投信がライバルをしのぐ運用成績をあげられるかどうかは分からない。私は九〇〇銘柄を、後には一四〇〇銘柄を買ったことであれこれ言われたが、それを見聞きしてマゼランを敬遠した投資家も中にはいるかもしれない。だとしたら、それは不幸なことだ。一九八三年に組み入れられていた九〇〇銘柄のうち七〇〇銘柄は少額の投資であり、すべて足し合わせても資産全体の一〇％に満たなかったのだから。

どうしてそのような少額の投資をするのか。その理由は、㈠非常に小さな企業であるため、発行済株式数の一〇％という上限まで購入してもたいした金額にならない、または㈡大量に購入してよいという確信を私が持てなかった、のどちらかだった。マゼランに組み入れた銘柄の大部分は、後者の「とりあえず購入」という部類に入った。いくらかでも所有して資料を郵送してもらえるようにしておいたほうが、その後の追跡調査がやりやすくなるからだった。

こうした少額投資でも、大変な投資機会に結びつくことがある。ジャン・ベル・マーケティングはその好例だ。宝石を取り扱うこの企業の年商は二億ドルで、フォーチュン五〇〇に名を連ねる大企業とはかなり異なるが、幹部がファンド・マネジャーに会うためにわざわざフィデリティまで足を運んでくれた。私はこの株を持っていたので、話を聞こうと大急ぎで会議室に向かったが、ほかのファンド・マネジャーは一人も姿を見せなかった。

ジャン・ベル・マーケティングは規模が非常に小さいため、マゼラン全体の運用成績にはあまり貢献しなかった。しかし、この会合に出席したことは正解だった。この会社の一番の得意先はディスカウント・クラブ（ペース、ウェアハウス、ホールセールクラブ、コストコなどに代表される、商品を安値で販売する企業)であり、彼らは宝石を大量に注文してくれる、この注文に応えていくのがやっとだという話を幹部たちから直接聞くことができたからだ。

ここで私は、ディスカウント・クラブに投資するというアイデアを得た。ジャン・ベルの幹部が言うように大量に宝石を売っているのであれば、総売上高もすごいに違いない、と思ったのだ。早速フィデリティの小売アナリスト、ウィル・ダノフ(後にフィデリティ・コントラファンドの運用を担当)に調べてくれるよう頼んだ。

ディスカウント・クラブの株は、新規公開(IPO)の直後こそ大人気だったものの、ブームは長続きしなかった。期待が非常に大きかったために業績がそれに追いつかず、株価は大幅に下落した。案の定、ウォール街は見向きもしなくなった。ダノフがあちこちの大手証券会社に問い合わせた結果、調査をしているアナリストは一人もいないことが分かった。

ダノフと私は、ディスカウント・クラブと直接連絡を取った。すると、ジャン・ベルの言う通り、業績は好調であることが裏付けられた。借入金を返してバランスシートを強化したという話まで聞くことができた。利益は上向いているのに、株価はまだ下落傾向にある――タイミングは完璧だ。私はコストコ、ホールセールクラブ、そしてペースの株式を数十万株購入した。いずれも利益をもたらした。コストコに至っては株価が三倍になった。

ディスカウント・クラブの従業員や顧客は、この事業が繁盛している証拠を自分の目で見ていたかもしれない。ダノフと私が調べた細かい情報も知っていたかもしれない。目端の利く買い物客なら、小売業者の業況をウォール街よりも早くキャッチして割安な小売株に投資することにより、買い物で支払った代金をまるまる取り戻せるかもしれない。

流動性よりも大事なこと

私は一九八〇年代の半ば、S&L株の新規公開にはほぼ毎回参加した。そのほとんどが小規模だったため、一〇億ドルのポートフォリオに変化をもたらすにはいろいろなS&L株を買い集める必要があった。また、低金利のおかげで業績が改善しつつあるという話を複数の金融機関から耳にした後、私は同じトレンドから利益を得ている金融機関がほかにもあることに気づいた。そのため八三年四月に新規投資した八三銘柄のうち、三九銘柄は銀行かS&Lだった。結局、八三年末までに買い入れたS&Lは一〇〇銘柄にのぼり、その金額はマゼランの資産の三%を占めるに至った。

金融関連のメディアは私のS&Lへの「入れ込みぶり」を盛んに取り上げていたため、たまたまそれを目にした人は、マゼランの運命はS&L株に左右されるという印象を持ったかもしれない。実際には左右されなかったのだが、これはありがたいことだった。最も弱いS&L株が急落するときには、強いS&L株もつられて下落したからだ。もし私がマゼランの資産の二〇%をS&Lに投じていたら、私はもっと早く引退しなければならなかったかもしれない。

銀行株とS&L株はたしかに貢献してくれたが、この時期のマゼランの成功に最も貢献したのは自動車株だった。フォードへの投資がクライスラーへの投資に、クライスラーへの投資がスバルとボルボへの投資につながった。ひとつの企業の業績を押し上げた景気の波は、あらゆる企業の業績を押し上げていた。

クライスラーの株価はあっという間に上昇したため、マゼランにおけるクライスラー株の保有額も短期間ながら上限の五％を超えてしまった。五％を超えると追加購入はできなくなるが、株価の上昇によりこの上限を超えた場合は、超えたままにしておいてもよかった。また、このときはフォードとボルボの株も買い増している最中だった。三銘柄の合計で運用資産の八％を、そして自動車株の合計で一〇・三％を占めるまでこの買いは続いた。

個人投資家なら、最も有望だと思える自動車株を選んでそこにすべての資金を投じることもできる。だが大型投信の運用担当者が自動車業界の復活からフルに利益を享受するには、「セクター買い」と呼ばれる手法を取らざるを得ない。これにはやり方がいくつかある。ひとつは、「自動車株が上昇しそうだという予感がする、今年は運用資産の八％を自動車株にしたい」と唱え、目をつぶり、あらかじめ壁に貼っておいた自動車株のリストにダーツを数本投げて当たった銘柄を買うというやり方。もうひとつは、企業をひとつずつ分析していくやり方だ。

一つ目のやり方では、八％という組み入れ比率は自分で決めたものだが、銘柄の選択は運任せ。二つ目のやり方はその逆で、銘柄は自分で決めたものだが、組み入れ比率は運任せだ。もう察しがつくだろうが、私の好みは後者である。分析は骨が折れるが、一九八三年にダーツを投げた連中は結局、ゼネラル・モーターズ（GM）に投資したようだ。

私はGMをあまり買わなかった。自動車株に追い風が吹いていたこの時期でもそうだった。なぜか。それは、GMは悲惨な会社だとコメントすることは最上級のほめ言葉を送るようなものだと思っていたからだ。たしかに、GM株は一九八二年から八七年にかけて三倍になった。だが、この米国一の自動車会社を最も組み入れ比率の高い銘柄にしていたファンド・マネジャーたちは、同じ時期に株価が一七倍になったフォードや五〇倍近くに上昇したクライスラーの恩恵をフルに享受しなかったのである。

私はボトムアップの分析により自動車株の反発を予測し、的中させた。だが、大局を読めなかったことは認めなければならない。具体的に言うなら私は、日本企業は小型車市場に専念し続けると確信しており、中型車や高級車の市場にまであのように進出してくるとは夢にも思っていなかった。そんな計算ミスがあったにもかかわらず、私はフォードとクライスラー、そしてボルボの三銘柄から最大限の利益を得ることができたのだった。

一九八二年から八七年までの丸六年間、この自動車三銘柄のうち少なくとも二銘柄は、マゼランの組み入れ比率の最上位五銘柄に常に名を連ねていた。三銘柄が一度に顔をそろえたこともあった。フォードとクライスラーは劇的に値上がりし、それぞれが一億ドルを優に超える利益をもたらした。ボルボも七九〇〇万ドルの利益を生み出した。マゼランの優れた運用成績は、数少ない銘柄であげた巨額の利益のおかげなのだ。

マゼランは成長株ファンドだとずっと言われていたが、自動車株で見つけたような投資機会を活用できたのは、どんな種類の株も買えるという柔軟性のおかげだった。クライスラーもフォードも、普通の成長株ファンドなら組み入れられなかっただろうが、それまでに株価がかなり下がっていたため、回復局面ではほとんどの成長株を上回る値上がり率を示した。

また、多くのファンド・マネジャーは「流動性」を気にしすぎていた。彼らは、素晴らしい小型株を、それこそ大型の投信にも驚異的な好成績をもたらす可能性を秘めた銘柄群を、「商いが薄い」という理由で避けていた。五日以内で売り抜けられる銘柄を見つけることに心を奪われていたために、そもそも保有する価値があるのかという点に目が向かなくなっていた。

好きになった相手に交際を申し込むべきかどうかを考えるときに、簡単に別れられるかどうかを基準にするのは健全ではないが、同じことが株にも言える。最初に賢明な選択をしていれば別れたいなんて思わないだろうし、賢明な選択をしていなければどっちみち困ったことになる。流動性がいくらあっても痛みや苦しみが消えるわけではないし、損失を免れることもおそらくできない。

ポラロイドの例で考えてみよう。一九七三年に九〇%も値下がりしたことから、投資しなければよかったと多くのファンド・マネジャーが思っている銘柄だ。ポラロイドは大企業で売買高も多かったから、必要があればすぐに大量に売ることができた。株価はそれまでの三年間、緩やかに下がり続けていたから、持ち高を手仕舞うチャンスは誰にでもあったのに、それでも処分しなかったプロの投資家を私は何人か知っている。処分するには、まず処分したいと思わなければいけないが、彼らは会社の業績が悪化していることに気づいてなかった。

ゼロックス株のときもそうだった。手仕舞うチャンスはあったのに、プロの投資家たちはなぜかそうしなかった。だから、「一日当たりの売買高が一万株しかないから」という理由で投資を見送った専門家は、物事をちゃんと見ていないと言える。まず、市場で売買される銘柄の九九%は、一日当たりの売買高が一万株を下回る。従って、流動性を心配するファンド・マネジャーは上場株式の一%しか見ないことになる。また、ある企業の株価が下がるときには、その売買高の水準に関係なく、その株に投資しているファンド・マネジャーは損失を被るだろうし、逆に株価が上がるときには、大喜びでそのポジションを解消して利益を得ることができるだろう。

国内を駆け巡る日々

マゼランが中規模の投信に成長したころには、それなりの数の株を一夜で購入することはさらに難しくなっていた。ただ、機関投資家から大量の株をまとめて買えるチャンスが時々訪れた。実際、オーエンズ・コーニングはこの方法で買った。二〇〇万株をわずか一日で購入できた。バンカメリカを同じやり方で二〇〇万株買ったこともあった。だがこれらはあくまで例外で、基本的には少しずつ買い集めるしかなかった。

マゼランの規模が大きくなるたびに（実際には、ほぼ毎日大きくなったが）、私は保有している銘柄を少しずつ買い足さなければならなかった。各銘柄の組み入れ比率が変わらないようにするためだ。それなりの数の株を買おうとするときには、何カ月もかかることがあった。小型株では特にそうだった。購入ペースが速いと自分の注文のせいで株価が跳ね上がり、ここまで値上がりしたら売り始めたいという水準を超えてしまう恐れがあったからだ。

一九八四年には、組み入れ比率上位一〇銘柄はほとんど変化しなかった。以前のような頻繁な売買はやめ、購入して持ち続ける「バイ・アンド・ホールド」戦略に徹したからだ。ある月はフォードが一位で、クライスラーとボルボがそれに続き、またある月はボルボがトップで、クライスラーとフォードがそれに続いた。八三年に買った米国債も大量に保有し続けていた。金利が低下するにつれ、その価値は上昇し続けていた。

自動車株の冒険がクライマックスを迎えたときには、最上位一〇銘柄のうち五銘柄を自動車株が占めた。レギュラーの三銘柄にスバルとホンダが加わったのだ。短期間ではあったが、GMも名を連ねた。何千万人もの米国人が自動車販売店に再び足を運んでいたので、GMのような凡庸な企業でも多額のお金を稼ぐことができた。

お金と言えば、一九八四年には新規の投資資金が一〇億ドルもマゼランに流れ込んできた。トレーディング・ルームに送る売買注文のケタが一つ増え、これに慣れるのにしばらく時間を要した。また、朝に行うトレーダーへの指示にもますます時間がかかるようになった。

休暇の旅行先は、主にボストンとの時差と電話ボックスの設置状況によって決まった。その点で、オーストリアは悪くない場所だった。現地の夕方になってから米国の市場が開くため、スキーを丸一日楽しんでから会社のトレーディング・ルームに電話をかけることができたからだ。米国内でのスキーなら、ニューハンプシャー州ディックスビルノッチにあるバルサムズがお気に入りだった。リフト乗り場に公衆電話があるからだ。スロープを滑り降り、トレーダーに電話をかけ、一ページかそこらの売買注文を読み上げ、またリフトに乗って次の一手を考えたものだった。

マゼランの運用を始めて最初の五年間はそれほど出張しなかったが、その次の五年間はしょっちゅうオフィスを空けていた。国内のあちこちで開催される投資セミナーを中心に日程を組むことがほとんどだった。何十社もの話を二、三日という短期間で一気に聞く、集中特訓コースのような感じだった。

モンゴメリー証券は九月にサンフランシスコで説明会を開催し、ハンブレクト・アンド・クイストは五月に小規模なハイテク企業を紹介するセミナーを開いていた。また毎年四月には、ロビンソン・ハンフリーが南東部の企業を集めた会議をアトランタで開催していた。ミネアポリス、クリーブランド、ボルチモア、ボストンなどでも同様なセミナーが催された。エネルギー、バイオテクノロジー、レストラン、銀行といった業種別の会合もあった。

投資セミナーはファンド・マネジャーの労働時間短縮に最も貢献した発明だった。二、三社のプレゼンテーションが同時に行われるため、どの会社のプレゼンを見るべきかいつも迷ったが、フィデリティがアナリストのチームを会場に送り込み、すべてのプレゼンに出席できるようにしてくれたこともあった。非常に素晴らしい話を聞いたときには、説明が終わらないうちに会場を抜け出し、ロビーの公衆電話で買い注文を出すこともあった。

空き時間ができたときは、本社が近くにあるのにセミナーに参加していない企業をレンタカーやタクシーで訪ねた。普通の人は、街の名前とそこの名所をセットにして覚えるものだが、私はフォーチュン五〇〇に名を連ねる大企業の本社とセットにしていた。私にとっては、ワシントンならＭＣＩとファニーメイ、サンフランシスコならシェブロンとバンカメリカ、アトランタならコカ・コーラとターナー・ブロードキャスティング、クリーブランドならＴＲＷとイートンが名所だったのだ。

全米から世界へ

ジョン・テンプルトン氏を除けば、外国株に大量に投資した国内投信ファンド・マネジャーの第一号は私である。テンプルトン氏のファンドは、いわばマゼランのグローバル版だった。私はマゼランの資産の一〇～二〇％を外国株に振り向けたかもしれないが、テンプルトン氏は資産のほとんどを外国に投じていた。

私が外国株を本格的に買い始めたのは、一九八四年のことだった。外国の取引所で売買されている銘柄の最新の株価を信頼できる形で入手するシステムはまだ作られていなかったので、私の担当のトレーダーたちは、私が翌日必要になる情報をかき集めるためにストックホルムやロンドン、東京、パリに毎晩電話をかけなければならなかった。おかげで電話代がかさんだが、それだけの価値はあった。八六年にはフィデリティの中に外国株部門ができていた。

運用しなければならない現金が山のようにあったため、私は外国株、特に欧州株に目を向けた。向けざるを得なかったと言ってもいい。規模の大きな投信だから、投資先は運用成績を大きく変動させるに足る大型株である必要があり、欧州市場ではそういう大企業の比率が米国よりも高い。そしてそのほとんどは、アナリストの調査があまり行われていなかった。悪いことに、外国企業には米国の企業とは異なる会計基準や業績報告ルールが適用されていたため、外国企業には謎めいたところもあり、分析も一苦労だった。だが良いこともあった。宿題をちゃんとやっておけば、ボルボのような優良銘柄にときおり出会うことができたのだ。

欧州調査旅行1：スウェーデン

私にとって最も有意義な調査旅行は一九八五年九月半ばのもので、期間はおよそ三週間。訪問した企業の数は二三社だった。フィデリティの若手アナリストとして七三年秋に行った出張(ダウ・ケミカルの工場を見学した以外は、米国内のあちこちで飲み食いに明け暮れた)よりも疲れたが、それ以上に有益な旅だった。何しろ、七三年の出張で学んだのは、ダウ・ケミカルの工場はどれも似たり寄ったりということだけだったのだから。

一九八五年の出張は金曜日、ボストンの企業三社の訪問で始まった。その日の午後に飛行機に飛び乗り、翌土曜日にスウェーデンに到着した。幸先の悪いことに、私の荷物はいつまで待っても飛行機から出てこなかった。利用したのはサベナ航空という航空会社だった。こんな会社の株は絶対に買うものか、と心に決めた。

スウェーデンは礼儀を重んじる国だ。二日後には数名の財界人に会う予定だったから、飛行機の中と同じ出で立ち(しわくちゃのカジュアル・ジャケット、コーデュロイのズボン、スニーカー)で出かけていったらどんな顔をされるか分からない。私はこの異文化交流の悲劇を覚悟し始めた。私のスーツケースに何が起こったのかサベナは全く把握しておらず、ストックホルムの店はすべて閉まっている、という二点が分かったからだ。

最悪の状況に陥ったことを受け入れた私は、空港でビルギッタ・ドロージェル氏の出迎えを受けた。彼女は私と妻の友人であるスウィートランズ氏のお姉さんで、私はストックホルム郊外にある彼女の家に泊めてもらうことにしていたのだ。ありがたいことに、彼女の夫でスウェーデン人のインゲマル氏は体のサイズが私と同じで、靴のサイズも全く同じだった。おかげで、ちゃんとしたスウェーデンのスーツを一式借りて身なりを整えることができた。

私は白髪頭で色白だから、地元の人の服さえ着ればスウェーデン人だと信じてもらえた。街を歩いていれば必ず道を尋ねられた――というか、少なくとも私はそう思っている。スウェーデン語が分からないから、確信はない。

スーツケースは結局出てこなかったが、私は事態を前向きに考えることにした。月曜日になり、スウェーデンの服に身を包んだ私は、エセルテのCEOに会いに行った。机の引き出しに入っているトレイなどのオフィス機器を販売している企業である。それから、スウェーデンのゼネラル・エレクトリック(GE)と言えるコングロマリットのアセアと、搾乳機と遺伝子工学という奇妙な組み合わせの事業にいそしむアルファ・ラバルも訪問した。その夜は、翌日の訪問先であるエレクトロラックス(掃除機など家電製品の大手で、その社長はスウェーデンのリー・アイアコッカと言える人物)と、アーガ(空気から利益をひねり出す企業)の資料に目を通した。

空気から取り出した気体を売る会社に投資するという話は、理屈で考えれば非常識な感じがする。酸素も窒素も、特に希少なものではないからだ。しかしアーガで教わったところによれば、酸素については鉄鋼業界に、窒素についてはファスト・フード業界にそれぞれ旺盛な需要があり、大気からこうした気体を取り出せる機械を保有する企業はほんの数社しかないらしい。何しろ原価はゼロだから、アーガを含むそれらの企業の業績は非常に好調だ。

アーガの訪問を終えると、すぐに車を飛ばしてエリクソンに向かった。米国のウエスタン・エレクトリックに似た電話機メーカーである。午後にはスカンディアを訪れた。名前には家具メーカーのような響きがあるが、実は大手の保険会社である。フィデリティのオーバーシーズ・ファンドを運用していたジョージ・ノーブルに教わった会社で、ほかには誰も注目していないようだった。

米国の保険会社の場合、保険料の料率が引き上げられると、その数カ月後に業績が改善し始める。つまり循環株に似た面があり、保険料率が上昇し始めたころに株を買うと大きな利益が得られる。実際、保険料率が上昇してから株価が二倍になり、料率の上昇による増益を受けてさらに二倍になるというパターンは珍しくない。

私は、この同じパターンがスウェーデンにも存在すると考えた。尋ねたところ、保険料率の引き上げはすでに認可されているという。ならばスカンディアの株価は上昇しているはずだが、実際にはしていなかった。スウェーデンの投資家は、いずれ必ずやって来る良い知らせを無視し、足元のさえない決算ばかり見ていたのだ。銘柄選択にいそしむものにとっては、まさに夢のような状況だ。

ひょっとしたら、何かとんでもないことを見落としているのかもしれない――そう考えた私は、スカンディアの資料をさらに精査した。借り入れが多すぎるのではないか。資産の半分をジャンク債やいい加減な不動産投資につぎ込んでしまったのではないか。多額の保険金支払い請求を受ける恐れのある、心臓のバイパス手術や豊胸手術などの保険を引き受けているのではないか……。しかし、こうした疑問の答えはすべてノーだった。同社はシンプルな損害保険を引き受ける保守的な保険会社であり、利益が二倍に増えることは間違いなかった。結局、同社の株価は一年半で四倍に上昇した。

サウナ風呂に入ったりフィヨルド見物をしたりする暇はなかった。二日間で七社回った後は、半島の反対側にあるボルボの本社に向かわなければならなかったからだ。その準備のために、私はスウェーデンに一人しかいない証券アナリストをある証券会社に訪ねた。あのカーネギー家の一族が興した証券会社だ。一族の子孫はスカンジナビア半島でひっそりと暮らしていたが、その一部の人々が米国に渡り、幸運にも大金持ちになったのだ。

ボルボはこの国の自動車セクターを丸ごと飲み込んだような企業で、自動車以外の事業もいくつか手がけていた。規模で言えばスウェーデン最大だったが、スウェーデン唯一のアナリストはこの会社を訪問したことがなかった。私はこの手抜かりの埋め合わせをしようと、ストックホルムで合流した妻のキャロリンとともにイエーテボリまで車を走らせた。

ボルボの人たちは、投資家がわざわざ話を聞きにやって来たといたく感激してくれた。社長から上級副社長、トラック部門長、財務部長にも会うことができた。工場も見せてもらえた。

ボルボは労働組合に悩まされていたが、すぐに大変なことになるわけではなかった。短期的には、株価が34ドルなのに手持ちの現金が一株当たり三四ドルに達していたから、この株を買えば、同社の自動車部門、組み立て工場、数多くの子会社(食品会社、製薬会社、エネルギー会社など)をタダで手に入れることができた。米国なら、アナリストが見過ごしている小型株にこのような投げ売り価格がつくことがあるかもしれないが、GEやフィリップ・モリスがこんなに安く売られる状況には、まず巡り会えないだろう。私が欧州にやって来たのは、まさにこのためだった。

一部の外国市場には文化的なバイアスがあって、そのために株価がずっと割高だったり割安だったりするとの見方がある。日本株が先日下落するまでは、日本人は割高な株価に生まれつき寛容なんだという話がよく聞かれたが、実際はそうではなかった。スウェーデンでも、投資家はボルボやスカンディアなど多くの企業を過小評価しているように思われたが、いずれは企業の真の価値が明らかになり、スウェーデンの人たちにも理解されるだろうと私は信じて疑わなかった。

欧州調査旅行2：ノルウェー

キャロリンと私はイエーテボリを後にし、隣国ノルウェーのオスロに向かった。ノルスク・データとノルスク・ハイドロを訪れるためだった。ノルスク・データはノルウェーのヒューレット・パッカードとも言うべき、活気のある業界の（まだ道に迷っていない）活気のある企業だった。ノルスク・ハイドロも活気のある企業だったが、こちらは水力発電、肥料の製造、マグネシウムやアルミニウムの生産という地味な業界に属していた。循環株であると同時に、有力なエネルギー株でもあると私は感じた。同社保有の石油・ガス田の可採年数はテキサコやエクソンといった大手石油会社のそれの三倍以上だった。株価は最近、ひところの半値に下落しており、再びお買い得な銘柄になっている。

私が企業調査に励む傍らで、妻は外国為替市場に注目していた。主要国の財務相が為替レートを再調整し（プラザ合意）、米ドルの価値が一夜にして一〇％も下落したのである。オスロの毛皮店の主人はきっと新聞を読み忘れていたに違いない。キャロリンが買った毛皮のコートの代金をアメリカン・エキスプレスのトラベラーズ・チェックで受け取った、つまり前日よりも一〇％安い価格で売ってくれたのだから。

オスロからは鉄道に乗った。美しい農場の間を抜け、いくつもの山を越えて、ベルゲンという海沿いの美しい街に出た。もっとも、その美しさに見とれている時間はあまりなかった。翌朝には早起きしてフランクフルトに飛び、ドイツ銀行やヘキスト、ドレスナー銀行の取締役たちに会うことになっていたからだ。そのまた翌日にはデュッセルドルフでクレックナー・フンボルト・ドイツ（ＫＨＤ）を訪れたり、かつてはアスピリン・メーカーとして知られ、今日では化学・医薬品のコングロマリットとして知られるバイエルも訪問したりした。

どこの駅だったかは忘れてしまったが、荷物を運ぶのを手伝ってくれた親切なドイツ人がいた。私は彼がポーターだと思い込み二マルクを手渡したのだが、実はビジネスマンだと分かり、高貴な振舞いにチップで対応した自分を恥じた。ずっとバランスシートばかり見ていたため、米国と欧州の文化の違いをいくつか、そして外の風景のほとんどを見逃していたのである。それでも私は、ドイツの人たちがお互いを「ジョー」とか「サム」といったくだけた調子ではなく、「××博士」と呼び合っているようだということは感じていた。

ライン川を下ってケルンに到着し、そこで数社を訪問してからバーデンバーデンに向かった。この町では車を借りた。アウトバーンを走るためだ。私はアウトバーンで運転することと、アイルランドのブラーニー石にキスすることを人生の二大目標に掲げていたのだ。結局どちらも達成でき、同じくらい素晴らしい経験になった。

ブラーニー石にキスをするには、高さ三〇メートルほどの古城の屋上にのぼり、その縁まで行って仰向けに寝転がり、そのままの状態で上半身を縁の外側に突き出さなければならないが、アウトバーンを走ることは自動車レースの「インディ五〇〇」に放り込まれるようなものだ。私はレンタカーで時速一六〇キロを超えるスピードを出し、キャロリンはその証拠写真を撮った。私は勇気を奮い起こし、前方の車を一台追い抜いてみることにした。左車線に移動し、一九〇キロぐらいまで加速した。それまでに車で経験した速度のざっと五〇％増しである。そこまでは万事順調だったが、バックミラーを見たのがいけなかった。ここから、ピーターの法則⑩が導かれる。

【ピーターの法則⑩】

アウトバーンを走っているときは、後ろを振り返ってはならない。

私の車のリアバンパーと、同じく時速一九〇キロで走っている誰かのメルセデスのフロントバンパーは、ほんの一〇センチしか離れていなかった。文字通りの大接近で、相手の指の甘皮が見えるほどだった。男性だったが、きっと爪の手入れをプロに任せていたに違いない。アクセルからほんの一瞬でも足を離したら、彼はきっと私のとなりの席に来てしまう——そう思った私は歯を食いしばって加速し、十分な車間距離を確保してから「低速車線」に逃れた。その後はずっと、時速一六〇キロで走り続けた。

翌日、私はこの体験を少し引きずりながらスイスのバーゼルに向かった。著名な製薬・化学会社サンドの本社がそこにあったからだ。私は米国から同社に電話をかけ、話を聞かせてくれないかと頼んでいた。普通なら、企業の担当者はこの時点で、私がなぜ訪問したがっているのか理解してくれる。しかし、サンドは違った。電話はバイス・プレジデントに回された。御社を訪問したいのだがと私が言うと、先方は「どうして？」と聞き返してきた。

「いいえ、株をもっと買うべきかどうかを決められるように、御社がどんなことをしているのかもっと知りたいんです」と答えたが、先方は再度「どうして?」と尋ねてきた。

「ですから、最新の情報を手に入れておきたいと思いまして」

「どうして?」

「それは、もし私が御社の株を買って株価が上昇したら、マゼランの投資家のみなさんに利益をもたらせるからです」

「どうして?」

私は、分かりました、もう結構ですと言って電話を切った。結局、サンドは訪問できなかった。もっとも、その後に聞いた話によれば、同社は訪問者受け入れの基準を緩めることにしたそうだ。

欧州調査旅行3：イタリア

私と妻は車の旅を続け、アルプスを越えてイタリアのミラノに到着した。モンテジソンという水力発電会社を訪問するためだった。築三〇〇年の建物にある役員室には、実際にダムを流れている水量に応じて水がしたたり落ちるという面白い機械があった。そして、同社からさほど遠くないところにあるIFIという企業を訪問してから、有名な「最後の晩餐」を見た。オリベッティも訪問した。たぶん、私のようにイタリア北部の訪れたい名所のリストにモンテジソンとIFI、オリベッティ、そして「最後の晩餐」を並べる旅行者は、そう多くはないだろう。

このころのイタリアは、高いインフレ率とどうしようもない政治に苦しんでいた。ただ、インフレ率は低下しつつあり、政治家も以前に比べればビジネスライクになっていて、人々はすでに食料品をスーパーで買い始めていた。私にはこの一九八五年のイタリアが、四〇年代や五〇年代の米国にとても似ているように思われた。だとすれば、これから一番成長するのは家電製品メーカーや電力会社、スーパーマーケットになるだろう。

この後、キャロリンはベニスに向かった。私は彼の地に訪問すべき企業が見当たらなかったので（ドゥカーレ宮殿やため息橋はまだ上場していない）、ローマに向かって電話会社のＳＴＥＴとＳＩＰを訪問した。そして一〇月九日にローマで落ち合い、飛行機に乗って一〇日にボストンに帰ってきた。ボストンでも早速、コムディスコ、Ａ・Ｌ・ウィリアムズ、シティコープ、モンテジソンの四社の担当者と会った。このモンテジソンは、一週間前に訪れたミラノのモンテジソンと同じ会社である。

この駆け足の欧州旅行のために、私は上司であるネッド・ジョンソン氏の銀婚式を祝うことができなかった。ただ、これも会社のため、投資家のためだ。実際、この出張後に購入した欧州株はボルボ、スカンディア、エセルテをはじめ、複数の銘柄が好成績をあげた。

こうしてマゼランの資産の一〇％は外国株で占められるようになり、それによる高いリターンはマゼランが運用成績第一位の座を維持するのに貢献した。購入額の多かった外国株一一銘柄――プジョー、ボルボ、スカンディア、エセルテ、エレクトロラックス、アーガ、ノルスク・ハイドロ、モンテディソン、ＩＦＩ、東武鉄道、近畿日本鉄道――はマゼランの投資家に二億ドルを超える利益をもたらしてくれた。

日本の鉄道会社二社を私に勧めてくれたのはオーバーシーズ・ファンドのジョージ・ノーブルだった。私は日本にも自ら出張して調査を重ねた（欧州出張と同じくらい駆け足だったが、詳細は割愛する）。東武鉄道は外国株の中で最も高いリターンをあげた銘柄だった。五年間で三八六％も値上がりしたが、残念なことに、マゼランでの組み入れ比率は〇・一三％にすぎなかった。

資産が五〇億ドルの大台を突破する

一九八四年。S＆P五〇〇のリターンが六・二七％のマイナスに終わる中、マゼランは二％のプラスのリターンを確保した。翌八五年には自動車株と外国株の貢献により四三・一％のリターンを得た。組み入れ比率が最も大きかった銘柄は、それまでと同様に米国債と自動車株だった。大きく値上がりするはずのなかったＩＢＭもなぜかたくさん持っていた。またジレット、イートン、レイノルズ、ＣＢＳ、旧インターナショナル・ハーベスター（現在のナビスター）、スペリー、ケンパー、ディズニー、サリーメイ、ニューヨーク・タイムズ・カンパニー、オーストラリア国債なども買っていた。さらにスミス・クライン・ビーチャム、バンク・オブ・ニューイングランド、メトロメディア、ロウズなども上位一〇銘柄に名を連ねるほど買っていた。一方、イースタン航空やヴィ・ド・フランスなど、買わなければよかったと思う銘柄も多数あった。

新規資金の流入は続いていた。一九八三年と八四年が一〇億ドルずつで、八五年は一七億ドルに達した。マゼランのＮＡＶは、コスタリカのＧＮＰに匹敵するほどになっていた。この新規資金を吸収するために私は常に攻めの姿勢を取り、ポートフォリオを見直しては新しい銘柄を買ったり既存の銘柄を買い増したりしていた。ここから、ピーターの法則⓫が導かれる。

【ピーターの法則⑪】
一番お買い得な株は、もう購入済みかもしれない。

ファニーメイがそのよい例だ。一九八五年の上半期には組み入れ比率の小さな銘柄のひとつにすぎなかったが、同社の状況を再度チェックしたところ(第17章を参照)、劇的な改善を遂げていることが判明した。私は早速、組み入れ比率を二・一%に引き上げた。当時はまだ自動車株びいきだった。フォードもクライスラーもすでに株価が二～三倍に上昇していたが、業績は上り調子で、ファンダメンタルズについて見られる予兆はすべて好ましいものだったからだ。だが程なく、ファニーメイはフォードやクライスラーに取って代わり、マゼランの成功に大きく貢献する銘柄になる。

一九八六年二月。マゼランの資産は五〇億ドルの大台を突破した。組み入れ比率を維持するために、フォードやクライスラー、ボルボをさらに購入しなければならなかった。またミドル・サウス・ユーティリティーズ、ダイム・セイビングズ、メルク、ホスピタル・コーポレーション・オブ・アメリカ、リン・ブロードキャスティング、マクドナルド、スターリング・ドラッグ、シーグラム、アップジョン、ダウ・ケミカル、ウールワース、ブラウニング・フェリス、ファイアストン、スクイブ、コカコーラ・エンタープライズ、ユナム、デビアス、丸井、ロンローなども買っていた。

外国株は、マゼランのポートフォリオの二〇%を占めるに至っていた。外国株の組み入れ比率のトップは、この年はほぼずっとボルボだった。マゼラン全体における組み入れ比率の上位一〇銘柄には、自動車株のほかにバンク・オブ・ニューイングランド、ケンパー、スクイブ、デジタル・イクイップメントなどが並んでいた。

一九七六年にはマゼラン・ファンドの「資産」が二〇〇〇万ドルだったが、八六年にはひとつの銘柄を二〇〇〇万ドル購入しても組み入れ比率はごくわずかという状況になっていた。ひとつの銘柄でファンド全体の運用成績に影響を及ぼすためには、一億ドルぐらい保有する必要があった。私は毎日、保有銘柄がアルファベット順に並んだリストをながめて、その日に売るべき銘柄と買うべき銘柄を決めていたが、リストは長くなる一方で、各銘柄の保有株数も増える一方だった。

このことは頭では分かっていたのだが、本当に身にしみて分かったのは、とりわけ忙しかった週にたまたまヨセミテ国立公園を訪れていたときだった。私は雄大な山々をながめながら公衆電話を握り、その日に売買する銘柄をアルファベット順に伝えていた。ところが、二時間やってもリストの「A」から「L」までしか伝えられなかったのだ。

また、企業の担当者との面会も劇的に増えていた。こちらから訪問したり先方が訪ねてきたり、あるいは投資セミナーで話をしたりする機会は一九八〇年には二一四回あったが、八二年が三三〇回、八三年が四八九回と増えていった。八四年は四一一回、八五年は四六三回と少し抑えたが、八六年は五七〇回だった。もしこのペースで増え続けていたら、私は毎日(日曜・祝日も含めて)二つの会社の人と直接会うことになっていただろう。

私が出す大量の売り注文を五年間処理し続けてくれたトレーダーのカーレン・デルーカがフィデリティのジャック・オブライエン元社長と結婚し、トレーダーを辞めることになった。トレーディング・ルームでの最後の日、私たちは彼女に数件の買い注文を任せてみた。もう最後だから、世界の反対側がどうなっているかを体験してもらおう、と思ったのだ。しかし、本人にはこの不慣れな状況を体験する用意ができていなかった。電話の向こうで取引相手が一株24ドルで売ると言ってくれているのに、カーレンは24ドル50セントにしろと言って譲らなかったのである。

景気が回復し、戦術を転換する

マゼランの価値は一九八六年に二三・八％高まり、八七年の上半期にも三九％上昇した。ダウ平均が二七二二・四二という史上最高値に達し、株価の先行きについて強気な見方をする面々が米国の主要な雑誌の表紙を飾っていたころ、私は五年ぶりに戦術を大きく転換した。景気の回復がかなり進んで新車を買う動きも一巡したように思えたことと、自動車業界担当のアナリストが発表している楽観的な業績予想について、裏付けがないとの判断がフィデリティの調査チームから示されたことが気になったからだった。私は自動車株を減らして金融会社、特にファニーメイとＳ＆Ｌへの投資に力を入れ始めた。

マゼランの資産は一九八七年五月に一〇〇億ドルを突破した。規模が大きすぎるために市場を上回る運用成績をあげられないと予言していた悲観論者は、さらに勢いづいた。懐疑的な彼らが私の運用成績にどの程度貢献したかを計測することはできないが、大きかったことは間違いないと思う。彼らは資産が一〇億ドルを超えたときに「大きすぎる」と言い、二〇億になっても四〇億になっても一〇〇億になってもそう繰り返した。そして私はそのたびに、その見方が間違っていることを証明してやろうと決意を固めていたのだから。

規模の大きなほかの投信は、資産規模が一定の水準に達すると新規の資金の受け入れを停止していたが、マゼランは受け入れを続けた。そのこと自体も否定的にとらえられた。私の評判を利用して手数料をさらに稼ぐのがフィデリティのやり口だ、と批判されたこともあった。

私自身、一九八七年には、スウェーデンのGNPに匹敵する規模の投信でも市場全体を上回る成績を残せたことに満足していた。それに、がんばることに疲れてしまい、ファニーメイよりも妻と過ごす時間のほうを長くしたいと思っていた。実際よりも三年早く、ここで辞めていた可能性もあったが、実はそれを阻んだ出来事があった。いわゆるブラック・マンデーの大暴落だ。

暴落が近いことに気づいていたなどといううそは言わない。たしかに、株式市場は恐ろしく割高になっていて一〇〇〇ポイント下がってもおかしくなかった——今から見れば、明らかにそうだった——が、私はいつものように「大局」に神経を集中することで、悪い兆候を見落としたのだ。私はこの危険な状況に、資産を株にフルに投資した状態で突入した。非常時に備えた現金などなかった。

幸いなことに、私は資産の五・六%を割り当てていたS&Lを八月のうちに一部売却していた。とんでもない融資をしているところがあることが、私自身やフィデリティのS&Lの専門家であるデイブ・エリソンにも分かり始めてきたからだった。ただ困ったことに、私はそこで浮いた資金をほかの株につぎ込んでしまっていた。

信用買いのリスク

一九八七年に入ってからブラック・マンデーが起こるまでの数カ月間に、マゼランは三九％上昇していた。そして私は、それがS＆P五〇〇の上昇率四一％より低いことに腹を立てていた。妻のキャロリンからは「投資家のために三九％もの利益を出しているんだから、市場に二％負けていたってどうってことないじゃない。贅沢言わないの」とたしなめられたが、その通りだった。贅沢を言うべきではなかった。なぜなら、一二月にはマゼランの上昇率はマイナス一一％に落ち込んでいたからだ。

ここから、ピーターの法則⑫が導かれる。

【ピーターの法則⑫】

蓄えがあるのが当たり前という思い上がりには、株価の暴落が効く。

株式市場の暴落に初めて見舞われたとき、私はとてものんきだった。マゼランの運用を引き継いで数カ月と経たないうちに、市場は二〇％の下げに見舞われたものの、マゼランが保有する株の価値は逆に七％上昇したからだった。私はこの短期的な勝利のせいで、平凡な株式投信運用担当者に降りかかる困難を自分はどういうわけか免れているのだと確信した。もちろんそれは幻想でしかなく、その次の暴落（一九七八年九月一一日～一〇月三一日）で見事に打ち砕かれた。

一九七八年の暴落は本当にひどかった。その背景にあったのは米ドル安と高インフレ、減税をめぐる連邦議会での駆け引き、そしてFRBの金融引き締めだった。短期国債の利回りが長期国債のそれを上回る「逆イールド」という珍しい現象も見られた。株価は大幅に下落し、マゼランはそれ以上に大きく下落した。私のファンド・マネジャー人生を貫くトレンド――株式市場がさえないとき、マゼランはそれ以上にさえない――はここから始まったのだ。

このパターンは、一九八七年のブラック・マンデーを含む九回の暴落すべてに当てはまった。マゼランに組み入れられた株は平均株価よりも大きく下げたし、相場の回復時には平均株価を上回る上昇を示した。私はこの大きな振れ幅を投資家にあらかじめ覚悟してもらおうと思い、年次報告書で説明を試みた。長期的に最も値上がりする株を持つことは、その間にたくさんの打撲やすり傷を負うことでもあるのだ。因果応報というべきだろうか。

一九八七年が暮れたときにはうれしかった。マゼランは最終的には一年前より一%上昇し、一〇年連続でプラスのリターンをあげることができたからだ。マゼランはこの間ずっと株式投信の平均リターンを上回っていた。また、この年も、マゼランの回復幅は市場のそれを上回った。

ブラック・マンデーは、マゼランの規模の問題を一時的に解決してくれた。八月に一一〇億ドルだった資産が、一〇月には七二億ドルになっていたのだ。コスタリカのGNPに相当する金額が一週間で吹き飛んだ計算になる。

前著『株で勝つ』に書いたように、私はブラック・マンデーの当日、アイルランドでゴルフをしていた。恐怖に駆られた投資家からの解約請求に応えるために、私はかなりの量の株を売らねばならなかった。一〇月には六億八九〇〇万ドルの資金が流入したが、解約が一三億ドルあり、五年間続いた純増傾向が反転した。解約額が流入額の二倍に達したわけだが、マゼランの投資家の大多数は解約をしなかった。あの暴落を「そういうこともあるさ」と受け止め、文明の終わりがやって来たとは考えなかった。

信用取引で株を買っていた、つまり証券会社からお金を借りて株を買っていた一部の投資家にとっては、あの暴落は文明の終わりを意味していた。証券会社が貸した金を回収するためにこれらの株を（たいていは底値で）売ってしまい、ポートフォリオが空っぽになってしまったからだ。私はこのとき初めて、信用買いのリスクを心の底から理解した。

ブラック・マンデー後の勝利

ブラック・マンデーになると予測された日の前日にあたる日曜日、フィデリティのトレーダーたちは急落に備えて出社していた。会社は週末の間ずっと計画を練っていた。私はアイルランドに出かける前に、手持ち現金の残高を比較的多くして（具体的には、マゼランにおける一日当たり解約額の過去最高値の二〇倍に相当する額に引き上げて）いたのだが、それでは足らなかった。解約請求が電話で大量に舞い込んできたため、私は月曜日に資産の一部を売り、火曜日にもまとまった売りを余儀なくされた。買い手に回りたいちょうどそのときに売らざるを得なかったのだ。

その意味では、投資家は投信の成否に大きな影響を及ぼすと言える。投資家が恐ろしい状況であってもパニックに陥らず、どっしり構えていてくれれば、運用担当者は解約請求に応える現金を得るために資産を不利な価格で売却しなくても済むからだ。

市場が落ち着きを取り戻した後も、マゼランの最大の投資先はそれまでと同じフォードだった。ファニーメイとメルク、クライスラー、デジタル・イクイップメントがこれに続いた。その直後の回復局面で最も値上がりしたのは循環株だった。例えばクライスラーは20ドルから29ドルに急騰し、フォードも38ドル1／4から56ドル5／8に急上昇した。しかし、そのまま循環株を持ち続けた投資家はすぐに落胆した。三年後の一九九〇年にはクライスラーが10ドル、フォードが20ドルで売買されるようになり、八七年当時の半値以下に落ち込んだのだ。

循環株への投資では、タイミングよく売り抜けることが重要だ。クライスラーは、状況があっという間に悪化し得ることの好例だと言える。同社は一九八八年に一株当たり四ドル六六セントの純利益を稼ぎ出し、八九年も同四ドルを計上すると見込まれていた。ところが八九年は一ドルちょっとにとどまり、九〇年は三〇セントで、九一年には赤字に転落した。その後も残念な展開しか予想できなかったため、私は売却に踏み切った。

こうして業績が悪化する間にも、ウォール街にはクライスラー株を推奨するアナリストがいた。私自身が予想したクライスラーの利益の上限は、どうしようもないほど楽観的かもしれないと自分で思ってしまうレベルだったが、それでもウォール街の最も弱気な予想をはるかに下回っていた。私の予想の上限は一株当たり三ドルだったが、一部のアナリストは六ドルを見込んでいた。自分の最も楽観的なシナリオが他人の最も悲観的なシナリオよりも悲観的に見えるときは、その銘柄の株価はほかの人たちの幻想に支えられているのではないかと疑う必要があるだろう。

ブラック・マンデー後に勝利したのは、循環株ではなく成長株だった。幸い、私は自動車株を売った代金で、事業の質が高くバランスシートも健全な数銘柄に投じることができた。フィリップ・モリス、RJRナビスコ、イーストマン・コダック、メルク、アトランティック・リッチフィールドなどだった。フィリップ・モリスはその後、マゼランで最も組み入れ比率の高い銘柄になった。GEも、この比率が二%になるまで買った。

もっとも、二%では足りなかった。GEの時価総額は株式市場全体の時価総額の四%に相当したため、マゼランがこれを二%保有するということは、私が気に入った銘柄にマイナスの評価を下していることを事実上意味していたのだ。

バーゲンセール状態の市場で、私は敬遠されている金融サービス株も物色し始めていた。そこには、株式投信の大量解約をウォール街が懸念したことで株価が急落した投信運用会社も含まれていた。

マゼランは一九八八年に二二・八%上昇し、八九年も三四・六%上昇した。私が退いた九〇年にも市場全体を上回る成績を残した。私が運用した一三年間、マゼランは平均的な投信を上回るリターンをずっとあげ続けたことになる。

私が退任するとき、マゼランの資産は一四〇億ドルに達していたが、その一〇分の一にあたる一四億ドルが現金だった。「出かけるときは忘れずに」という、ブラック・マンデーのときに学んだ教訓に従ったのだ。また、安定的に利益を計上している大手保険会社（アフラック、ゼネラル・リー、プライメリカ）を増やし、薬品株と防衛関連株（レイセオン、マーチン・マリエッタ、ユナイテッド・テクノロジーズなど）も増やしていた。防衛関連株はこの当時、市場で売りたたかれていた。「グラスノスチ」（訳注：旧ソ連が一九八〇年代に掲げた情報公開方針）によって世界に平和が訪れるとウォール街が懸念していたからだった。例によって例のごとく、この懸念はかなり誇張されていた。

循環株(紙、化学、鉄鋼)の保有は引き続き抑えていた。割安に見える銘柄も中にはあったが、業況が悪いという話をいろいろな企業の情報筋から耳にしていたからだ。外国株の組み入れ比率は一四%だった。また医療機器関連、タバコ、小売、そしてファニーメイを買い増していた。

ファニーメイは、フォードやクライスラーから組み入れ比率トップの座を引き継いでいた。資産の五%を投じた銘柄の株価が二年間で四倍になれば、投信全体の運用成績はやはり大幅に高くなる。マゼランはファニーメイから五年間で五億ドルの利益を獲得した。フィデリティの投信全体ではその額は一〇億ドルを超えた。ひとつの運用会社がひとつの銘柄で計上した利益としては、ひょっとしたら史上最高額かもしれない。

マゼランに二番目に大きな利益をもたらした銘柄はフォードで、その額は一九八五年から八九年の五年間で一億九九〇〇万ドルだった。以下、フィリップ・モリス(一億一一〇〇万ドル)、MCI(九二〇〇万ドル)、ボルボ(七九〇〇万ドル)、GE(七六〇〇万ドル)、ゼネラル・パブリック・ユーティリティーズ(六九〇〇万ドル)、サリーメイ(六五〇〇万ドル)、ケンパー(六三〇〇万ドル)、ロウズ(五四〇〇万ドル)となっている。

つまり自動車メーカー二社、タバコ・食品会社、タバコと保険のコングロマリット、事故を起こした電力会社、電話会社、多角的な金融サービス会社、エンタテインメント会社、そして学資ローンを買い取る会社という顔ぶれだ。すべてが成長株というわけではなく、循環株とか割安株といった括りもできないが、合計で八億八〇〇〇万ドルの利益をマゼランにもたらしてくれた。

小型株については、ひとつの銘柄をマゼラン全体の利益に影響するほど大量に購入することはできなかったが、そういう銘柄を九〇～一〇〇集めれば影響を及ぼすことができたし、実際に及ぼしていた。株価が五倍になった五倍株《ファイブバガー》は少なくなかったし、一〇倍株《テンバガー》もいくつかあった。辞任までの五年間ではロジャーズ・コミュニケーションズが一六倍株、テレフォン・アンド・データ・システムズが一一倍株になった。エンバイロダイン・インダストリーズ、チェロキー・グループ、キング・ワールド・プロダクションズなども一〇倍株《テンバガー》になった。

ファンダメンタルズが悪化している銘柄に投資しない

マゼランに組み入れた銘柄の中には、成功した銘柄だけでなく、利益を生まずに終わったものもたくさんある。リストにすれば何ページにもなる数だ。幸いなことに、私はこういう銘柄に多額の資金を投じていなかった。ポートフォリオの運用においては、損失を少額にとどめることも重要だ。

ひとつの銘柄で損失を出すことは、決して恥ずかしいことではない。誰でもやっていることだ。恥ずかしいのは、ファンダメンタルズが悪化している銘柄を持ち続けたり買い増ししたりすることである。私はそれだけは避けるように努めてきた。一〇倍株《テンバガー》よりも損を出した銘柄のほうが多かったが、経営破綻に向かっているような企業の株を買い増し続けることはしなかった。ここから、ピーターの法則⑬が導かれる。

【ピーターの法則⑬】

「追悼のラッパ」が鳴っている間は様子を見よ。復活するとの見方があっても、まだ賭けてはならない。

私がファンド・マネジャーとして購入した銘柄の中で最も大きな損が出たのはテキサス・エアだった。損失額は三三〇〇万ドルだった。株価下落時にもし売っていなかったら、この額はもっと膨らんでいたかもしれない。バンク・オブ・ニュー・イングランドも、とんでもない銘柄だった。私は同社の可能性を過大評価し、ニュー・イングランド地方の景気後退の悪影響を過小評価していたわけだが、株価が40ドルから20ドルに下がったところで損失確定に乗り出した。すべて売り切ったとき、株価は15ドルになっていた。

ボストン出身の人はみな(その多くは経験豊富な投資家だった)、株価が15ドルのときにバンク・オブ・ニュー・イングランド株を買うように私に勧めた。10ドルになってもそう言った。4ドルに下落したときでも、これは見逃せない大チャンスだと言っていた。しかし私は自重した。いくらで買おうと、株価がゼロになってしまったら、そこに投じた資金は一〇〇%失われるのだ。

この銀行のトラブルを知る手がかりのひとつは、同行の社債の値動きにあった。社債の価格は、トラブルの真の大きさを教えてくれることが多い。バンク・オブ・ニュー・イングランドのシニア(上位)債の価格は額面価格(一〇〇ドル)の五分の一にあたる二〇ドルを下回っており、しっかりと警告を発していた。

返済能力のある企業なら、社債の価格は額面と同じになる。それが額面の二〇％しかないとしたら、債券市場は何かを伝えようとしているのだ。債券市場とは、発行体の元本返済能力に注意を払う保守的な投資家が幅を利かせるところである。企業が破綻するとき、その会社の資産はまず社債を含む借入金の返済に充てられる。従って、社債がゼロに近い価格で売買されるときには、株価はそれ以上にゼロに近くなると見て間違いない。経営がぐらついていて株価も安い企業に投資するときには、その企業の社債価格がどうなっているかを事前に見ておくべきだろう。

これ以外に大きな損を出した銘柄は、ファースト・エグゼクティブ（二四〇〇万ドル）、イーストマン・コダック（一三〇〇万ドル）、ＩＢＭ（一〇〇〇万ドル）、メサ・ペトロリアム（一〇〇〇万ドル）、ネイマン・マーカス・グループ（九〇〇万ドル）などだった。一九八七年にはファニーメイでも、株価下落のために損を抱えた。クライスラーでも八八年から八九年にかけて損を出したが、そのころにはこの銘柄の組み入れ比率を一％未満に引き下げていた。

循環株投資は、トランプのブラックジャックみたいなものだ。あまりにも長い時間遊んでいると、それまでの儲けをすっかり巻き上げられてしまうことが多い。

最後に、私が最も負け続けたのはハイテク株だったことを付け加えておきたい（特に意外なことではないが）。一九八八年にはデジタル・イクイップメントで二五〇〇万ドルを失った。それよりはやや少ないがタンデムでも損失を出し、モトローラ、テキサス・インスツルメンツ、ＥＭＣ（コンピュータ周辺機器メーカー）、ナショナル・セミコンダクター、マイクロン・テクノロジー、ユニシス、そしてもちろん、すべての大型ポートフォリオでずっと厄介者になっているＩＢＭでも損をした。

私は技術の方面にはあまり明るくないにもかかわらず、ときおり手を出し、その度に引っかかってしまうのだった。

第7章■銘柄選択とは、芸術、科学、地道な情報収集によるものである

ここから先は、私が一九九二年の「バロンズ」の座談会で推奨した二一銘柄について、どのような電話取材をしたか、何を考えどんな計算をしたのかといったことを順を追って振り返る。一〇〇ページ以上を費やすことになってしまったのは、株式の銘柄選択という作業は複雑で、これを厳格に守れば成功間違いなしといったシンプルな公式やレシピには還元できないものだからだ。

銘柄選択は芸術でもあり科学でもある。しかし、どちらか一方に偏りすぎるのは危険だ。数字で測れるものに気を取られる、つまりバランスシートの山に頭を突っ込んで周りが見えなくなってしまうようでは、成功はおぼつかない。バランスシートから未来が読み取れるのであれば、今ごろは数学者や会計士が世界で最も裕福な階層になっているだろう。

数字で測れるものを過信してはいけないことは、紀元前のギリシャの哲学者タレスがすでに証明済みだ。彼は夜空に光る星の数をあまりにも熱心に数えたため、道の穴ぼこにしょっちゅうはまってい

たらしい。

とはいえ、芸術としての銘柄選択も、同じくらいうまくいかないことがある。ここで言う芸術とは、直感とか情熱とか右脳的性質といった、いわゆる芸術家肌の人が好む領域のことである。彼らにとって、これから値上がりする銘柄を見つけることは、コツをつかむことと虫の知らせに従うことにほかならない。コツをつかんだ人は儲けられるし、つかんでいない人は常に損をする、投資対象の研究などやるだけムダ、というわけだ。

こういう考え方をする人は、銘柄の調査をせずに市場で「賭ける」ことによって自分の見方の正しさを証明しようとすることが多い。そして損失を膨らませ、自分はまだコツをつかんでいないのだという確信を強くする。「株は女みたいなもの。どうがんばっても理解できない」という言い訳を好んで使うが、それは女性に対して失礼であり(ユニオン・カーバイド株に例えられたい女性はいないだろう)、株に対しても失礼だろう。

私の銘柄選択は、芸術と科学、そして地道な情報収集という三つの要素によるもので、それはこの二〇年間変わっていない。株価情報端末「クォートロン」は持っているが、ファンド・マネジャーの間で流行しているワークステーションは持っていない。この機械は、世界中のアナリストが調査対象企業について語ったことを逐一教えてくれたり、手の込んだ株価チャートを表示してくれたりする。詳しくは知らないが、ペンタゴン(米国防総省)と戦争ゲームで遊んだり、世界チャンピオンのボビー・フィッシャーとチェスをしたりすることもできるそうだ。

プロの投資家は見当違いなことをしている。ブルームバーグやマーケットウォッチ、ロイターといった情報サービスを次々に導入し、ほかのプロの投資家が何をやっているか把握しようと躍起になっているのだ。そんな暇があるなら、もっとショッピング・モールに足を運ぶべきだ。投資先の企業について調べるという基本的な宿題をやっていなければ、ソフトウェアをいろいろ導入したところで宝の持ち腐れである。実際、あのウォーレン・バフェット氏はこんなもの使っていない。

私は以前、毎年一月に行われる「バロンズ」の座談会で、熱心さのあまり少しやりすぎてしまったことがある。一九八六年から参加し始めたこの席で私は一〇〇銘柄以上の株を推奨し、その翌年には二二六銘柄も推奨してしまったのだ。さすがにこのときは司会者から「おすすめの銘柄ではなくて、おすすめしない銘柄を聞いたほうがよかったですかね」と言われてしまった。ブラック・マンデーの余波で悲観一色だった八八年は、少し抑えて一二二銘柄にした(いわゆるベビー・ベルを別々に数えれば一二九銘柄)。これを見た司会者は「投資の機会均等を目指しているんですね」と皮肉を言った。「これなら、投資先を差別していることにはならない」

一九八九年はもう少し抑えて、気に入っている銘柄を九一銘柄しか公表しなかった。だが司会者にとってはまだ十分に多かったらしく、再度嫌みを言われた。「ああ、申し訳ないですが、やっぱりおすすめしない銘柄を聞かなければなりませんでしたね。そのほうが、リストが短くなりますから」。翌九〇年には七三銘柄に絞り込んだ。

私は常々、有望な銘柄を探す作業は野原の石をひっくり返して虫を探すことに似ていると思っている。石を一〇個ひっくり返せば、虫が一匹見つかる可能性がある。二〇個ひっくり返せば二匹見つかるだろう。前述の四年間、私は巨大化したマゼランのコレクションに加える虫を新たに見つけるために、何千という数の石を毎年ひっくり返さなければならなかった。

マゼランの運用から離れ、銘柄選択への取り組みもフルタイムからパートタイムに切り替えたことで、推奨銘柄の数も減った。一九九一年と九二年の座談会では、それぞれ二一銘柄を推奨するにとどまった。家族と過ごしたり慈善事業に取り組んだりする時間が長くなったため、ひっくり返せる石の数が減ったのだ。

私はそれで構わなかった。パートタイムなのだから、値上がりする銘柄を五〇も一〇〇も見つける必要はない。株価が何倍にもなる銘柄を一〇年間で二つか三つ見つければ十分に報われる。小口の投資家なら、第1章で紹介した「五銘柄ルール」を採用し、購入する株を五銘柄に限定できる。そのうちの四銘柄による利益が差し引きゼロでも、残りの一銘柄が一〇倍株なら、それだけで運用資産を三倍に増やしたことになる。

割高な株式市場でどう動くか

一九九二年一月の座談会が開かれるころには、ダウ平均が前年末に三二〇〇に達するなど株価は大幅に上昇しており、市場には楽観論があふれていた。ダウ平均が直近の三週間で三〇〇ポイントも上昇したことからパネリストたちはお祭りムードだったが、その中で最も気分が沈んでいたのは私だった。私にとっては、景気後退の最中の下落相場よりも、多くの銘柄が毎日のように新高値を更新する割高な相場のほうが憂鬱なのだ。

景気後退はいずれ終わる。そのときの下落相場では、お買い得な株がそのあたりにごろごろしている。しかし割高な相場では、投資に値する銘柄を見つけるのは至難の業だ。ゆえに、銘柄選択に専念している私としては、ダウ平均が三〇〇ポイント上がったときよりも下がったときのほうがうれしいのだ。

大型株の多く、特にフィリップ・モリスやアボット、ウォルマート、ブリストル・マイヤーズといった著名な成長株は、図７―１、７―２、７―３、７―４が示すように収益ライン（訳注：EARNINGSと記された折れ線グラフのこと。直近一二カ月間の一株利益の推移を図にしたもので、この四枚のチャートでは一株利益一ドルが株価一五ドルに対応するように描かれている。従って、収益ラインはPERが一五倍になる株価水準の推移を図にしたものにもなっている）を大幅に上回る水準まで値上がりしてしまっていた。これは悪い兆候だった。

収益ラインを超えて値上がりした株は、横ばいで推移する（いわゆる「一服する」）か、業績などから見てより妥当な水準に引き戻されるかのどちらかになるのが常である。私はこれらの株価チャートを見て、大いにもてはやされて一九九一年にトップクラスの上昇率を残した成長株は、九二年にはたとえ市場全体が好調でも横ばいにとどまるのではないかと考えた。市場の地合いが悪ければ、三〇％の下落もあり得ると思った。座談会では、マザー・テレサの健康状態（訳注：九一年一二月に旅先で倒れた）も心配だが、私はそれ以上に成長株の動向が心配だ、と話した。

大型成長株が割高か割安かを判断するには、株価チャートを見るのが最も手っ取り早い。株価が収益ラインと同水準かそれより下にあるなら買ってもよい。しかし、収益ラインを上回って危険地帯に突入しているときは買ってはいけない。

図7−1
フィリップ・モリス

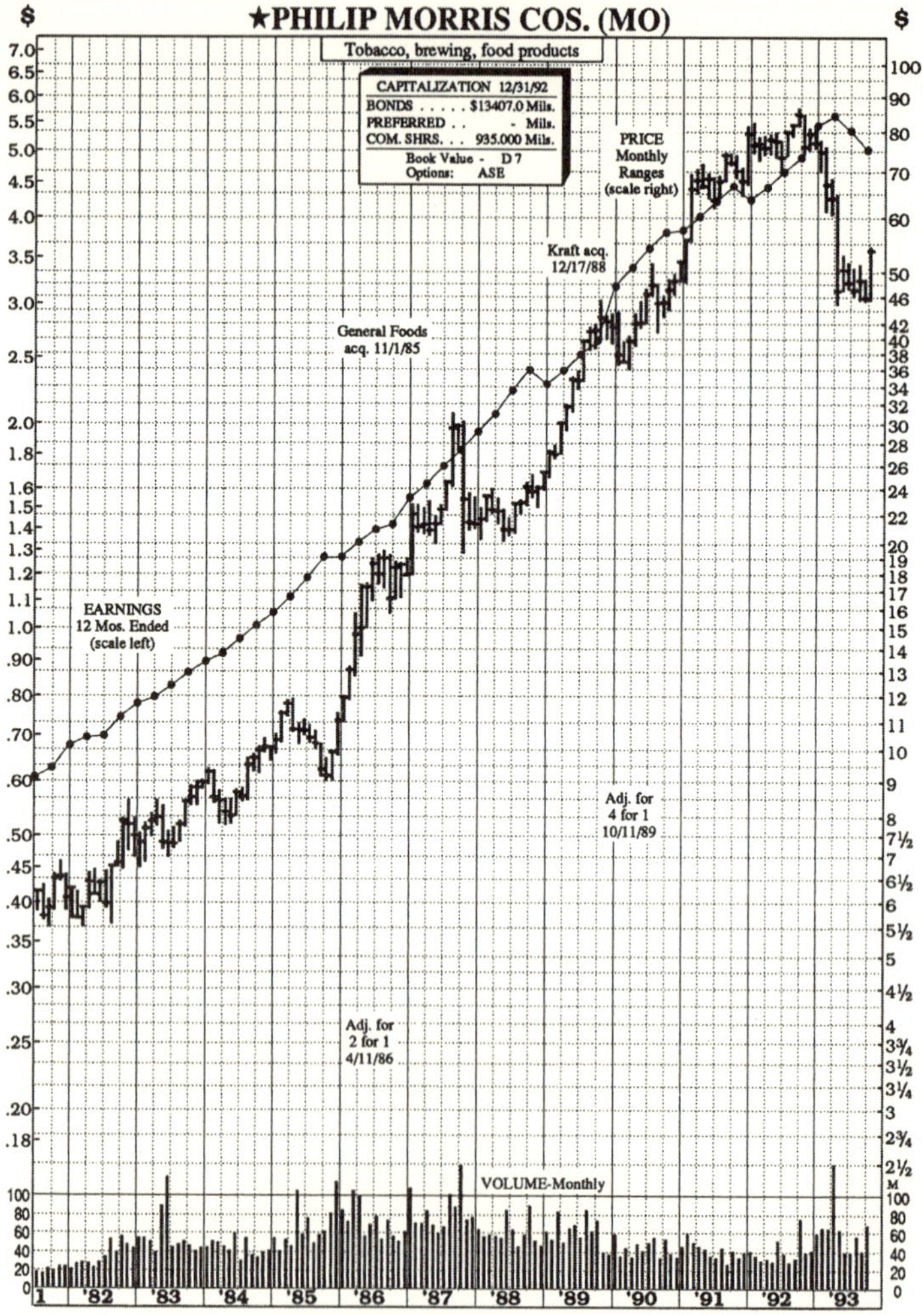

Chart courtesy of: Securities Research Co.
A division of Babson-United Investment Advisors, Inc.
101 Prescott Street, Wellesley Hills, Ma. 02181-3319

図7-2
アボット

$
ABBOTT LABORATORIES (ABT)
$
Pharmaceuticals, hospital and laboratory products, consumer goods
CAPITALIZATION 12/31/92
BONDS . . . . . $110.0 Mils.
PREFERRED . . - Mils.
COM. SHRS. . . 846.000 Mils.
Book Value - 4
Options: PHIL
PRICE
Monthly
Ranges
(scale right)
EARNINGS
12 Mos. Ended
(scale left)
Adj. for
2 for 1
6/1/90
Adj. for
2 for 1
6/1/92
Adj. for
2 for 1
6/2/86
VOLUME-Monthly
'82 '83 '84 '85 '86 '87 '88 '89 '90 '91 '92 '93

図7-3
ウォルマート

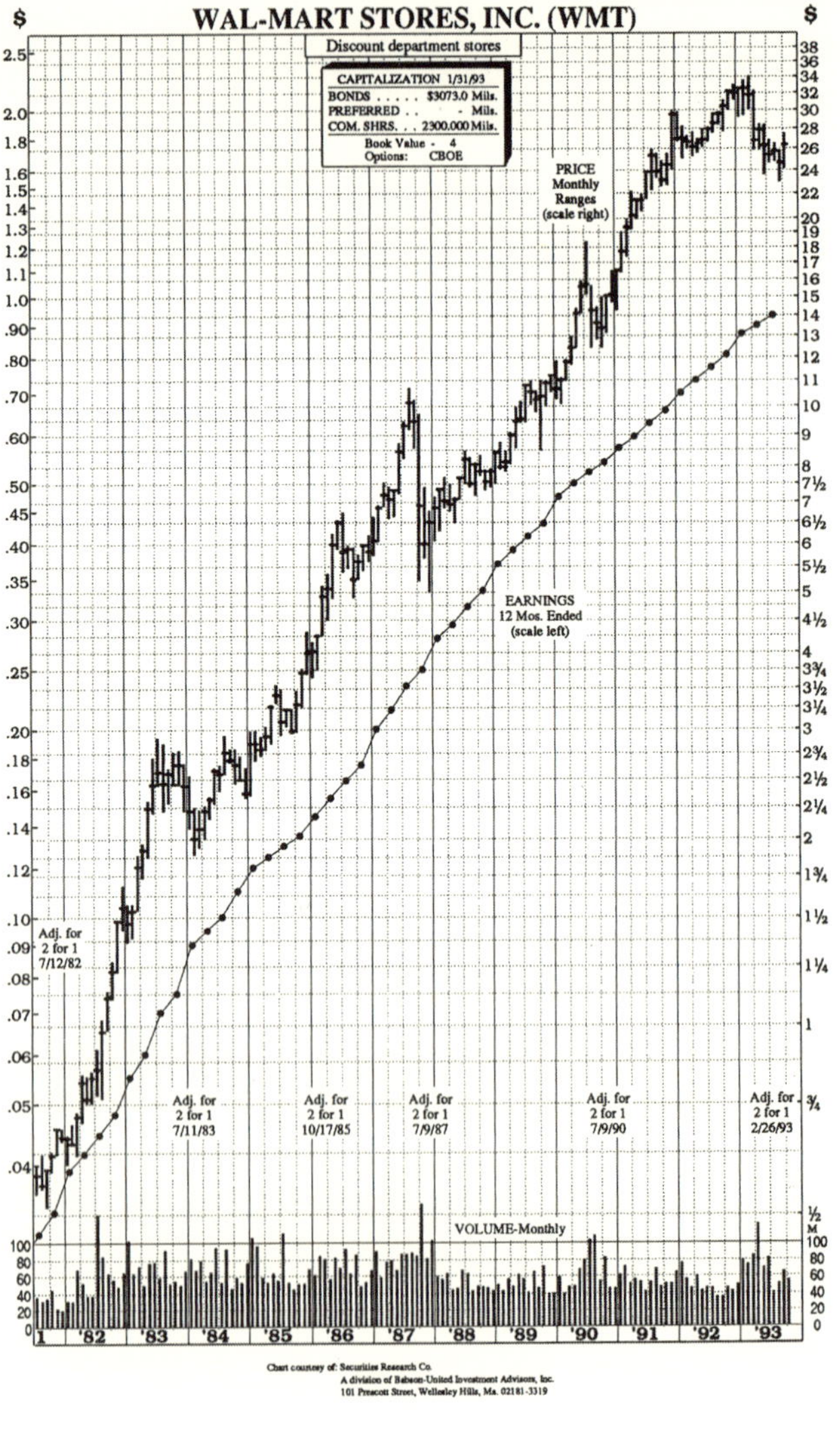

Chart courtesy of: Securities Research Co.
A division of Babson-United Investment Advisors, Inc.
101 Prescott Street, Wellesley Hills, Ma. 02181-3319

図7-4
ブリストル・マイヤーズ

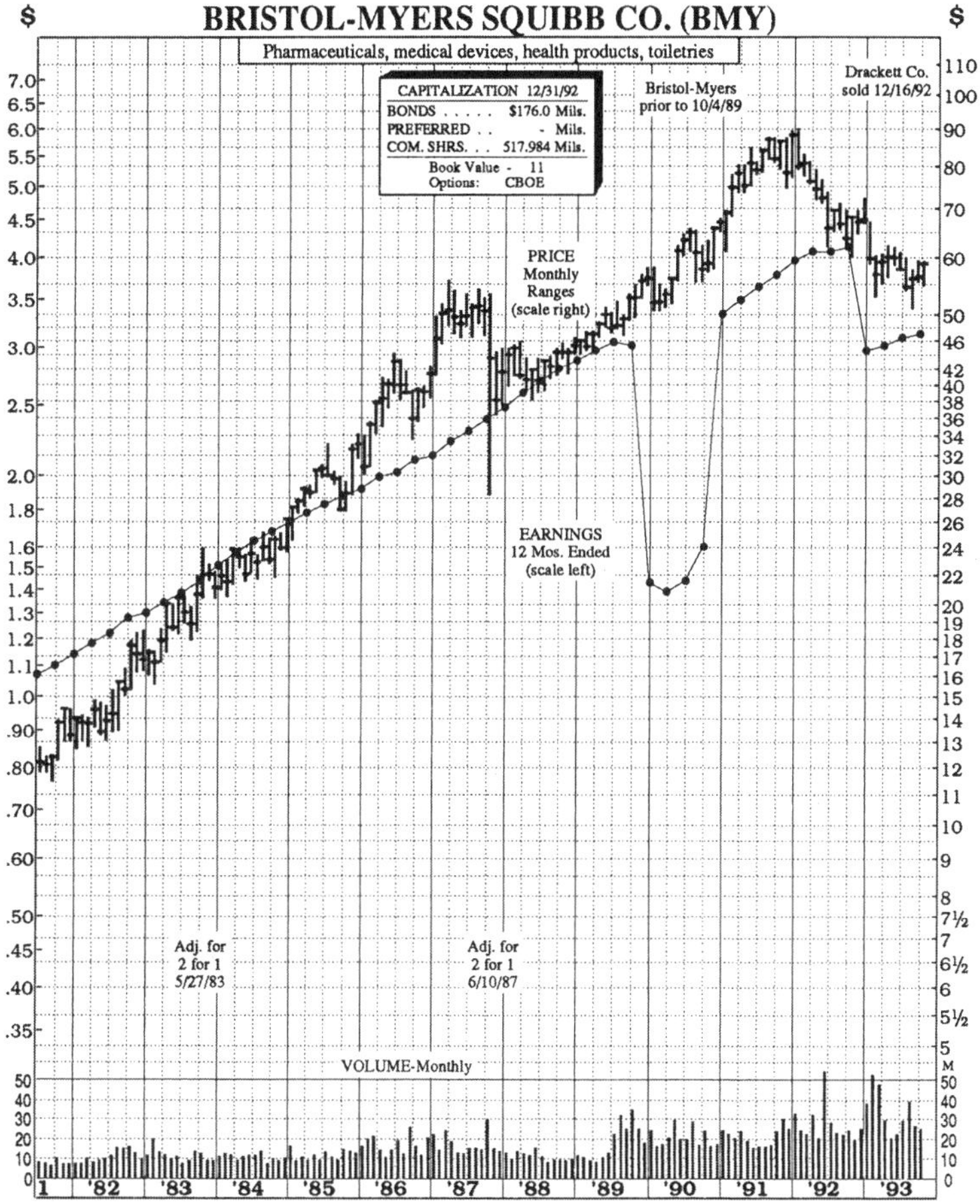

ダウ平均とS&P五〇〇も、簿価や利益、その他の一般的な指標に比べてかなり高い水準に値上がりしていた。しかし、時価総額が小さい小型株の多くはそうではなかった。秋の後半、つまり私が一月の「バロンズ」の座談会の準備をし始める時期には、がっかりした投資家による税金対策の売り注文が出て、小型株が気の毒になるほど売り込まれるのだ。

一一月と一二月の税金対策の売りで安くなった株を買い、それを翌年一月まで持っていればいい暮らしができるかもしれない。一月には、株価がいつも回復するように見えるからだ。これは俗に一月効果と呼ばれる現象で、小型株では特に強い。過去六〇年のデータによれば、一月に小型株は六・八六%上昇しているが、株式市場全体の上昇率は一・六%にとどまっている。

一九九二年の掘り出し物を見つけるなら小型株だ、と私は思っていた。だが、その小型株を探し始める前に、私は九一年に「バロンズ」の読者に推奨した銘柄にもう一度目を通すことにした。

新聞やテレビで株価の動きを追っておきたいというだけの理由で新しい銘柄に目をつけるのはよくない。観察する銘柄の数が増えすぎて、今持っている銘柄をなぜ買ったのかという大事なことを忘れてしまうからである。

観察する銘柄を管理できる数にとどめ、それらの銘柄しか売買しないようにするというのは、決して悪い戦略ではない。何かの株を買った以上は、おそらくその企業の事業内容、業界内における位置、景気後退期の株価の動き、収益に影響を及ぼす要因などについて何かを学んだはずである。何らかの悲観的なシナリオのために株式市場全体が下落することは今後も避けられないだろうし、その場合は読者のお気に入りの銘柄も下落するだろうが、それはお買い得な値段に戻るということでもある。そうしたら、そこで買い増すことができるのだ。

何かの銘柄を買って、売って、そのことをすっかり忘れ、また別の銘柄に手を出す――よく見られるパターンだが、これでは成功はおぼつかない。だが、そういうことを続けている投資家はたくさんいる。昔買った銘柄を見るとつらい思い出がよみがえってくるから、さっさと頭の外に追い出してしまいたいのである。損はしなかったが売るのが遅すぎたのか、早く売りすぎて損をしたのか。どちらにしても忘れてしまいたいのだ。

かつて保有した銘柄、特に自分が売ってから値上がりした銘柄については、新聞で株価を見ないようにするのが人間というものだろう。別れた恋人とスーパーマーケットで鉢合わせにならないように、こそこそと隠れるように買い物をするようなものだ。私は実際、新聞の株式欄をテーブルに広げ、顔を手で覆い、指と指の間から数字を見ている人を知っている。ウォルマートの株価が、自分が売った後で二倍になったのを知るときの精神的ショックから身を守ろうとしているのだ。

この恐怖症は、訓練を重ねることで乗り越えなければならない。私はマゼランを去った後も、かつて所有していた銘柄のことを気にかけざるを得なくなっている。なぜか。それをやめたら、買える銘柄が全く残らないからだ。そうこうするうちに私は、株式投資をバラバラの出来事ではなく、ずっと続いていく大河小説としてとらえるようになった。大河小説なら、新しい展開になるかどうかをときおりチェックする必要が出てくる。投資先の企業が破綻しない限り、この物語は終わらない。一〇年前に持っていた銘柄や二年前に持っていた銘柄が、再びお買い得になっているかもしれないのだ。

昔お気に入りだった銘柄のことを忘れないようにするために、私は大判のリングノートを持ち歩いている。四半期や通期の業績報告書に書かれた重要事項、自分がその銘柄を売買した理由などを書き留めていくノートだ。屋根裏部屋で見つけた昔のラブレターに目を通す人がいるように、私はこれらのノートをときおり引っ張り出し、通勤の途中や就寝する前にながめている。

推奨銘柄を振り返る

話を元に戻そう。私は一九九一年に推奨した二一銘柄がどうなっていたかを振り返ってみた。この年の株式市場は裾野の広い上昇を遂げた。私の二一銘柄は業種こそバラバラだったが、全体的には非常に高い成績を残していた。S&P五〇〇が三〇%上昇したのに対し、私の二一銘柄は五〇%以上上昇していたと思う。その内訳はケンパー（保険・金融サービス）、ハウスホールド・インターナショナル（金融サービス）、シーダー・フェア（遊園地）、EQKグリーン・エーカーズ（ショッピングセンター）、リーボック（スニーカー製造）、シーザーズ・ワールド（カジノ）、フェルプス・ドッジ（銅鉱山）、コカコーラ・エンタープライズ、ジェネンテック（バイオテクノロジー）、アメリカン・ファミリー（現アフラック。日本でがん保険事業を展開）、Kマート（小売）、ユニマール（インドネシアの油田がらみ）、フレディマック、キャップステッド・モーゲージ（住宅ローン関連）、サントラスト（銀行）、S&L五社、そして六年連続で推奨したファニーメイ（住宅ローン関連）というものだった。

私は日誌を丹念に読み直し、重要な変化をいくつか見つけ出した。まず、推奨銘柄のほとんどが値上がりしていた。それだけなら再度推奨しない理由にはならなかったが、ほとんどの銘柄がお買い得と言える水準ではなくなっていた。

オハイオ州とミネソタ州に遊園地を持つシーダー・フェアがその好例だった。私が一九九一年にこの銘柄に注目したのは、配当利回りが一一％もあったからだった。株価は、その時点では12ドルを下回っていた。だが一年経って株価は18ドルに上昇し、配当利回りも八・五％に下がっていた。八・五％ならまだ高いといえるが、私にとっては、追加投資をしたいと思える水準ではなかった。利益が上向く兆しも必要だったが、会社側との対話で知り得た限りでは、そのような材料もなかった。そのため、ほかの銘柄のほうが可能性がありそうだという結論になった。

同じ作業をほかの二〇銘柄についても行った。ＥＱＫグリーン・エーカーズは、最新の四半期業績報告書にさらりと記された一文が気になったので除外した。こういった報告書に書かれた文章を注意深く読むことは実に有用だと、私は常々感じている。ロング・アイランド州でショッピングセンターを経営している同社の報告書で目を引いたのは、四半期配当をこれまで通り一セントずつ増やすかどうか検討中だという一文だった。同社は六年前に株式を公開してから四半期ごとに増配してきた。従って、一〇〇万ドルの支払いを節約するためにこの記録を中断させるということは、同社が短期的に困った状態に陥っている証拠だと私は受け止めたのだ。増配を続けた実績のある企業が、わずかなお金の節約のためにこれをやめるかもしれないと公の場で明かしたら、それは注意すべき警報である(同社は一九九二年七月、増配の中断どころか大幅な減配に踏み切った)。

コカコーラ・エンタープライズは株価こそ下がったものの、今後の見通しが以前よりも厳しかったため外した。ファニーメイの株価は上昇していたが、見通しは明るかったため七年連続で推奨することにした。以前より株価が割安になったからというだけでは買えないし、以前より割高感が強まったというだけでも売れないのだ。また、フェルプス・ドッジとS&L二社については推奨を継続することにした。理由は後ほど説明しよう。

第8章 ■ 小売株は、ショッピング・モールで探せ！

一九九一年の推奨銘柄に目を通し、再度推奨できそうなのはそのうちの五銘柄程度であることが分かったので、私はいつものやり方で新しい銘柄を探し始めた。最初に足を運んだのは、投資のアイデアを提供してくれるお気に入りのスポット、バーリントン・モールだった。

バーリントン・モールは、私の暮らすマーブルヘッドという町から四〇キロのところにある。米国内でも四五〇ほどしかない屋根付きの巨大ショッピングセンターで、有望な株について調べるにはもってこいの楽しい雰囲気を醸し出している。ここに来れば曜日にかかわらず、そしてプロ投資家とアマ投資家の区別もなく、株を公開している企業のことを調べることができる。調子が上向きな会社のことも下向きな会社のことも、左前の会社や再生されつつある会社のこともだ。証券会社のアドバイスを信用したり、最新の材料を求めて株式新聞を隅から隅まで読んだりするよりも、ショッピング・モールをぶらぶら歩くほうがよっぽど優れた投資戦略だと思う。

過去最大級の値上がりを記録した銘柄には、何億人もの消費者が訪れた場所から生まれたものが少なくない。例えば、もし一九八六年に人気の小売業者四社——ホーム・デポ、リミテッド、ギャップ、ウォルマート・ストアーズ——の株にそれぞれ一万ドルずつ投資して五年間持ち続けたら、九一年末にはその価値は五〇〇万ドルを超えていた。

バーリントン・モールに向かう道沿いには、かつて私が投資していた小売業者の店が数多く並んでいる。ラジオシャックが二軒(タンディが所有。一九七〇年代初めに一万ドル投資して、株価が高値をつけた八二年に売り抜けていれば、一〇〇万ドルが手に入っただろう)、株価が25セントから36ドルに上昇したトイザらスが一軒、キッザらスが一軒、株価がゼロになり得ることを思い出させてくれるアメス・デパートメント・ストアが一軒、USシューの足を引っ張ったメガネ店のレンズクラフターズが一軒といった具合だ。

車で一二八号線を南下する。一二八号線と言えば、一九六〇年代にはこの道路沿いでポラロイドやEG&Gといった有名なハイテク企業が数多く誕生した。いわばシリコン・バレーの元祖である。

一般道に降りて、一九五〇年代に成長株だったハワード・ジョンソンの前を通る。ペプシに買収されるまでは素晴らしい銘柄だった(そして買収以降はペプシの業績を押し上げている)タコ・ベルや、〝EAT〟というチャーミングな銘柄コードを持つチリズの横も通り過ぎる。チリズについては、子どもたちから勧められたが、私は株を買わなかった。「こういうレストランがもっとほしいと思う人が果たしているのだろうか」と考えたからだ。

バーリントン・モールの駐車場は広く、マーブルヘッドの中心街がすっぽり入ってしまうほどだが、いつも車でいっぱいだ。奥のほうにある自動車整備工場はグッドイヤーのタイヤを宣伝している。私は一株65ドルで買って後悔したが、最近は持ち直している。

メインの建物は大きな十字の形をしており、東の端をジョーダン・マーシュ、南の端をフィレーンが固めていた。どちらもカナダの不動産業者、ロバート・カンポー氏がかつて所有していた企業である。カンポー氏は以前、小売業に関するデータをたくさん抱えて私のオフィスにやって来たことがある。そのデータが非常に印象的だったため、私は彼の経営するカンポー・コーポレーションの株を買ったのだが、失敗だった。十字の北の端には、偉大な成長企業メイ・デパートメント・ストアーズの傘下に入ったロード・アンド・テイラーがある。西の端にはシアーズがある。こちらは、二〇年前につけた高値をまだ更新していない。

モールの中は、昔の街の広場を思わせる作りになっている。池があり、公園で見られるベンチがあり、大きな木が植えられていて、一〇代の恋人たちやお年寄り向けの散歩道がある。広場につきものの映画館や小間物屋はないが、二階建てのショッピング・スペースには一六〇〇もの企業の店舗が軒を連ねており、買い物客はぶらぶら歩いていろいろな店をのぞくことができる。

ただ、私はこれを「ぶらぶらする」とは思っていない。投資先の候補がおあつらえ向きにずらりと並んだ場所での「ファンダメンタルズ分析」だととらえている。ここに来れば有望株がたくさん見つかる。投資セミナーに一カ月通い詰める場合よりもたくさん見つかるかもしれない。

難点をあげるとするなら、それは証券会社の支店がないことだろう。もし支店があれば、日がな一日広場のベンチに座り、あちこちの店の客の入りをチェックして、一番混んでいる店の株に買い注文を出すことができるからだ。このテクニックは、誰でも簡単に使えるものではない。しかし、「ハリーおじさんがいいって言ったから買う」という手法よりもはるかに優れていると私は考えている。ここから、ピーターの法則⓮が導かれる。

【ピーターの法則⓮】

もしその店が気に入ったら、おそらくその店の株も気に入るだろう。

人々の食べ物やファッションの好みが同じになると文化は退屈になるが、小売業者や外食企業の株主は財をなすことができる。ひとつの町で売れるものが、ほかの町でもほぼ間違いなく売れるようになるからだ。ドーナツ、ソフトドリンク、ハンバーガー、ビデオ、老人ホームのサービス、靴下、ズボン、ドレス、ガーデニングの道具、ヨーグルト、お葬式のサービス、みな同じである。アトランタから西部に展開したホーム・デポ。カリフォルニアから東に向かったタコ・ベル。ウィスコンシンから南進したランズ・エンド。アーカンソーから北を目指したウォルマート。内陸から海辺を目指したギャップやリミテッド。こうした会社の株を買っていた人は、今ごろは世界旅行を楽しんだり、ショッピング・モールやチェーン店とは無縁の生活を送ったりできる財産を手に入れている。

一九五〇年代には、小売株で財をなすチャンスはあまりなかった。商品が大量生産されたり似たような住宅が次々に建てられたりした時代だったが、買い物の仕方や食生活はまだ多様だったからだ。ジョン・スタインベックが『チャーリーとの旅』を書いた時代には、ジョンも愛犬のチャーリーも訪れた町の違いを認識することができた。しかし今日、もし彼らをバーリントン・モールに連れて行って目隠しをし、ほかの町の——例えばオマハとかアトランタとかの——ショッピング・モールに移動して目隠しを外したら、これっぽっちも移動してないじゃないかと思うことだろう。

一〇〇倍に値上がりすることになったレビッツ・ファニチャー株に早い時期に出会えて以来（これは決して忘れられない経験だ）、私は小売株びいきである。小売業者は常に成功するわけではないが、少なくとも業況がどうなっているかチェックしやすいという魅力がある。また、チェーン店ならどこかの地域で実力を発揮し、ほかの地域に展開してさらに業績を伸ばすまで待って投資をしても遅くはない。

モールで働いている人には、インサイダー（内部者）ならではの強みがある。何が起こっているかを毎日観察できるうえに、どの店が流行っていてどの店がそうでないかを同僚からも聞き出すことができるからだ。最も有利なのは、賃料計算に使う月次売上高を知る立場にあるモールの管理職だろう。ギャップやリミテッドが毎月成功を収めていることを直接知っていながら、その株を買っていないショッピング・モール経営者がもしいるとしたら、その人はどうかしている。

リンチ家には、ショッピング・モール経営者の親戚はいない。もしいたら、週に三、四回は夕食に招いているだろう。だがそれに次ぐ立場の人、つまり買い物客なら身内にもいる。妻のキャロリンは、レジでの調査活動を以前ほどやってくれなくなったが（もっとも、彼女にはショッピングが黒帯級の友人が数名いる）、三人の娘たちがそれを補って余りある活躍をしてくれている。ただ、私はその優れた分析力にすぐに気づいたわけではなかった。

娘のアドバイスを無視して後悔した過去

二、三年ほど前のこと。次女のアニーからこんな質問を受けた。「クリアリー・カナディアンって、上場してるの?」。私の家では、この種の質問をすることが奨励されている。子どもたちがこの新しい炭酸飲料を気に入っていることは、私もすでに知っていた。冷蔵庫がクリアリー・カナディアンの瓶でいっぱいだったからだ。だが、私は宿題をやらなかった。S&Pのガイドブックで探したものの、上場会社のリストに名前がなかったことからすぐに忘れてしまったのだ。

その後、この会社はカナダの取引所に上場しており、S&Pのガイドブックにはまだ載っていなかったことが分かった。逃した魚は大きかった。クリアリー・カナディアンは一九九一年に株式を公開した後、株価が三ドルから二六ドル七五セントへとわずか一年でほぼ九倍になっていたのだ(その後、一五ドルに下がったが)。一〇年かかっていてもうれしい高リターンである。もちろん、これは私が九一年の「バロンズ」で推奨したどの銘柄よりも高い成績だった。

娘たちがレストランのチリズを勧めてくれたときも、私は無視してしまった。三人とも、この会社のロゴが入ったグリーンのスウエットをよくパジャマ代わりにしていたが、私はそれを見るたびに、あの子たちのアドバイスをもっと真剣に受け止めておけばよかったと悔やんだ。もし自分の子どもたちといっしょにショッピング・モールに行っていれば、すぐにギャップの店に連れて行かれ、一九八六年から九一年までの六年間で一〇〇〇%という高いリターンを生む銘柄に出会えたのに(九一年になってからギャップに連れて行かれても株価は一年で倍になっていたのに)、そういうことはせずに隣人の的外れなアドバイスに従って金鉱株や商業用不動産パートナーシップを買ってしまった——そういう親はたくさんいるのではないだろうか。

親というものは、自分の子どもは個性的だと考えたがる。しかし、帽子やTシャツ、わざとしわくちゃにしたジーンズなどについて言えば、彼らの好みはみな同じだ。だから長女のメアリーがギャップで洋服を買っていたら、たぶん、ほかの一〇代の子どもたちも全米各地のギャップの店で洋服を買っていると考えてよい。

メアリーがギャップを調査対象にしたのは一九九〇年の夏、新学期に着ていく服をバーリントン・モールの二階にある店で買ったときだった（ショッピング・モール・ウォッチングのベテランから一言。二階建てのモールでは、一番繁盛している店は二階にあるのが普通だ。最も流行っている、つまり最も儲かっている「たまり場」に行くまでに、できるだけ多くの買い物客ができるだけ多くの店の前を歩くようにするためだ）。ギャップがジーンズ店だったときには、メアリーはあまり評価していなかったが、ほかの何十万人という一〇代の子どもたちと同様に、同社のカラフルな新製品に惹かれていった。実は私はこの銘柄でも、チリズやクリアリー・カナディアンと同様に、強力な買いシグナルを見逃した。九二年には、もうこの過ちは繰り返すまいと固く心に決めた。

私はなぜこの銘柄を推奨したのか

クリスマスを間近に控えたある日、私は三人の娘をバーリントン・モールに連れて行った。「クリスマス・プレゼント旅行」なるもののためだったが、私にとっては銘柄調査旅行の比重が大きかった。

娘たちの好きな店に連れていってもらいたかったのだ。過去の経験に照らして言えば、これは手に入れられる限りで最も信頼できる買いシグナルになる。ギャップはいつものように混んでいた。しかし、彼女たちが真っ先に向かったのはボディショップだった。

ボディショップはバナナやナッツ類、各種の果物などから作ったローションやバスオイルを販売している。蜜蝋入りのマスカラ、キウイフルーツのリップクリーム、ニンジンのモイスチャークリーム、オーキッドオイルのクレンジング・ミルク、ラズベリー・リップルのローション、海藻エキス入りのシャンプー、さらには泥のシャンプーなどというもっとミステリアスな商品も売っている。私は、泥のシャンプーなるものを買おうと思わないが、買う人がきっと大勢いたのだろう。店は買い物客でごった返していた。

実際、ボディショップはギャップやネイチャー・カンパニー（訳注：教育玩具や理科教材を扱う小売チェーン）とともに、モールの中で最大級の混雑を見せていた。目の子算ではあるが、ボディショップとネイチャー・カンパニーの売り場面積は合計で三〇〇〇平方フィートぐらいだが、一〇万平方フィートの売り場が閑散としているシアーズと同じくらいの売り上げを計上しているように見えた。

子どもたちがバナナのバスオイルをレジに運んでいく様子を見ながら、私はフィデリティの若手アナリスト、モニカ・カルマンソンが一九九〇年のある週のミーティングでボディショップを推奨していたことを思い出した。また、かつてフィデリティの文献管理部門のトップとして三〇人の部下を従えていたキャシー・スティーブンソンが、給料は高いがとにかくきついあの仕事を辞め、自己資金でボディショップのフランチャイズ店を立ち上げたことも思い出した。

私は店員の一人に、ひょっとしたらこのお店のオーナーはスティーブンソンさんですかと尋ねてみた。その通りだが今日は来ていないというので、リンチが話をしたがっていることを伝えてもらうように頼んだ。

店内には若くて熱心な販売員が少なくとも一〇人以上詰めており、しっかり運営されているように見えた。私たちは、立派なサラダが作れそうな原料でできたシャンプーやボディソープをいくつも買ってこの店を後にした。

オフィスに戻って、私が辞めた日のマゼランの保有銘柄リスト（私が住む町の電話帳の二倍くらいの厚みがある）にボディショップが載っていないかどうか調べてみた。これによると、しゃくな話だが、私はこの株を一九八九年に買っていながらすっかり忘れていた。その後の展開を追いかけられるように「とりあえず購入」した銘柄のひとつだったのに、追いかけることを失念していたのだ。もしショッピング・モールでこの店を見かける前に、ボディショップは車の修理工場のチェーンだと誰かに言われていたら、私はそのまま信じてしまっただろう。一四〇〇もの銘柄を追いかけようとすると、健忘症もいくらか始まってしまうようだ。

複数の証券会社のアナリスト・リポートを読んで、私はこの銘柄のストーリーを把握した。ボディショップは、大望を抱いた主婦アニータ・ロディックが立ち上げた英国企業だ。夫が出張で留守がちだった彼女は、ソープオペラを見たりエアロビクス教室に通ったりするのではなく、自宅のガレージで化粧品を作り始めた。この化粧品がたいそう評判になったので、近所で販売するようになり、時をおかずに本格的な事業へと成長を遂げた。一九八四年には一株5ペンス（約一〇セント）で株式も公開した。

細々と始められたこの事業は程なく、果物やサラダを化粧品に利用することに力を注ぐ国際的なフランチャイズ・ネットワーク企業へと大変身を遂げた。二度の急落(ブラック・マンデーのときと、イラクのクウェート侵攻のときに半値になった)にもかかわらず、5ペンスだった株価は六年間で362ペンスに上昇した。IPOで買った創業者の友人たちは、七〇倍を超えるリターンを手にしたことになる。ボディショップ株はロンドン証券取引所で取引されているが、米国でもほとんどの証券会社で売買が可能だ。

同社は、セレスティアル・シーズニングスやベン・アンド・ジェリーのように社会問題への意識が高い企業でもある。天然の原料を頼りにしたり(この中には、アマゾンの先住民カヤポ族が熱帯雨林から抽出しているものもある。この仕事がなかったら、彼らは生計を立てるために森林を伐採していたかもしれない)、広告を敬遠したり、地域活動に参加するための有給休暇を全従業員に週一日のペースで付与したり、美容ではなく健康を奨励したり(そもそも、私たちの何割が美しくなれるのだろうか?)、買い物袋をリサイクルしたり、化粧品を計り売りしたり、その化粧品を詰める使用済みの容器が持ち込まれるたびに二五セントを払ったりしている。

ボディショップはおカネ以外のことに力を入れているが、そのせいでフランチャイズ店が大儲けできなくなっているわけではない。キャシー・スティーブンソン氏の話によれば、フランチャイズのオーナーは一年目から黒字が期待できる。彼女のバーリントンの店は非常に好調なので、ハーバード・スクエアにも出店する準備を進めているそうだ。景気後退の最中であるにもかかわらず、である。

ボディショップは一九九一年、景気後退にもめげず既存店売上高（全世界ベース）を増加させた（既存店売上高は、小売業を分析する際に重要な指標のひとつである）。同社のシャンプーやローションの価格は、ディスカウント・ショップで売られているものより高く設定されているが、専門店や百貨店で販売されているものよりは低い。価格面の「ニッチ（すき間）」を突いているのだ。

この銘柄のストーリーで最も好ましいのは、事業の拡大がまだ初期段階だったことと、事業のアイデアが全世界にアピールするように思われたことだった。ボディショップの人口当たりの店舗数が最も多い国はカナダだった。同社はカナダで九二店を展開しており、売り場面積当たりの売上高がカナダで最も多い小売業者にもなっていた。

一方、日本には一店しかなく、ドイツも一店だけで、米国も七〇店にとどまっていた。人口が米国の一〇分の一であるカナダで九二店の商売が成り立つのであれば、米国では少なくとも九二〇店の商売が成り立つのではと思われた。

同社はその後も成長を続けたが、その歩みは注意深く慎重だった。事業の拡大ペースが速すぎる小売業者は避けたほうがいい。その拡大の原資が借入金であるときは特にそうだ。ボディショップはフランチャイズ方式を取っており、フランチャイジー（加盟店）の資金で事業を広げることができた。

同社が注意深く慎重なアプローチを取っていることは、キャシー・スティーブンソン氏が教えてくれた。彼女は同社の店を上手く経営できることをバーリントンの店ですでに証明していたが、ハーバード・スクエアに二店目を出すことを許可される前に、その店舗の視察と彼女の成績のチェックのために取締役会の会長がはるばる英国からやって来たそうだ。ボディショップが自分の資金を投じるのであれば、これはそれほどすごい話ではない。しかし、資金を出すのはフランチャイジーのスティーブンソン氏だった。それでも、二店目の出店は自動的には許可されなかったのだ。

私がボディショップの店のオーナーを知っていたことは、まさに幸運だった。だが、この会社に対する同様な印象は、どこかの店を訪れれば誰でも感じ取ることができただろうし、経営指標などのデータも、年次や四半期の報告書で誰でも見ることができた。ポーカー仲間に「ボディショップに行ってきた」と話したところ、「うちの妻と娘も大好きでねぇ」という答えが返ってきた。四五歳と一三歳の女性が同じ店に夢中になっているとなれば、これはもう、調査を始めるしかない。

既存店売上高はオーケー。事業拡張計画も現実的なようだ。バランスシートは良好で、利益は年二〇～三〇％のペースで伸びている。難点はないのか。あった。S&Pによる一九九二年予想ベースのPERが四二倍に達しているのだ。

成長株とはいえ、翌年度の予想利益の四〇倍という株価は危険なほどの高水準である。度を越している場合がほとんどだ。おおざっぱに言えば、PERはその企業の成長率(毎年の利益の増加率)以下であるべきだ。トップクラスの高成長を遂げている企業でさえ、成長率が二五％を上回ることはまれだから、四〇％となればめったにない。そんな高い成長率は長期間維持できないし、あまりにも速い成長を遂げた企業は自滅してしまうことが多い。

ボディショップを調査対象にしていた二名のアナリストは、三〇％の成長が向こう二、三年続くだろうと予測していた。ということは、三〇％で成長する可能性のある銘柄がPER四〇倍で売られていることになる。理論的にはそれほど魅力のある数字ではないが、そのときの株式市場を考えるとそれほど悪い値にも見えなかった。

私がこの銘柄を調査していた当時、Ｓ＆Ｐ五〇〇全体のＰＥＲは二三倍で、コカ・コーラのそれが三〇倍だった。成長率が一五％のコカ・コーラがＰＥＲ三〇倍で売られていて、成長率が三〇％のボディショップがＰＥＲ四〇倍で売られていたら、私は後者を選ぶだろう。ＰＥＲが高くても利益の成長率が高ければ、最終的には、ＰＥＲは低いが利益の成長率も低い銘柄を上回る値上がり率を記録することになるのだ。

最大の問題は、ボディショップが二五～三〇％という成長率を長期間持続し、ＰＥＲの高い今の株価に「追いつく」ことができるか、というものだった。言うは易く行うは難しというが、私自身は、新しい市場に食い込んでいく力が立証済みであることと世界的な人気の高さに感銘を受けていた。同社は、ほぼ設立当初から国際的な企業だった。六大陸に自ら進出していたし、それも単に表面をなぞったわけではなかった。すべてが計画通りに進めば、ボディショップは数千もの店を擁する可能性がある。株価だって、さらに七〇〇〇％上昇するかもしれない。

私が「バロンズ」でこの銘柄への支持を公にする決め手になったのは、ほかの企業には見られないグローバルな側面だった。唯一のおすすめ銘柄だとまで言うつもりはなかったし、予想利益に比べて割高なだけにわずかな間違いでもダメージが大きくなることは分かっていた。いい会社だがこの株価ではちょっと尻込みしてしまうというときは、とりあえず少し買っておき、次に下落した場面で買い増すというのが最も優れた対処法になる。

値上がりした銘柄の売り時はいつか

ボディショップであれ、ウォルマートであれ、トイザらスであれ、高成長の小売株で最も魅力的なのは、投資家を待ってくれることである。すべてが明らかになるのを見届けてから投資に踏み切ればよいということだ。ボディショップのローションの発明者が自宅のガレージで試験を繰り返しているようなときに、慌ててこの銘柄を買う必要はない。イングランドでのボディショップの店舗数が一〇〇店に達しても、世界全体の店舗数が三〇〇店とか四〇〇店に達しても、そこで買う必要はない。私のように、IPOの八年後に娘にショッピング・モールに連れて行かれてから、まだ自明とは言い切れなかったアイデアに基づいて買ったとしても、遅すぎるということはなかったのだ。

すでに一〇倍とか五〇倍に値上がりしてしまった銘柄が、そこからさらに値上がりするはずがない——そんなことを言う人がもし近くにいたら、ウォルマートの株価チャートを見せてやればいい。ウォルマートは今から二三年前の一九七〇年に株式を公開した。店舗数は三八店で、そのほとんどがアーカンソー州にあった。公開五年後の七五年、店舗数は一〇四店に増え、株価は四倍に上昇していた。そして公開一〇年後の八〇年には、店舗数は二七六店で、株価は二〇倍近くに値上がりしていたのだ。

同社の創業者で先ごろ他界したサム・ウォルトン氏の故郷、アーカンソー州ベントンビルの住民の中には、最初のチャンスで同社に資金を投じ、これを一〇年で二〇倍に増やした幸運な人がたくさんいた。彼らはそこでウォルマート株を手放すべきだったのか。欲張らずに売却し、そのお金でコンピューターを買うべきだったのか。利益を得ることは良いことだと思っているのなら、答えはノーだ。

株券は誰が自分の持ち主かを気にかけないし、自分は強欲な人間なのだろうかという問題には、退職貯蓄勘定ではなく教会かカウンセリングで対処するのが一番だ。

分析すべき重要な問題は、ウォルマート株が強欲な株主を罰するか否かではなく、同社の市場が飽和状態になっているか否かだった。そして、その答えは実にシンプルだった。株価と純利益があれほど伸びた一九七〇年代でさえ、ウォルマートの店舗はまだ、全米の一五％をカバーするにすぎなかった。同社はまだ、残る八五％で成長する可能性を残していたのである。

ウォルマート株は一九八〇年になってからでも買えた。株式公開から一〇年が経過して株価が二〇倍の上昇を果たした後でも、そしてサム・ウォルトンがピックアップ・トラックを運転する億万長者として有名になった後でも買えた。株価は八〇年から九〇年にかけて三〇倍になり、九一年だけでさらに六〇％上昇した。つまり、一一年で五〇倍になった。株式公開時からウォルマート株を持ち続けている株主から見るなら、一〇年で二〇倍になったものが次の一一年でさらに五〇倍になったのだ。ここまで来れば、仮に強欲だったとしても、カウンセリングに行くお金には困らない。

小売業者やレストラン・チェーンの場合、利益の水準と株価を押し上げる成長は主に事業規模の拡大からもたらされる。既存店売上高（この数字は、年次報告書や四半期の報告書に書かれている）が伸びている限り、過大な債務を抱えていない限り、そして株主向けの報告書に書かれた事業拡張計画通りに事が進んでいる限り、その株を持ち続ければ普通は利益を手にすることができる。

第9章 ■ 誰でも分かる外食株を買う基準を授けよう

一九九二年には外食株をひとつも推奨しなかったが、これは間違いだった。最近は空港やショッピング・モール、有料道路の出口のそばなどに新しいレストランが次々に姿を現しているように思われるからだ。ファスト・フードが自動車のアクセサリーのひとつになり、人々が昼食を、朝食を、さらには夕食までも車での移動中に食べるようになった六〇年代以降、レストラン・チェーンは大変な成長企業になっている。新しい企業が次々に登場しては、それまで成功してきた企業を脇に追いやっている。

私は一九六六年、つまりフィデリティのアナリストになってまだ間もないころからレストラン・チェーンの潜在力を認識しており、最初に目をつけた会社のひとつが、あのケンタッキーフライドチキン(KFC)だった。KFCが生まれたのは、新しいハイウエーができたせいで車の流れが変わり、カーネル・サンダースの経営するレストランに客が来なくなったことがきっかけだった。破産寸前に追い込まれた当時六六歳のサンダースは、立地の良いレストランにチキンのレシピを伝授し、その売り上げに応じてロイヤルティを受け取るというビジネスを思いつき、おんぼろのキャデラックで旅をしながらこのアイデアを売り込んだという。もっとも、そのときの服装は後にトレードマークになった白のダブルではなく、ダークスーツだったらしい。

ＫＦＣは一九六五年に株を公開した。それ以前にも、マサチューセッツ州のダンキン・ドーナツが株を公開していたし（ダンキンはそれ以降、三二年間増益を続けている）、高速道路のインターチェンジの近くに出店するレストランの草分けだったハワード・ジョンソンの株も、六一年からニューヨーク証券取引所で売買されていた。中西部で有名なボブ・エバンス・ファームズは六三年に公開に踏み切り、六〇年代半ばにはマクドナルドやショーニーズも株式市場にデビューしていた。これらのレストラン・チェーンがとても儲かっていることを自分の目で見ることができた何十万人もの人々には、その観察結果から利益を得るチャンスがあったのだ。

その当時、ウォール街はこういった外食株を軽視していた。ニフティ・フィフティと呼ばれる有名な銘柄群（大半が当時のハイテク株で、株価もかなり割高だった）に、ドーナツ店やハンバーガー・レストランが張り合えるはずがないと思っていた。ところが、ショーニーズの株価は一六八倍になり（22セントから上昇し、株式分割調整後ベースで36ドル7／8の高値をつけた）、ボブ・エバンス・ファームズも八三倍になり、マクドナルドに至っては四〇〇倍に跳ね上がった。ハワード・ジョンソンも、非公開化されるまでに四〇倍に値上がりしたし、ＫＦＣも、ペプシコに買収されたときには二七・五倍に値上がりしていた。

これらの五銘柄に、つまり自分が通っていたレストランの会社に一万ドル投資していたら、一九八〇年代末までには少なくとも二百万長者になっていただろうし、一万ドルをすべてマクドナルドに投じていたら四百万長者になっていただろう。このマクドナルド株は、現代史上で最も大きな利益をもたらした銘柄のひとつである。これは同社の海外展開もさることながら、栄誉に浴しても満足せず、メニューの見直しを常に進めてきた賜物だ。

外食株には勝つ方程式がある

外食産業にはハンバーガー・レストラン、カフェテリア(ルービーズ、モリソンズ)、ファミリー・ステーキ・レストラン(ポンデローザ、ボナンザ)、ファミリー・レストラン(デニーズ、ショーニーズ)、アイスクリームの店、ヨーグルトの店、外国料理レストラン、コーヒー・バー、ピザパーラー、バイキング・レストランなどいろいろな業態があるが、株式市場ではそれぞれの業態で一社ないしは二社が圧倒的な勝者になっている。これらは全米に店舗を展開しているから、どこがしっかり運営されて流行っているか、どこが廃れて時代遅れになっているか、どこが飽和状態に達したか、どこにまだ成長の余地が残っているかといったことは、誰でも分かるようになっている。

ベビーブーマーたちが運転免許を取り、自分の車の中で昼食を取り始めた一九六〇年代にこうした外食株への投資ができなかったとしても、七〇年代に入ってから登場した銘柄を買えば、遅れを取り戻すことができた。インターナショナル・デイリー・クイーン、ウェンディーズ、ルービーズ、タコ・ベル、ピザ・ハット、ジェリコ(ロング・ジョン・シルバーが登場してきたころにそのフランチャイジーだった企業)などがそれにあたる。特に、業績が良好なフランチャイズ・チェーンの株価がとても安かった一九七二年の弱気相場で買っていれば、その投資成績はとりわけ高いものになっていただろう。この相場では、お粗末な四半期決算を発表したことのなかったタコ・ベルでさえ株価が1ドルに下落したが、その後40ドルに急回復し、ペプシコに買収された。ペプシコは、自社のソフトドリンクの売り上げに寄与する食品会社を傘下に置きたいと思っているのだ。

一九八〇年代なら、人気のギフトショップとおいしいシーフードやビスケットで知られるクラッカー・バレル、八四年に株式を公開したのに私が愚かにも無視してしまったチリズ、スバーロ(八五年公開)、ライアンズ・ファミリー・ステーキ・ハウス(八二年)、ウノ・レストラン(八七年)などに目がとまったかもしれない。チチズも高いリターンをもたらした銘柄だった(最終的には買収されたが)。

小さな町で成功し、やがて全米の胃袋と財布をつかむ規模にまで成長したという企業は、米国内のどの地域からも誕生している。ルービーズ、ライアンズ、チリズは南東部、マクドナルドは中西部、チチズとインターナショナル・デイリー・クイーンはミネアポリス、スバーロはニューヨーク、ダンキン・ドーナツはニュー・イングランド、ショーニーズとクラッカー・バレルは南部、シズラーとタコ・ベルは西部といった具合だ。

レストラン・チェーンは小売店と同様に、急成長を遂げる期間が一五~二〇年ある。熾烈な競争が繰り広げられていると一般には思われているが、実は電子部品メーカーや靴メーカーとは違い、創業間もないレストラン会社は競争から守られている。例えば、ニューヨークにおいしいフィッシュ・アンド・チップスを出すチェーンがあるときに、カリフォルニアに新しいフィッシュ・アンド・チップスのレストラン・チェーンができたとして、ニューヨークのチェーンはカリフォルニアのチェーンにどの程度の影響を及ぼすだろうか。答えは「ゼロ」だ。

また、レストラン・チェーンは全米展開には長い時間がかかるものの、外国からの競争にはさらされていない。デニーズもピザ・ハットも、韓国からの安価な輸入品について心配する必要がないのだ。

この業界における勝敗の分かれ目は、やはり有能な経営陣の存在と適切な資金調達の実施、そして事業拡大に対する秩序だったアプローチの三点である。「ゆっくりと着実に」ではインディ五〇〇は勝てないだろうが、この種のレースではそういうやり方が勝利をもたらす。

その意味で参考になるのは、チリズとファドラッカーズという二つのハンバーガー・チェーンの事例である。どちらも創業はテキサス州(チリズはダラス、ファドラッカーズはサンアントニオ)で、いわゆるグルメバーガーを提供している。チリズではテーブルに料理が運ばれてくるが、ファドラッカーズは自分で運ぶカフェテリア方式だという違いはあるものの、どちらも店内は快適だ。ところが、一方は有名になって破綻し、もう一方は有名になったうえに繁栄した。なぜか。

それは、ハンバーガーが流行らなくなるにつれてチリズがメニューの多角化を推進した一方で、ファドラッカーズがハンバーガーに固執したせいでもある。だが両社の運命を分けた最大のポイントは、やはりファドラッカーズの事業拡大ペースが速すぎたことにある。一年間に一〇〇店以上の店を新たに出そうとすれば、問題が生じる可能性は高くなる。出店場所を間違えたり、適任でないマネジャーを雇ってしまったり、高すぎる賃料を払ったり、従業員の教育が行き届かなかったりすることがあるのだ。

ファドラッカーズはこの罠にはまり、フレーキー・ジェイクやウィナーズなど、事業拡大を焦ったために失敗したほかの企業と同じ道をたどることとなった。一方でチリズは、年当たり三〇～三五店という適度な出店ペースを維持した。ステーキ・アンド・エールやベニガンズといったチェーンを立ち上げたことでも知られる経験豊富なノーマン・ブリンカー氏のもと、チリズは売上高と純利益を着実に伸ばしている。チリズによれば、店舗数は一九九六～九八年には四〇〇～四五〇店に達する見通しで、そのころには売上高も一〇億ドルの大台に乗せたいとしている。

成長率、債務、既存店売上高に目を配れ

レストラン・チェーンが利益を増やす方法はいくつかある。まず、チリズがやっているように店舗数を増やすことや、ウエンディーズがやったように既存店の運営を改善することがあげられる。低価格の食事ながら顧客の回転を高めて利益をあげるところもあれば(クラッカー・バレル、ショーニーズ、マクドナルドなど)、顧客の回転は高くないが高価格の食事を出すことで利益をあげるところもある(最近の例で言うなら、アウトバック・ステーキハウスやチャート・ハウス)。食べ物が稼ぎ頭のところもあれば、ギフトショップが稼ぎ頭のところもある(クラッカー・バレル)。安価な原材料を使うために利益率が高いというところもあれば(スパゲティ・ウェアハウス)、運営コストが低いために利益率が高いというところもある。

レストラン会社が赤字を出さないためには、少なくとも、事業に投じた資本と等しい額の売上高を計上しなければならない。それができていたら、その後は小売業者と同じように分析していけばよい。

重要なポイントは成長率、債務、既存店売上高だ。既存店売上高は四半期ごとに伸びていくのが望ましい。成長率は高すぎてはいけない。年間の新規出店数が一〇〇を超えたりしたら、その会社は危険地帯に足を踏み込んでいる恐れがある。債務は少額が、できればゼロが望ましい。

カリフォルニア州のモンゴメリー証券はレストラン業界全体を定期的にフォローし、非常に優れたリポートを刊行している。その最新の分析によれば、マクドナルドやウェンディーズといったハンバーガー・チェーンは、店舗が多すぎるためにかえって苦しんでいるうえに（米国では上位五社が計二万四〇〇〇もの店舗を展開している）、ベビーブーム世代はファスト・フード離れを起こしている。そのためオー・ボン・パンやスパゲティ・ウェアハウスといったニッチなレストラン、そして多彩なメニューを提供する中価格帯のファミリー・レストランが勢いを増しているという。

モンゴメリー証券は一九九一年の初めにレストラン・チェーン数社への投資を推奨していた。もしこのリストの上位八社の株をその時点で買っていたら、この年の一二月までには資金を二倍に増やすことができただろう。この八銘柄の名前は次の通りである。

ベルトゥッチ
クラッカー・バレル
ブリンカー・インターナショナル（チリズ）
スパゲティ・ウェアハウス
ショーニーズ

ラリーズ
アップルビーズ
アウトバック・ステーキハウス

この中には、本稿執筆時点でPERが三〇倍を超えているものがある。それらは割高かもしれないが、フォローし続ける価値はある。米国のレストラン業界全体の成長率は年四%でしかなく、程なく成長しない産業になってしまうだろう。しかし、強固なバランスシートと卓越した店舗運営を続けるレストランは、これまでと同様に今後も繁栄するだろう。米国人が食事の半分を自宅以外の場所で取り続けてくれる限り、読者の近所やショッピング・モールのフードコートなどにも二〇倍株《トウェンティ・バガー》の店が姿を現すだろうし、めざとい人ならそれをちゃんと見つけ出せるだろう。

私が見つけ出したのはオー・ボン・パンだ。場所はもちろん、あのバーリントン・モールである。同社は一九七七年、私の住む町に近いボストンに設立され、九一年に株式を公開した。そのときの株価は10ドルだった。私はこの社名を正確には発音できないものの、店のコンセプトが優れていることは分かる。空港やショッピング・モールのフードコートで見かけたことがあるかもしれないが、クロワッサンとコーヒーを出す店で、フランス的な感受性と米国式の効率性が組み合わされている。

朝食にはプレーンのクロワッサン、昼食にはハムとチーズを挟んだクロワッサン、デザートにはチョコレートを詰めたクロワッサンを注文することができ、いずれも三分以内に手渡してくれる。クロワッサンは、生地から形を作るところまでをひとつの工場で行い、これを各店舗に送ってから発酵させてオーブンで焼く。そのため、焼きたての温かいクロワッサンを食べることができる。

オー・ボン・パンは先日、新鮮なオレンジジュースとフルーツ・サラダの提供を始めた。ベーグルの新製品の提供も予定しているという。最新のコンピューター・チップと最新のベーグル、どちらに投資するか選べと言われたら、私は迷わずベーグルを取る。

一九九二年の初めにかけてオー・ボン・パンの株価は二倍になり、PERも四〇倍に達した（九二年予想利益ベース）。そのため、私はこの銘柄の推奨を見送った。ところがその九カ月後、株価は14ドルに下がり、九三年予想利益ベースのPERも二〇倍を下回った。二五％の増益を記録している株がPER二〇倍で売られていたら、これは「買い」だ。もしさらに値下がりしたら、私なら買い増すだろう。この会社は景気後退の最中でも好業績をあげており、長い間市場の飽和に直面することなく成長し続ける力を秘めている。海外展開する可能性も大いにある。

第10章■不動産市場が急落したら、家具店や園芸店に目を向けろ

静かで快適な場所をあれこれ掘り返すだけでは、書斎のイスにふんぞり返ってあれこれ推理をめぐらせるのと同じで、たいした成果は得られないかもしれない。成果を得たいと思うなら、ほかの投資家、特にファンド・マネジャーが足を踏み入れたがらない分野に分け入って投資をする必要がある。

一九九一年も暮れようかというころ、最も恐れられていた分野は住宅・不動産関連の市場だった。不動産はもう二年あまり、米国で最も恐れられる問題になっていた。商業用不動産市場の急落は誰もが知るところとなり、居住用不動産市場にも波及するとうわさされていた。住宅価格が急落すると言われたために、売り急ぐ動きも見られた。

私の自宅の近所でも投げ売りが見られるようになった。「売り物件」と書かれた看板があちこちに立てられた。この看板がマサチューセッツ州の新しい「州の花」なのかと思ってしまうほどだった。まともな引き合いがなかなか来ないことに売り主たちはいらだち、あきらめて看板を下ろしていっ

た。二、三年前の相場より三割も四割も低い価格を提示されたとこぼしていた。立派なお屋敷が立ち並ぶ地区に住んでいれば、一大不動産バブルがはじけた状況証拠をたくさん見ることができた。

そうしたお屋敷の持ち主は新聞の編集者、テレビに出てくる評論家、ウォール街のファンド・マネジャーなどだったから、新聞の一面や夜のニュースで不動産市場の急落が大きく取り上げられる理由はすぐに見当がつく。報道の多くは商業用不動産の価格急落に関するものだったが、見出しからは「商業用」の文字が外されており、あらゆる不動産がすぐに無価値になってしまうかのような印象を与えることになった。

そんなある日、新聞の片隅にある小さな記事が私の目にとまった。全米不動産協会(NAR)の調べによれば、住宅価格のメジアン(中央値)が上昇している。このデータは同団体が発表し始めた一九六八年から毎年上昇しているが、八九年も九〇年も九一年も上昇していた、というのだ。

実は、最も恐ろしい分野に足を踏み入れることをいとわない投資家を大いに慰め、励ましてくれる隠れた事実はたくさんあり、住宅価格のメジアンはそのひとつにすぎない。これ以外にも、全米住宅建設業者協会(NAHB)が算出している「アフォーダビリティ・インデックス(訳注:住宅取得の容易さを示す指数)」や、住宅ローンの何%がデフォルト(債務不履行)になっているかといったデータが、そのような事実としてあげられる。

声高に語られる話とは全く異なることを隠れた事実が物語っている――そういう事例を、私はここ数年いくつか見てきた。そういうときにはしばらく待ち、特定の業界がいよいよ最悪の事態になったとの見方が広がったところでその業界の最強企業の株を買う、というテクニックが有効だ。

（もっとも、これは誰がやっても失敗しない類いのテクニックではない。例えば石油・ガス採掘業界では一九八四年、状況はもうこれ以上悪くならないと言われていたが、その後さらに悪化している。状況が改善することが隠れた事実によって示されるまでは、ひどい目に遭っている企業に投資をするべきではない）。

バーゲン・ハンターより早く探し出せ

住宅価格のメジアンが一九九〇年も九一年も上昇しているというニュースはほとんど広がらなかったため、私が「バロンズ」の座談会で取り上げたときも、みな信じられないといった顔つきだった。また、金利が低下したおかげで、アフォーダビリティ・インデックスで示される住宅取得の容易さは一〇数年ぶりの水準になっていた。この指数があまり好調だったため、景気後退が永遠に続くのでなければ住宅市場の改善は間違いないと思われた。

ただ、隠れた事実が明るい兆候を示してはいたものの、影響力を持つ人の多くはまだ不動産価格の急落を懸念していたし、住宅建設や住宅金融に多少なりとも関係のある企業の株価には、そうした悲観的な見方が反映されていた。私は一九九一年一〇月、トール・ブラザーズについて調べてみた。有名な住宅建設会社で、私のポートフォリオや日誌にも時々登場する銘柄だ。案の定、株価は12ドル5／8から2ドル3／8に下がっていた。これでは五倍株《ファイブバガー》どころか五分の一株だ。この株を売った人の多くは、きっとお屋敷を持っていたに違いない。

私はこの銘柄の調査をさらに進めることにした。厳しい時期をしのぐ財務力を持ったある銘柄だと記憶していたからだ。優秀なファンド・マネジャーのケン・ヒーブナー氏は数年前にこの会社を推奨してくれた際、その事業がいかに優れているかを教えてくれた。フィデリティの同僚のアラン・ライファーも、エレベーターの中で同じ話をしてくれていた。

トール・ブラザーズは厳密に言えば住宅建設会社であり、不動産開発業者ではなかったから、不動産投機に手を染めて自己資金を危険にさらすことはなかった。そのため私は、資金に余裕のないライバルの多くが撤退すれば、景気後退が終わった後、この会社は住宅建設市場でシェアを拡大するだろうと考えた。長期的には、足元の不況が追い風になるだろうと踏んだのだ。

では、なぜ株価は五分の一になったのか。私はその答えを見つけるべく、同社の最近の報告書を手に取った。すると、債務は二八〇〇万ドル減少しており、現預金は二二〇〇万ドル増えていた。つまり、この苦境にあってもバランスシートは改善していた。受注も同様だった。足元の住宅新築の受注残高は二年分の売上高に相当する額だった。どちらかと言えば、同社は仕事を抱えすぎているほどだった。

すでにいくつかの新しい市場にも進出していたし、景気が回復すればその恩恵を享受できる状況にあった。これなら、住宅市場が大変な好況にならなくても、記録的な業績を達成できる。

借入金が非常に少なく、二年間も忙しく過ごせる受注残高を抱えている、ライバル企業は次々に脱落しており、株価は一九九一年の高値の五分の一でしかない——こんな銘柄を見つけた私がどれほど胸を躍らせたか、本書の読者ならきっと想像できるだろう。

一九九一年一〇月、私は翌年一月の「バロンズ」の座談会で披露する推奨リストのトップにトール・

ブラザーズを据えた。ところがそれから間もなく、株価は一気に8ドルに上昇した。座談会が開かれるころには12ドルに達した。年末特有のアノマリー（訳注：理論では説明できないが規則的に観察される、株価の独特な動きのこと）での利益獲得を狙う人ならきっと、「行動は迅速に！」と言うだろう。最近の株式市場では、掘り出し物があってもすぐに見つけられてしまう。バーゲン・ハンターたちが群がってしまったら、もうそれは掘り出し物ではない。

値上がりしそうな銘柄が秋の間に税金対策の売り注文に押されて下落していたため、その二カ月後の「バロンズ」で推奨しようと思ったら、あっという間に値上がりしてしまい紹介できなかった――そういうことが私には何度かあった。例えば一九九一年には、グッド・ガイズという家電販売チェーンの株が一月一四日（私が「バロンズ」の座談会でこの銘柄を推奨した日）から一月二一日（その内容を載せた雑誌が店頭に並ぶはずだった日）にかけて急騰したことがあった。編集者と私はこの事態を受けて一月一九日に話し合いをし、この銘柄を記事から削除することにした。

もちろん、一九九一年の秋にトール・ブラザーズがお買い得だったことを見抜いた投資家は私だけではなかった。私は、自分が雑誌で紹介する前にこの銘柄を発見されたことにいらだちながらも、ほかの銘柄に目を向けた。実態より深刻にとらえられている不動産市場危機からもっと巧みに利益を得るのではないか、と考えられるほかの企業に注目したのだ。最初に頭に浮かんだのはピア・ワン・インポーツだった。

推奨銘柄1：ピア・ワン・インポーツ

新築であれ中古であれ、家を買ってそこに引っ越せば新しい照明器具や間仕切り、食器類や食器棚、敷きもの、カーテン、置物などが(場合によっては籐の家具も)必要になる。ピア・ワンはその手のあらゆる商品を、予算にゆとりのない顧客でも手の届く価格で販売していた、当然ながら、私はマゼランを運用していたときにこの銘柄を持っていた。一九六六年にタンディから分離された事業部門で、極東の雰囲気を漂わせたこの家具販売店の良さを私に教えてくれたのは、妻のキャロリンだった。彼女はボストン郊外のノースショア・ショッピング・センターの端にあった同社の店舗をぶらぶら見て歩くのが好きだったのだ。この銘柄は七〇年代に高成長を遂げた後息切れし、八〇年代に入ってもう一度値をとばした。この再興期に株を買った投資家は利益を手にしたものの、株価は八七年のブラック・マンデーで14ドルから4ドルに下落してしまった。その後は12ドルまで戻したものの、サダム・フセインによるクウェート侵攻を背景にした相場急落(フセイン・ショック)が打撃となり、再び3ドルにまで落ち込んだ。

私が三度目にこの銘柄に注目したとき、株価は10ドルまで上昇してから7ドルに下がったところだった。7ドルなら割安かもしれない、住宅市場が回復する可能性に照らせば特にそうだ、と考えた。そこで自分の記憶をリフレッシュすべく、保存してあったピア・ワンの資料をひもといた。この会社は景気後退でダメージを受けるまで、一二年連続で好業績を記録していた。一時期は株の五八％をインターマークというコングロマリットが所有していた。同社は、一株16ドルで譲ってほしいという申し出を蹴るほどピア・ワンを評価していたと伝えられる。一株20ドルを要求したとのうわさもあったが、後に資金繰りが苦しくなり、すべてのピア・ワン株を一株7ドルで売らざるを得なくなった。インターマークは結局破綻した。

インターマークによる大量保有がなくなったことで、ピア・ワンの先行きは明るくなった。私はピア・ワンのクラーク・ジョンソンCEOと一九九一年の九月に会い、翌九二年の一月八日に再度話をした。ジョンソン氏は明るい材料をいくつか披露してくれた。具体的には、㈠九一年は非常に厳しい環境ながら黒字を確保した、㈡年当たり二五～四〇店の新規出店を行っている、㈢米国内の店舗数はまだ五〇〇にすぎず、飽和状態にはほど遠い、とのことだった。さらに、九一年には二五の新規出店を行ったにもかかわらず、経費の節減に成功した。コスト削減に取り組んだことにより、利益率も改善し続けたという。

頼りになる例の指標「既存店売上高」については、景気後退の打撃が最も大きかった地域では九％減ったものの、それ以外の地域では増加したとのことだった。景気後退時に既存店売上高が減ることは珍しくないため、私はこの報告をまずまず良好な内容だと受け止めた。小売業界全体が好調なときに既存店売上高が減っていたら私はもっと心配しただろうが、今回はそうではなかった。

私は、小売業者を分析するときはいつでも、すでに論じた指標などに加えて在庫にも目を向けるようにしている。在庫が通常の水準を超えて増加することは、経営陣が販売不振を隠そうとしているのかもしれないという警告に相当する。最終的には、そういう会社は問題があることを認め、売れ残った商品の評価減を強いられるだろう。ピア・ワンでも在庫は増加していたが、これは二五の新店舗の棚を埋めるためだった。この部分を除けば、在庫の水準は容認できるものだった。

このように、ピア・ワンは伸びしろの大きな高成長企業だった。コストを削減していて利益率は上昇していたし、不振の年でも黒字を確保していた。配当金も五年連続で増やしており、住宅関連というこれから改善しそうな市場の一角で事業を展開していた。キャロリンの友人の多くはこの会社をとても気に入っていた。さらに、サンベルト・ナーサリーというボーナスもあった。

ピア・ワンは一九九一年、子会社の芝生・園芸用品店サンベルト・ナーサリーの株式を公開し、その五〇・五%を売り出した。そこで得た代金三一〇〇万ドルのうち二一〇〇万ドルは債務の圧縮に使い、残る一〇〇〇万ドルはサンベルトの店舗改装と事業拡張の費用の一部に充てた。この取引も手伝って、ピア・ワンの債務は九一年に八〇〇〇万ドル減って約一億ドルとなった。バランスシートが強化されたことから、同社がすぐに倒産する危険性はほとんどなくなった(景気後退期には、多額の債務を抱える小売業者が経営破綻することがよくある)。

三一〇〇万ドルという売却代金は、ピア・ワンが一九九〇年にサンベルトの全株式を取得する際に払った金額を六〇〇万ドル上回っていた。ピア・ワンが手元に残したサンベルト株四九・五%にも三一〇〇万ドルの価値があると解釈する必要があったから、この持分には大きな含み益が存在していた。

私がこうしたことを調べていたとき、ピア・ワンの株価は7ドルで、PERは一〇倍だった(一九九二年の一株利益は七〇セントと予想されていた)。年率一五%の利益成長を遂げていたから、このPERは期待の持てる値だった。私が一月にニューヨークに飛び、「バロンズ」の座談会に出たときには7

ドル75セントに上昇していたが、それでもまだ良い買い物だと思っていた。本業の内容もいいし、サンベルトという「おまけ」もあった。

家具などを取り扱うピア・ワンの競争相手は、家族経営の店舗を中心に毎月のように店を閉めていった。大手の百貨店も家具売り場をなくし、衣料品や装飾品に注力するようになった。景気が上向くころには、ピア・ワンの市場シェアはかなり大きくなっているだろう。

私は、本当は企業買収の仲介をやりたかったのかもしれない。どこかの会社に興味を持つと、この会社を買収したいと考えるかもしれない会社はどんなところだろうかと必ず想像してしまうのだ。これは私の夢想にすぎないが、ピア・ワンならKマートが買ってもおかしくないだろう。Kマートは以前に行ったドラッグストアや書店、およびオフィス用品店のチェーンの買収でまずまずの成功を収めているし、事業拡大の新しい方策を常に探っている企業だからだ。

推奨銘柄2：サンベルト・ナーサリー

ピア・ワンの資料を元の場所に片付けた一〇秒後、今後はサンベルト・ナーサリーの資料を引っ張り出した。ひとつの銘柄を調べるうちにほかの銘柄に目が向き、新しい道に入り込んでいくというのはよくあることだ。訓練を積んだ猟犬が獲物を探しているうちに新しいにおいを見つけ、それに反応するようなものである。

サンベルトは、芝生・園芸用品の小売販売を手がける企業である。私は、住宅市場が回復すれば芝生や園芸関連のビジネスも、照明器具や食器棚のビジネスと同様に恩恵を享受するのではないかと考えた。新居に移れば、見栄えを良くするために庭木や草花が必要になるからだ。

そしてこのアイデアを掘り下げていくうちに、園芸用品のビジネスはフランチャイズやチェーン店にまだ蚕食されていない、いわゆるパパ・ママ・ストアが最後まで残った分野のひとつであることに気がついた。理屈のうえでは、ダンキン・ドーナツがドーナツの世界でやったことを、上手に経営されている大規模な園芸販売チェーンが花壇の世界で成し遂げる可能性が大いにあった。

サンベルトは全米規模のチェーンになれるだろうか。同社はすでに、米国内の芝生・園芸用品市場で最も規模が大きな一一市場のうち、カリフォルニアやアリゾナ、テキサス、オクラホマなど六つの市場に進出していた。私に届けられたスミス・バーニー証券のリポートによれば、サンベルトは「高級志向で品質にうるさく、値引き志向の小売業者に通常見られるものよりもレベルの高いサービスを望み、かつ高級な植物や各種資材の幅広い品揃えも求めている顧客」をターゲットにしている。

同社はもともと、ピア・ワンと同様にタンディから分離した事業だった。独立した企業としての同社を私が知ったのは一九九一年八月、ピア・ワンの経営陣がサンベルト株三二〇万株の引き取り手を探しにボストンにやって来たときのことだった。私はこのとき、同社の仮目論見書を手に入れた。恐ろしい警告文があちこちにちりばめられ、それらが鮮やかな赤の下線で強調されていることから、俗に「レッドヘリング」と呼ばれる文書である。文字が小さく、目を通していくと航空券の裏面を読んでいるような気分になる。実際、大部分は退屈な内容なのだが、二度と飛行機に乗りたくなくなるような、いや二度と株など買いたくないと思わせるようなドキドキする記述もある。

ＩＰＯでは株が売り切れになることが多いため、目論見書で強調されている警告を多くの投資家は無視していると思わざるを得ない。しかし、これにはそうした警告に加え、見逃してはならない有用な情報が書かれている。

サンベルトのＩＰＯは、一株8ドル50セントという価格で成功した。ここで得た資金のおかげで、同社は健全なバランスシートを持った独立企業としてスタートを切った。借入金はゼロで、一株当たり現預金は二ドルだった。また、この現金を使って九八の店舗のうち優良なものを改装し（収益性を高めるため）、採算の悪い店舗をいくつか閉鎖する計画が立てられていた。

これらの店舗はベトナム戦争のころから一度も改装されていなかったため、改善の余地は大いにあった。最重要ポイントは、植物や花が寒い時期を生き延びられるように（凍え死に、畑を覆うマルチとして復活することのないように）苗木が置かれたスペースを屋根と壁で囲い込むことだった。

ピア・ワンがサンベルトの株式を引き続き四九％所有していたことも、非常に好ましいことだと私は見ていた。ピア・ワンには小売業のノウハウがあることが分かっていたからだ。保険会社が製紙会社の株の過半数を持っているわけではないのである。また、ピア・ワンはすでに店舗の改装を終えていたから、サンベルトはこの経験からも学べるのではないかと思った。さらに、両社の経営陣は自社株を多数保有していた。このことは、サンベルトを成功させたいという意識を強める要因になっていた。

サンベルトを「バロンズ」の座談会で紹介できるのではと考えるようになったころ、年末の税金対策の売りが出て、同社の株価は5ドルに下がった。食指が動く水準である。アリゾナの早霜やテキサスの豪雨といった悪天候で天然芝や庭木に被害が及んだことなどから、直近の四半期決算が悪化し、株価が半値になったのだ。

買い増す勇気のある投資家にしてみれば、まさに思いがけない幸運だった。この会社はつい二カ月前に8ドル50セントで株式を公開したばかりである。おまけに一株当たり二ドルの現金はまだ残っており、店舗改装の計画も変わっていない。5ドルという株価は一株当たり純資産五ドル七〇セントよりも安く、一九九二年の一株利益の予想が五〇〜六〇セントだったから、PERは一〇倍をやや下回る。利益の成長率は一五%だ。しかも、ほかの芝生・園芸用品小売業者の株価はそれぞれの一株当たり純資産の二倍で、PERも二〇倍に達していた。

住宅の価値を推計するときに、その近所で最近売買された同様な物件と比較するというやり方があるが、このテクニックは企業の実際の価値を推計するときにも使える。サンベルトの株価5ドルに株式数六二〇万株を乗じると、同社全体および九八店舗の市場価値は三一〇〇万ドルと計算される(普通はここから借入金を差し引くが、サンベルトの場合はゼロなので今回は省略できた)。

次に、芝生や園芸用品の小売販売を手がけるほかの株式公開企業をチェックしたところ、サンベルトのような小売店を南東部で一三店舗展開しているキャロウェイという会社の株価が10ドルで、発行済株式数が四〇〇万株であることを発見した。つまり、同社の市場価値は四〇〇〇万ドルとなる。

では、一三店舗を擁するキャロウェイが四〇〇〇万ドルだとしたら、九八店舗を擁するサンベルトの価値が三一〇〇万ドルにとどまるのはなぜなのか。たとえキャロウェイのほうが優れた事業を展開していて一店舗当たりの利益が大きいとしても(実際そうだった)、サンベルトはその七倍の数の店を持ち、キャロウェイの五倍の売り上げをあげている。ということは、ほかの条件がおおむね同じであれば、サンベルトには二億ドルの評価――株価に直せば30ドル超――がつくはずだった。あるいは、ほかの条件がすべて同じでなくとも、例えばキャロウェイが過大評価されていてサンベルトの事業運営が月並みであるとしても、まだサンベルトは割安だったのだ。

私がサンベルトを推奨した「バロンズ」が印刷に回るころまでに、株価は6ドル50セントに反発していた。

推奨銘柄3：ゼネラル・ホスト

狙っていたわけではないが、一九九二年の私の推奨銘柄は緑一色だった。ピア・ワンをきっかけにサンベルトに目が向いたように、サンベルトをきっかけにゼネラル・ホストにも目が向いたためだった。

ゼネラル・ホストのどこが緑＝植物関連なんだと読者は不思議に思うだろう。実はこの会社、かつては何でも傘下に収める少し変わったコングロマリットだった。社名にゼネラル（総合的）とあるのはそういうことなのかもしれない。時期は前後するが、プレッツエルのホット・サム、チーズやハムで知られるヒッコリー・ファームズ、岩塩採掘のアメリカン・ソルトを所有していたことがあった。TVディナー・メーカーのオール・アメリカン・グルメ、冷凍魚のヴァン・デ・キャンプ、フランク・ナーサリー・アンド・クラフツも所有していた。前述のキャロウェイを所有していたこともあった（同社はその後スピンオフして株式を公開した）。

ゼネラル・ホストは過日、プレッツエルや塩、TVディナー、チーズやハム、冷凍魚などの事業から撤退し、一七州で二八〇店を展開するフランク・ナーサリーの事業に集中することにした。私が当初から感心したのは、同社が自社株買いの長期プログラムを策定していたことだった。この自社株買いは先日、一株10ドルで実行された。これはつまり、同社は己をよく知る者として、この株には10ドル以上の価値があるに違いないと判断していることになる。そう思っていなければ、この価格では買わないはずだ。

一般に、配当の支払いが済んだ自社株を借入金で買い入れることは、二重の意味で得である。借入金の利息が損金になるうえに、その後の配当金(これは税引き後の利益から支払わねばならない)の支払いが減るからだ。数年前のこと、エクソン株が下落して配当利回りが八～九%に達した時期があった。だがこのときの同社は、八～九%の金利で自社株買いの原資を借り入れることが可能だった。借入金の利息は損金にできたため、実際には約五%の金利を払うだけで、利回りが八～九%になる配当の支払いを減らすことができたのである。エクソンは原油の精製量を増やすことなく、実にシンプルな手法で利益を増やしたと言えよう。

ゼネラル・ホストが一株10ドルで自社株買いを行ってからそれほど経っていないのに、市場の株価がこの水準を大幅に下回ったことに私は目を見張った。その会社自体が支払った額よりも安い値段で買えるとなれば、これは検討に値する。経営陣をはじめとする「インサイダー(内部者)」が市場価格よりも高い値段をつけたということも良い兆候だった。内部者は絶対に間違えないとはとても言えない(テキサスやニュー・イングランドの銀行の多くは、株価が下がり続ける間も狂ったように自社株を買っていた)。しかし、自分が何をやっているかをちゃんと認識していることが多く、かつ無駄金を使うことが少ない有能な人も、ビジネスの世界にはちゃんといる。それにそういう人たちは、自分の投資から利益が生まれるように一生懸命努力することをいとわない。ここから、ピーターの法則⑮が導かれる。

【ピーターの法則⑮】

内部者が株を買っているのは良い兆候だ――それがニュー・イングランドの銀行経営者でない限りは。

従って私は、ゼネラル・ホストの最新の株主総会招集通知を読み、一〇〇万株を所有する同社のハリス・J・アシュトンCEOがこの株価急落局面でも一株も売っていなかったことを良いしるしだと解釈した。また、同社の一株当たり純資産（簿価）が九ドルで、市場での株価7ドルを上回っていることも目を引いた。言い方を変えれば、この株を買うことは九ドルの資産を七ドルで買うのと同じである。お金を有効に使うとはこういうことなのだ、と私は思った。

私は、一株当たり純資産について考えるときは必ず、映画を見るときと同じ疑問を頭に浮かべる。これは実話に基づいているのか、それとも全くのフィクションなのか、という疑問だ。企業の純資産は実話のこともあるし、フィクションのこともある。白黒をはっきりさせたいとき、私はバランスシート（貸借対照表）に目を向ける。

では、ゼネラル・ホストの事例を使って「バランスシート三分間ドリル」をやってみよう（表10－1）。

バランスシートには普通、右側と左側がある。右側にはその会社の負債（つまり、お金をいくら借

負債および資本の部		1990年度	1989年度
流動負債	買掛金	47,944	63,405
	未払費用	41,631	38,625
	1年以内返済長期借入金	9,820	24,939
	流動負債合計	99,395	126,969
長期負債	優先債務	119,504	146,369
	劣後債務（差引 発行時割引額）	48,419	50,067
	長期負債合計	167,923	196,436
繰延税金負債		20,153	16,473
その他負債・繰延収益		9,632	12,337
契約債務および偶発債務			
資本	普通株式、額面1ドル、発行可能株式総数1億株、発行済株式数3,175万2,450株	31,752	31,752
	資本剰余金	89,819	89,855
	利益剰余金	158,913	160,985
		280,484	282,592
	非流動で市場性のある株式における未実現損失（純額）		(2,491)
	自己株式（1386万6517株および1275万4767株）	(131,738)	(125,545)
	ストック・オプションに関する受取手形	(114)	(878)
	資本合計	148,632	153,678
		445,735	505,893

りているか）が書かれ、左側にはその会社の資産（つまり、何をどれだけ持っているか）が書かれている。この資産と負債の差額を資本と呼ぶが、ここが株主のものになる。この表には、ゼネラル・ホストに一億四八〇〇万ドルの資本があると書かれているが、さて、この数字は当てになるのだろうか。

一億四八〇〇万ドルの資本のうち、六五〇〇万ドルは現金である。この部分は当てになる。現金は、誰が何と言おうと現金だ。問題は残る八三〇〇万ドルで、これが当てになるかどうかは資産の性質による。

バランスシートの左側は曖昧な面がある。そこに並んでいる不動産、機械およびその他の設備、在庫といったものには、会社側が言うほどの価値がないかもしれないという意味だ。例えば、製鉄所という資産が四〇〇〇万ドルと表示されていても、その設備が時代遅

表10-1
ゼネラル・ホスト　連結貸借対照表

1991年1月27日、および1990年1月28日		1990年度	1989年度
資産の部			（単位:1000ドル）
流動資産	現金および現金同等物	65,471	110,321
	その他市場性のある有価証券	119	117
	売掛金および受取手形	4,447	2,588
	未収還付連邦法人税	4,265	13,504
	商品	77,816	83,813
	前払費用	7,517	7,107
	流動資産合計	159,635	217,450
有形固定資産（減価償却累計額は1990年が77,819、1989年が61,366）		245,212	246,316
無形資産（減価償却累計額は、1990年が5,209、1989年が4,207）		22,987	23,989
その他資産および繰延資産		17,901	18,138
		445,735	505,893

れのものだったら、売りに出しても値がつかないかもしれない。不動産は取得時の価格で記載されるが、その価値はその後下落しているかもしれない（もっとも、これは上昇している可能性のほうが高いが）。

小売業者なら、棚に並べている商品も資産にカウントされる。バランスシートにあるその金額を当てにできるかどうかは、商品の性質による。流行遅れになったミニスカートだったら無価値だが、どんな時代になっても誰かが買っていく白いソックスだったらそれなりに価値がある。ゼネラル・ホストの在庫は庭木や花などであり、それなりの価格で転売できるだろうと私は考えた。

企業買収が行われたときは、「のれん代」（今回の例では「無形資産」）なる項目が登場する。ゼネラル・ホストのバランスシートには、これが二二九〇万ドル計上されている。これは、企業を買収したときに支払った代金とその企業が持つ資産の帳簿価格との差額のことである。例えば、コカ・コーラには工場やトラック、原料のシロップといった資産があるが、これらをすべて足し合わせても同社の買収価格には及ばない。もしゼネラル・ホストがコカ・コーラを買収することになったら、コカ・コーラという名前、商標、その他の無形資産に対し何十億ドルもの代金を支払わなければならない。この部分が、バランスシートにのれん代として計上されるのである。

もちろん、ゼネラル・ホストは小さな企業であり、コカ・コーラを買収することなどできない。これはあくまでたとえ話だ。ゼネラル・ホストのバランスシートは、同社が過去にほかの企業を買収したことを示している。こののれん代の支出を回収できるかどうかは分からないが、利益の一部を使って少しずつ償却していかねばならない。

ゼネラル・ホストが資産とする「のれん代」に二二九〇万ドルの価値があるかどうか、私には確かなことは言えない。仮に同社の総資産の半分がのれん代で占められていたら、私は同社の簿価(つまり資本)だとされる数字を信用しないだろう。今回は総資産四億四五〇〇万ドルに対し、のれん代が二二九〇万ドルなので、厄介な割合ではない。

従って、ゼネラル・ホストという企業の簿価は、同社が主張する一株当たり九ドルに近いと考えてよいだろう。

次はバランスシートの右側、負債を見てみよう。これによれば、同社には一億四八〇〇万ドルの資本に対し一億六七〇〇万ドルの債務があったことが分かる。これは厄介な数字「だった」。資本の額は、債務の少なくとも二倍はほしいところである。資本は多ければ多いほど、債務は少なければ少ないほどよい。

私は、このように債務の比率が高い銘柄については、その高さゆえに買いの対象から外すことがある。ただ、この会社の場合は割り引いて見ることができた。債務の大部分は返済期限がまだ数年先であるうえに、銀行借り入れではなかったからだ。資本に対する債務の比率が高い企業では、銀行借り入れは危険である。なぜなら、もしその企業が問題にぶち当たれば、銀行は返済を迫ってくるからだ。そんなことになったら、乗り切れる程度のトラブルでも命取りになりかねない。

バランスシートの左側に戻ろう。私は「商品」という科目で計上されている在庫に注目した。小売業の分析では常に注意が必要な項目だ。過大な在庫は好ましくない。在庫が多すぎるということは、売れ残った商品を値引き販売でさっさと処分していないことを、そうすることで損失の計上を先送りしていることを意味しているからだ。在庫が積み上がっているときは、会社の利益がその分過大に計上されている。ゼネラル・ホストの場合、バランスシートにある通り、在庫は前年度の水準より減少している。

買掛金が多いことは問題ではない。これは、ゼネラル・ホストが仕入れ代金をすぐに支払わなくても済んでいることを、そしてその分だけ長く現金を運用できていることを意味している。

同社の年次報告書には、競争力と収益性を向上させるために経費の削減にどれほど熱心に取り組んできたかが書かれていた。米国ではほとんどの企業が、自分はそういう努力をしていると言うが、損益計算書に書かれた販売費および一般管理費（ＳＧ＆Ａ）は実際に減少しており、その傾向は一九九一年度も続いた。

年次報告書には、同社が業績向上のために地上と宇宙空間の両方で対策を講じていることも書かれている。まず地上では、買い物代金の精算システムを自動化するために新しいスキャナーを導入しつつあった。ここで入力された取引データは、衛星回線を通じて中央コンピューターに送られるという。この衛星通信システムが稼働すれば、すべての店舗におけるすべての販売情報を追跡できるようになり、ポインセチアの在庫はいつ補充すればよいか、ハイビスカスをフォート・ローダーデール店からジャクソンビル店に移送すべきかといった判断を管理職が下しやすくなるそうだ。

また、クレジットカードの承認に要する時間も以前の一件当たり二五秒から約三秒に短縮されている。おかげでレジの流れがスムーズになり、顧客満足度も向上したという。

サンベルト・ナーサリーと同じく、フランク・ナーサリーでも苗木が置かれたスペースを屋根と壁で囲い込み、販売できる期間を延ばすことをゼネラル・ホストは計画していた。また、年末にはクリスマスに向けた商品を売る簡易店舗をショッピング・モールに設けた。決して闇雲に仕掛けたわけではない。同社には、そうした簡易店舗を一〇〇〇店以上使ってヒッコリー・ファームズの製品を販売した経験があったのだ。

この手法を使えば、小売業者は販売面積を安価に広げることができる。クリスマスツリーやリース、ギフト用のラッピングを取り揃えた簡易店舗は、一九九一年には一〇〇店を超えており、九二年のクリスマスには一五〇店に増やす計画だった。また、周りを屋根と壁で囲って簡易店舗の設置期間を延ばしたりもした。

その一方で、ゼネラル・ホストはフランク・ナーサリーの新しい店舗も着実かつ慎重に増やしていった。一九九五年までに一五〇の新店舗をオープンし、総店舗数を四三〇に引き上げるという目標を掲げていた。自社ブランドの肥料や種も発売していた。

企業とは、業績はこれからもっと良くなりますと株主に言いたがるものである。しかし、ゼネラル・ホストの話を信じることができたのは、経営陣がちゃんと計画を立てているからだった。同社はベゴニアの売り上げが伸びるのをただ待っていたわけではなく、簡易店舗を作るとか、店舗を改装するとか、衛星通信システムを導入するといった具体的な施策を講じて利益を増やそうとしていた。フランク・ナーサリーのような昔ながらのビジネスが設備の近代化と事業規模の拡張を同時に進めるとき、そこには利益が増える可能性が存在する。

最後の決め手になったのは、キャロウェイの取引だった。ゼネラル・ホストは一九九一年に、テキサス州におけるキャロウェイの園芸用品チェーンを売却し、その代金で債務を減らして財務体質を強化していた。

ゼネラル・ホストがキャロウェイと同じ園芸関連の事業に集中することになったため、現在はゼネラル・ホストとキャロウェイを同様な事業を営む二社として比較することができる。そこで、私が持っている最も高性能な投資ツール、すなわち例の一五年物の計算機を使って再度計算してみよう。

一三店舗を擁するキャロウェイは市場で四〇〇〇万ドルと評価されていた。ざっくり言えば一店舗当たり三〇〇万ドルだ。片やゼネラル・ホストはフランク・ナーサリーを二八〇店舗――キャロウェイの二一倍――を展開している。フランク・ナーサリーの店舗はキャロウェイのものより古く、小さく、収益性も低い。しかし、それゆえにキャロウェイの店舗の半分（一五〇万ドル）の価値しかないと仮定しても、フランク・ナーサリーの店舗には四億二〇〇〇万ドルの価値があるはずだ。

従って、ゼネラル・ホストは四億二〇〇〇万ドルの資産を持っている。ここから同社の長期負債一億六七〇〇万ドルを差し引けば、同社の価値は二億五三〇〇万ドルと計算される。

発行済株式数が一七九〇万株だから、ゼネラル・ホスト株は14ドルで売買されてしかるべきだ。これは、私がこの計算をしたときの株価の二倍に相当する。明らかにゼネラル・ホスト株は過小評価されていたのだ。

第11章 ■ 体験に勝る調査はない

——格安理容店で危機一髪！

一九九一年一二月、私はスーパーカットという理容店チェーンで髪を切った。先日株式を公開した企業で、銘柄コードは〝CUTS〟である。もしこの会社の目論見書が、私の机の上にある書類の山の一番上に置かれていなかったら、私が浮気をすることはなかっただろう。私の馴染みの理容店は、マーブルヘッドの町にあるビニィ・ディィ・ビンチェンソの店だ。カットの料金は一〇ドルで、楽しい会話というおまけもついてくる。

話題になるのは子どものこと。そして、私のボロボロの愛車（七七年式AMCコンコルド）は「骨董品」や「クラシックカー」と見なせるかということだ。彼の店はまだ株を公開していないが、私が銘柄調査のために一度だけほかの理容店に浮気をしたことを、どうか許してほしいと思う。

調査に訪れたのは、ボストンのボイルストン通り八二九番地の建物の二階にある店だった。一階の入り口には、料金表の看板が置かれており、私はそこに書かれた数字を黄色のリポート用紙（例の一五年物の卓上計算機と同様、欠くことのできない投資ツールだ）に几帳面に書き付けた。レギュラー・スーパーカットが八ドル九五セントで、シャンプー付きスーパーカットが一二ドル。シャンプーのみは四ドルだという。

これならビニィの店とそう変わらないが、私の妻や娘たちが髪を切ってもらう美容院や、高級なヘアサロン（髪を染めたりパーマをかけたりするときには銀行でローンを組んだほうがいいかもしれないと思うようなところ）に比べればはるかに安い。

店に入ると、主人があいさつをしてくれた。中では三人の客が髪を切ってもらっている。待合室にも四人いる。全員男性だ。しばらくして女性客もやって来たが、後で同社の担当者から聞いた話では顧客の八割以上は男性で、スタイリスト（この会社では理容師とは言わないようだ）の九五％は女性だという。私は順番待ちのリストに名前を書き、頭の中に次のようなメモを書いた――スーパーカットの散髪には待つだけの価値があると多くの人が考えているに違いない。

待合室のイスに座り、オフィスから持ってきた目論見書やら何やらに目を通し始めた。現場に赴いて企業を調査することほど有効な午後の過ごし方はない。

スーパーカットは一九九一年一〇月に株式を公開した。ＩＰＯ価格は11ドルだった。マックトリムという理容店をフランチャイズ方式で営んでおり、すでに六五〇を超える店舗を展開していた。株を売った創業者は経営から手を引き、新しい経営陣が積極的な出店攻勢をかけたのだ。何でも、すでに引退していたエド・フェイバー氏（コンピューター販売会社のコンピューターランドをかつて率いた人物）を口説き落とし、プロジェクトの監督にあたらせたという。

フェイバー氏は海兵隊の出身で、コンピューターランドを高成長させた人物だったと記憶している。同社が破綻する前の話だ。つまり、フェイバー氏が去った後に会社は沈んだ。その彼が帰ってきていたのだ。海兵隊出身者が理容業界に関わったという話は意外だったが、会社がどんな事業を営んでいるかは、実はあまり問題ではなかった。フェイバー氏の専門は、フランチャイズの事業を少数の店から全国規模のネットワークに「展開」することだったからだ。

スーパーカットは事業展開にあたって、次のような考え方をしている。理容業界は一五〇億〜四〇〇億ドルの規模を誇り、ビニィのような個人経営の理容師や地方の企業が経営する美容院・ヘアサロンがその大部分を占めている。しかし、理容師は年々減っている（ニューヨーク州では、免許を持つ理容師がこの一〇年間で半減したらしい）。髪は毎月一・五センチ伸びるうえに、ビニィのような理容師が減っているとなれば、誰かが代わりに髪を切らねばならない。しっかり経営されている効率の高い全国チェーンが参入して市場シェアを獲得するには絶好の機会だ――。

これは数年前に、サービス・コーポレーション・インターナショナルが個人経営の葬儀場を次々に飲み込み始めたときと同じような状況だった。人は一定のペースで亡くなっていくから、誰かが埋葬の仕事を引き受けなければならないが、この業界は効率の低い小規模な事業者が大部分を占めていた。おまけに、経営者の子どもたちは家業を継がずにロースクールに行きたがっていた。

スーパーカットの資料によれば、スタイリストは手早く効率的にハサミを動かせるように研修を受けている。ダラダラやらない、無意味なことはしないという一九九〇年代の倫理にかなったやり方だ。小さなハサミと「革命的なクシ」を使って、平均で一時間当たり二・八人の散髪を終えることができる。

また、アルバカーキの店で切ってもマイアミの店で切っても同じ仕上がりになるはずだという。

新しい分野に手を出すときには、初めて知ることが常にある。例えば、理容師には免許が必要なことを読者は知っていただろうか。私は知らなかった。ファンド・マネジャーには免許はいらない。そんなものがなくても何十億という資金を運用できる。だが、誰かのもみあげを短くするには、何らかの試験をパスしていなければならない。過去一〇年間のファンド・マネジャーたちの成績を考えれば、この構図は逆にすべきではないだろうか。

オーナーに良いことは、株主にも良い

スーパーカットのスタイリストの時給は五~七ドルだ。あまりいいとは言えないが、会社の医療保険に加入できる。また一時間で二・八人のお客をこなせば、チップをもらうことで総収入を倍にできる可能性がある。

一方、フランチャイズで経営している店舗は、スタイリスト一人で時間当たり三〇ドルの売り上げを計上できる。スーパーカットの店舗のオーナーが非常に儲かる秘訣はここにある。このビジネスなら、アルミ業界のように利益の半分が工場・設備の改修に食われてしまうことはない。店舗スペースの賃料を除けば、最大の支出項目はハサミとクシだ。

目論見書によれば、スーパーカットのフランチャイズ店の平均的なオーナーはひとつの店舗に一〇万ドルを投じる。フランチャイズ料、洗面台、イス、各種の装飾、シャンプーなどの代金の総額だ。二年も営業すれば、税引き前で五〇%もの自己資本利益率(ROE)が期待できるという。こんな

に高いＲＯＥはほかではまず得られない。スーパーカットが将来のフランチャイジーを容易に確保できているのもうなずける。

フランチャイズ店のオーナーにとって良いことは、株主にとっても良いことだ。私はここに興味を持った。スーパーカットはフランチャイズ店の総売上高の五％、店舗内で販売される「ネクサス」ブランド製品の売上高の四％をそれぞれ受け取る（このブランドの製品は、店内の棚に飾られていた）。同社の販売管理費はわずかで、最大の費用項目はスタイリストの研修費だ。新しい店が一〇店できるたびにトレーナー（年俸四万ドル）一人を新たに雇うが、この一〇店舗はいずれ三〇〇万ドルの年商をもたらしてくれる。

すでに述べたように、小売業者についてまず知っておかねばならないのは、事業を拡大する余力があるかどうかである。スーパーカットのバランスシートを見ると、債務が総資本の三一％に達していることが分かる。これは良くない数字であり、説明を聞く必要がある。

ここまで考えたところで私は名前を呼ばれ、シャンプー台のある部屋に案内された（店内を見回したりメモを取ったりしていたから、理容組合のスパイだと思われたかもしれない）。若くて美しいスペシャリストが、私の髪を素早く洗う。そして私を散髪のスペースに誘導し、私の体をシートで包み、あっという間に髪を（もみあげもろとも）切っていく。実に手早い。「ちょっと待って」と口を挟む間もないほどだ。私はなんだか、映画『シザーハンズ』で主人公に刈り込まれた生け垣になったような気がした。

普段なら、散髪の出来映えなんか気にしない。スーパーカットの鏡で自分の姿を見たときも文句は付けなかった。本当に重要な判定、つまり家族が何と言うかをまず聞きたいと思ったのだ。私の知る限り、このカットは今の流行りだった。帰宅した私を見たキャロリンと娘たちは開口一番こう言った。

「まあ、何かあったの?」

私はすべてを理解した。このカットは今の流行りではない。少なくとも、アンディ・ウォーホルのように真っ白な髪の四八歳がする髪型ではない。知人の中には「若く見えるよ」と言ってくれる人もいたが、私には分かった。彼らはあまりうそをつかずに、できるだけ前向きな表現を使おうとしているだけだった。がんばってはみたものの、「若い」としか言いようがなかったのだ。私はどうやら、実年齢より老けて見えると思われていたらしい。

ピーターの法則⓮は「もしその店が気に入ったら、おそらくその店の株も気に入る」だが、今回は例外だ。私はスーパーカットで髪を刈ってもらった後、その店よりも株のほうが(少なくともその株価の将来性のほうが)断然気に入っていることに気がついた。もう浮気はしない、ビニィ・ディ・ビンチエンソの店に通い続ける、と心に決めた。

マーケットを見る

カリフォルニア州にいるスーパーカットのスティーブン・J・トンプソン上級副社長兼最高財務責任者(CFO)と電話で話をしたとき、私はこの生け垣問題を持ち出した。トンプソン氏は、私のもみあげがなくなったことについて同情してくれた後、「いいことをお教えしましょう。髪は月に一・五センチのペースで伸びるんですよ」と付け加えた。その話はもうパンフレットで読んでおり、私も期待をかけていた。

私たちは、スーパーカットのスタイリスト全員が理容師の免許を持つプロで、七カ月おきに研修を義務づけられていることと、会社の医療保険とチップの収入が優秀な人材を惹きつけるだろうという見方について話をした。スタイリストの入れ替わりが激しいとか、腕の悪い(あるいは不満のある)従業員がお粗末な仕事をするといったことはないのかと私は懸念していたのだが、トンプソン氏は、入れ替わりは今のところ激しくないと述べた。

同社のニュースのほとんどは明るい内容だった。私が先に問題かもしれないと書いた債務の規模は、思っていたほどではないことが分かった。同社には年当たり五四〇万ドルのフリーキャッシュフローがあり、トンプソン氏によればその大半が債務の返済に充てられる。一九九三年には債務がゼロになり、九一年に二一〇万ドルあった支払利息もゼロになる見通しだという。

事業はフランチャイズ方式であるため、新しい店舗の開設費用はフランチャイジーが負担する。これも大きなプラス要因である。スーパーカットは自己資金を使うことなく、そして過大な借り入れを行うことなく事業を急拡大できるからだ。

しかし最大のプラス要因は、二億五〇〇〇万人の米国人が毎月髪を切らなければならないということ、個人経営の理容店が次々に閉鎖されていること、そしてその穴を埋める大きなチェーン店がまだ登場していないことだった。主なライバル企業としては、「マスターカット」を展開するレジス・コーポレーションがあげられるが、こちらは賃料がはるかに高いショッピング・モールに店を構えており、顧客も大部分が女性である。ファンタスティック・サムズは店舗数がスーパーカットの二倍に達しているが、売上高がスーパーカットの店の半分以下というフランチャイズ店がその大半を占めている。また、J・C・ペニーのヘアサロンはJ・C・ペニーの店舗にしか設けられていない。

スーパーカットには、日曜も夜間も営業しているという強みもある。また、どのライバルも持っていない、全米規模の知名度を得るための広告キャンペーンにも取り組んでいた。まだ成長を始めたばかりで、成長率は二〇%に達しており、私が買いを推奨したときのPERは一六倍だった。

結局、こうした素晴らしい数字が失われたもみあげに競り勝つこととなり、私は「バロンズ」の座談会でスーパーカットを推奨した。「ここで髪を切ってもらったんですよ。実際に試してみようと思って」。私はほかの出席者にそう言った。

「今の髪型がそれですか」と、マリオ・ガベーリ氏が食いついてきた。私は、「そうです」と認めざるを得なかった。すると、それを聞いた司会者はこう言い放った。「じゃあ、ちょっと宣伝するわけにはいきませんねぇ」

第12章 荒野の七人

――さえない業界の素晴らしい企業

私はいつも、さえない業界の素晴らしい企業を探している。コンピューターとか医療技術といった高成長を遂げている業界は、注目されすぎていて競争相手も多いからだ。伝説の野球選手ヨギ・ベラが、かつてマイアミビーチの有名なレストランについて「あそこはものすごく人気があるから、もう誰も行かない」と言ったように、ものすごく人気のある業界では、株式投資をしても誰も利益を出せないのだ。

投資先として選ぶなら、私は常に、高成長を謳歌している業界よりもさえない業界のほうを選ぶ。さえない業界の成長率は仮にプラスであっても低いだろうが、弱い企業が退出していくため、生き残った企業がその分大きなシェアを握っていく。活気のある市場で小さくなっていくシェアを守るのに汲々としている企業よりも、市場自体は伸び悩んでいるがシェアは大きくなる一方という企業のほうが、実ははるかに儲かるのだ。ここから、ピーターの法則⑯が導かれる。

【ピーターの法則⑯】

ビジネスの世界では、競争している企業よりも完全に独占している企業のほうが常に繁盛する。

さえない業界で輝いている最も素晴らしい企業の間には、共通点がいくつか見られる。低コストで経営されていること、役員室に金をかけていないこと、借金嫌いであること、ホワイトカラーとブルーカラーの間に階級差を設けるシステムを拒否していること、従業員が十分な給料を得ており会社の将来に関心を持っていること、大企業が見逃してきたニッチ市場を見つけていること、高成長を――それも流行の高成長産業でしのぎを削る多くの企業よりも高い成長を――遂げていること、などがそれに当たる。

取締役会専用の豪華な会議室、経営幹部の異常な高給、意気消沈した一般従業員、過大な債務、凡庸な業績――これらは密接に関連し合っている。その逆もまた真である。取締役会専用の地味な会議室、経営幹部の妥当な報酬、やる気にあふれた一般従業員、そして少額の債務という組み合わせは、優れた業績をもたらす場合がほとんどだ。

私はカリフォルニア州のモンゴメリー証券に籍を置くアナリスト、ジョン・ワイス氏に電話をかけた。彼は家電製品のディスカウント・ショップについて何本かリポートを書いていたため、私が一九九一年から目をつけていたグッド・ガイズについてどう思っているか、聞いてみたかったのだ。ワイス氏によれば、グッド・ガイズはサーキット・シティとの競争のせいで利益が押し下げられているという。そこで、このさえない業界でどこか気になっている会社はないかと尋ねたところ、サン・テレビジョン&アプライアンシズだという答えが返ってきた。

ワイス氏のストーリーにはとても説得力があったため、私はその電話を終えるとすぐに、オハイオ州にあるサン・テレビの本社に電話をかけた。

まだ会ったこともないCEOに電話をかけ、妙に待たされることなく取り次いでもらえたとしたら、その会社は余計な階層構造に苦しめられていないと考えてよい。私は、サン・テレビのボブ・オイスターCEOと話すことができた。感じの良い人物だった。私たちはまずオハイオのゴルフコースの良さを熱く語り合い、それから本題に入った。

サン・テレビはオハイオ中部では唯一の大型ディスカウント・ショップで、冷蔵庫や洗濯機、乾燥機といった大型家電に加えて小型家電も手がけていた。州都コロンバスの周辺だけでも七店舗を展開しており、最も利益をあげているのはチリコシーという町にある店だという。また、となりのペンシルベニア州ピッツバーグでも支配的な地位を確立している。

サン・テレビの株主は(そしてクイズ番組マニアも)、コロンバスを中心とする半径五〇〇マイルの圏内に米国の人口の半分が住んでいると聞けばきっと小躍りするだろう。実際、ミシシッピ川より東にあり、かつメーソン・ディクソン線(訳注：かつて奴隷州と自由州の境界と見なされた線のこと)より北にある大都市で、一九五〇年から九〇年にかけて人口が増えたのはコロンバスだけである。

オハイオのこの地方で人口が増えているというニュースはまだ東海岸には届いていないが、サン・テレビの将来にとっては明るい材料となっている。同社はすでに精力的な事業拡張プログラムに取り組んでおり（新店舗を一九九一年に七店、九二年に五店開設）、これを完了させれば店舗数は計二二店になる。借入金はあったが、一〇〇〇万ドルに満たなかった。株価は18ドルで、PERは一五倍。利益の成長率が二五～三〇％の銘柄のPERが一五倍だったのだ。また、同社の競争相手の中には、生き残るのに必死というところもいくつかあった。

サン・テレビは、一九九〇～九一年の景気後退期にも黒字を計上した。景気がとても悪く、住宅がなかなか売れず、人々が家電製品をなかなか買わない時期を乗り切ったのだ。しかも九一年は増益で、九二年も増益になることを疑う理由はなかった。

しかし、さえない業界における素晴らしい企業群の中から私が選抜するオールスター・チームに加えるのは時期尚早だ。表12－1は、私が「荒野の七人」と名付けた銘柄（そして暫定メン

表12-1
荒野の七人（プラス一人）

銘柄名	1990～1991年のトータル・リターン（%）
サウスウエスト航空	115
バンダグ	46
クーパー・タイヤ	222
グリーン・ツリー・ファイナンシャル	188
ディラード	75
クラウン・コルク&シール	69
ヌーコア	50
ショー・インダストリーズ	17
ポートフォリオの平均リターン	87
S&P500	26

バーのグリーン・ツリー）による仮想ポートフォリオの運用成績をまとめたものである。ほとんどが最近値上がりしてしまったため、私の一九九二年の推奨銘柄リストからは外してあるが、いずれまた調べてみる価値のあるものばかりだ。

サウスウエスト航空

一九八〇年代には、航空業界ほど悲惨な業界はなかった。イースタン、パンナム、ブラニフ、コンチネンタル、ミッドウエイといった面々が軒並み破綻し、崖っぷちに立たされた企業もいくつかあった。しかしこの壊滅的な一〇年間に、サウスウエスト航空の株価は2ドル40セントから24ドルに上昇したのだ。なぜか。その理由のほとんどは、同社が「やってこなかったこと」に求められる。

まず、この会社はパリ行きの便を飛ばさなかった。豪華な機内食も出さなかったし、過大な借り入れをして飛行機を買いすぎるということもしなかった。幹部社員に過大な報酬を払うこともしなかったし、従業員が会社を恨むもっともな理由を作り出すこともなかった。

サウスウエスト航空（銘柄コード：LUV）は、業界一の低コストで運営されている企業だった。「一座席一マイル当たりの営業費用」という指標の業界平均が七～九セントだった時期に、サウスウエストのそれは五～七セントにとどまっていた。

お目当ての企業が倹約に努めているかどうか見極めたいなら、本社を訪ねてみるのもひとつの方法だ。投資アドバイザーのウィリアム・ドナヒュー氏はこう言っている。「投資先の企業が大きなビルを持っているからといって、そこで働いている人が賢いとは限らない。ただ、そこに投資したあなたがこのビルの費用を一部負担していることは間違いない」

私の経験に照らしても、この指摘は正しい。例えば、最も低コストな経営が行われているS&Lのゴールデン・ウエスト・ファイナンシャル（カリフォルニア州）は生産的なケチを標榜しており、受付係を雇っていない。本社の玄関には古風な黒電話一台と、「この電話で呼び出してください」と書かれた看板があるだけだ。

サウスウエストは一八年もの間、ダラス郊外のラブ・フィールドにある住宅を本社にしていた。住宅というよりはバラックのようで、どんなにほめようと思っても「年代物ですね」としか言えないものだった。一九九〇年に奮発して三階建ての自社ビルを建てたが、内装を業者に頼んだところでトラブルが生じた。この業者は、従業員の仕事ぶりを称えたプレートや社員ピクニックの写真の代わりに、高価な芸術作品を飾ろうとしたのである。これに気づいたCEOのハーブ・ケラハー氏は業者との契約を解除し、週末を使ってプレートや写真を自ら飾り直した。

サウスウエストのちょっと変わった社風はケラハー氏によるものだった。彼のオフィスには感謝祭の七面鳥の人形が飾られていたし、年に一度の社員集会はメキシコ風バーベキュー・パーティーだった。幹部社員の給料の上昇率は、職位が低い従業員の上昇率と同じ水準に抑えられていた。月に一日は、ケラハー氏以下幹部全員が空港で搭乗カウンターに立ったり荷物をさばいたりした。

スチュワーデスはジーンズにTシャツ、スニーカーという出で立ちで、機内食はピーナツとカクテルだけに絞り込んだ。靴下の穴が一番大きな乗客にその賞品としてピザを振る舞ったり、救命胴衣の説明をラップ・ミュージックに乗せて行ったりしたこともあった。

ほかの航空会社はロサンゼルスやニューヨーク、欧州など、ライバルと同じ路線でワイドボディ機を飛ばしていたが、サウスウエストは短距離路線にニッチを見つけ出し、「唯一の高頻度・短距離・低料金航空会社」を自称した。ほかの航空会社が共倒れになるのを尻目に、サウスウエストはわずか四機しか持たない弱小航空会社から全米八位の大手へと成長を遂げた。一九七三年以来ずっと黒字を計上している航空会社は、米国ではここだけだった。資本利益率で他社に抜かれたことは一度もない。

競争相手が脱落していく一方で、サウスウエストはそれに乗じる準備が完全にできている。さえない業界の素晴らしい企業では、それが普通になっている。同社は先日も、財務上の問題のために事業縮小を強いられたUSエアとアメリカ・ウエストが撤退した路線に参入している。

サウスウエストの株価は一九八〇年から八五年にかけて一〇倍になったが、八五年から九〇年までは横ばいで推移した。株主たちはこの間、忍耐力を試される格好になったが、それで済んでよかったと言える。パンナムやイースタンに資金を移していたら、もっとひどい目に遭っていたからだ。それに、その我慢は報われた。サウスウエストの株価は九〇年以降、再度二倍に上昇したのである。

バンダグ

アイオワ州のマスカティンでタイヤを再生する企業ほど退屈そうなものがあるだろうか。私はマスカティンには行ったことがないが、地図によれば、ミシシッピ川に面した小さな町であるようだ。ダベンポートとかウエスト・リバティといった町の近くである。

おそらく、カンザスシティーの最新の流行はマスカティンにはまだ届いていない。ただ、これはマスカティンの強みかもしれない。ウォール街も、この町にはあまり注目してこなかった。株価が一五年間で2ドルから60ドルに上昇したバンダグについて、リポートを書いていたアナリストはわずか三名だった。

バンダグはタイヤ再生業界のサウスウエスト航空である。気さくな経営陣(マーチン・カーバーCEOは一九八八年の年次報告書の中で、家族に感謝の言葉を送っている)、ケチに徹する姿勢、激しい競争を強いられる業界で見いだしたニッチなポジションなどが共通している。米国では毎年、トラックやバスの摩耗したタイヤが一二〇〇万本も再生タイヤと交換されているが、そのうちの約五〇〇万本がバンダグ製だ。

同社は一九七五年から毎年増配を続けている。利益は七七年以降、年率一七%のペースで増えている。バランスシートはやや弱いが、これは主に海外展開のために投資したことと(海外の再生タイヤ市場では一〇%のシエアを取っている)、自社株を二五〇万株買い戻したことによる。

利益は伸び続けていたものの、株価はブラック・マンデーの調整局面で急落し、フセイン・ショックで再度下げた。ウォール街が示した過剰反応は、この銘柄を購入するまたとない機会を提供してくれた。どちらの急落局面でも、この株は下落幅を補って余りある回復ぶりを示したのだ。

クーパー・タイヤ

クーパー・タイヤはバンダグによく似た会社で、交換用タイヤ市場にニッチを見いだした。新車に新しいタイヤを装着する市場で大手企業が競い合い、赤字を出し続ける中、クーパーは中古車に新しいタイヤを装着する事業に徹している。低コストなメーカーであることから、独立系のタイヤ・ディーラーからひいきにされている。

ミシュラン、グッドイヤー、ブリヂストンという大手が三つ巴の戦いを繰り広げて消耗した一九八〇年代後半、クーパーはそれを尻目に黒字をあげていた。純利益は八五年以降毎年増加しており、九一年には過去最高を再度更新している。株価は八七年の安値10ドルから三倍になった後、フセイン・ショックのあおりで6ドルまで下落した。投資家は同社のファンダメンタルズを無視し、世界が終わった後に訪れるタイヤの悲しい未来に注目したのだ。しかし世界は終わらなかったため、株価はその五倍の30ドルに上昇した。

グリーン・ツリー・ファイナンシャル

グリーン・ツリーは巨額の債務を抱えており、CEOはメジャーリーグの二塁手よりも高い給料をもらっている。そのため、「さえない業界の素晴らしい企業」とは見なせない。それでもここで紹介するのは、さえない業界のそこそこの企業でもちゃんとやれる可能性があるという話をしたいからだ。

そのさえない業界とは、モービル・ホーム（トレーラーハウス）向け住宅ローンの業界である。グリーン・ツリーはこのローンに特化している企業で、業況は年を追うごとに悪化している。モービル・ホームの販売戸数は一九八五年以降ずっと減っており、九〇年には新しい物件が二〇万戸しか売れなかった。

さらに悪いことに、ローンを返済できなくなって物件を捨てていくオーナーの数が記録的な水準に達した。「この家はあなたの物です」という書き置きを貸し手に残して出ていってしまったのだ。だが、ダブルワイドというサイズの一〇年物のモービル・ホームでは、売ろうと思ってもたいした値段はつかない。

しかし、この業界を襲った災難は、グリーン・ツリーにとっては恵みの雨だった。主だったライバルが次々に手を引いていったからだ。カリフォルニア州のバレー・フェデラルというS&Lは、計一〇億ドルのモービル・ホーム・ローンを実行して損失を出し、撤退した。ミシガン州の保険会社の子会社フィナンシャル・サービシズ・コーポレーションも、業界最大手のシティコープも逃げていった。市場が再び動き出せば、グリーン・ツリーがそれを一手に引き受けられる状況になった。

もう動き出さないのではと疑う向きが多かったため、同社の株価は一九九〇年末に8ドルの安値をつけた。実は、その年の五月に「フォーブス」が同社について否定的な記事を載せていた。「ツリーの根っこは腐っていないか?」というタイトルを読んだだけでも、投資家はこの銘柄を売りたくなったことだろう。これを書いた記者はよく調べていて、モービル・ホーム市場の不振、ローンのトラブル、同社の資産をめぐる訴訟など不安材料をすべて列挙していた。「PERは七倍だが、それでもお買い得には見えない」というのが結論だった。

しかし、投資家はこの記事を無視した。株価は九カ月後には36ドルに上昇していた。悪材料があれほどそろっていたのに、いったい何があったのか。それは、ライバルがいなくなり、同社がモービル・ホーム購入ローン事業を独り占めすることになったからだった。このため融資額は急増した。同社はまた、実行した多数のローンをひとつに束ね、流通市場で転売するようになった。ファニーメイが住宅ローン債権でやっていることと同じことをやり始めたのである。さらに、魅力的な改築ローンや中古モービル・ホーム・ローンを開発したり、オートバイ購入ローンの市場にも手を伸ばしたりした。

「フォーブス」の記事を読んですぐにグリーン・ツリーを買っていたら、九カ月足らずで投資額を三倍に増やせたことになるだろう。優れた雑誌に小言を言うつもりはない。私自身、グリーン・ツリーのような銘柄を何度も見逃してきたのだ。この話のポイントは、さえない業界で生き延びている企業は、ライバルが消え失せてしまったらそれまでの流れをあっという間に変えられることがある、ということにある。

ディラード

人付き合いの良い経営者が会社の財布をしっかり管理している事例をもうひとつ紹介しよう。ディラードはアーカンソー州リトルロックに本社を構える百貨店で、ディラード家（主に七七歳のウィリアムとその息子ウィリアム二世）が発行済株式の八％と、議決権付株式のほぼすべてを保有している。コスト意識の高い同社は、新しい経費削減方法を一生懸命探しているが、人件費には手を付けない。そのため、従業員の給料は比較的高い。また、利息を節約するために、借金もほとんどしていない。コンピューターの導入は非常に早かった。資金の管理だけでなく、商品を管理するのがその目的だった。この会社では、どこかの店舗でシャツの売れ行きが良ければ、その店のコンピューターが倉庫のコンピューターに追加注文のメッセージを自動的に送る。すると、倉庫のコンピューターがこの注文を納入業者に転送する。そのため、店の管理職や本部の社員はどの店で何が売れているかを常に把握でき、何を仕入れるべきかを教えてくれる専門家を何人も雇っておく必要がなくなるという。

ディラードは以前から、魅力的な(そして、大手小売チェーンが次々に失敗した)市場には手を出してこなかった。最近は、ほかの大手百貨店がリストラや経営破綻に苦しむ中、大手が分離した部門を買収していた。出店先はカンザス州のウィチタとかテネシー州のメンフィスといった小さな街に絞っている。自社のコンピューター・システムに取り込むことでさらに事業を拡大している。もし一九八〇年にディラード株に一万ドルを投じていたら、今ごろは六〇万ドルになっていただろう。

クラウン・コルク&シール

クラウン・コルク&シールという会社を見ていると、映画『アザー・ピープルズ・マネー』で主人公が買収の標的にしたニューイングランド・ワイヤ&ケーブルを思い出す。ニューイングランド・ワイヤの社長室は工場の上にある散らかった一室だったが、クラウン・コルク&シールの社長室は工場のラインの真上にあるロフトなのだ。また、ニューイングランド・ワイヤはワイヤを作っていたが、クラウン・コルク&シールはジュースやビールの缶、ペンキの缶、ペットフードの容器、不凍液の容器、王冠、瓶の洗浄機などを製造している。

どちらの会社も、CEOは古風な考え方をするビジネスマンだった。唯一違うのは、ニューイングランド・ワイヤが倒産寸前だったのに対し、クラウン・コルク&シールは世界で最も成功している製缶会社だということだ。

製缶業界が利幅の薄いさえない業界であるとか、クラウン・コルク&シールが低コストを誇るメーカーであるといったことは、おそらく説明する必要がないだろう。同社の売上高経費率はわずか二・五%で、業界平均の一五%を大幅に下回っている。

修道院のような禁欲的なレベルにまで経費を抑える姿勢を持ち込んだのは、先日亡くなったジョン・コネリーCEOだった。贅沢は敵だと考えていたコネリー氏の姿勢から、ピーターの法則⑰が導かれる。

【ピーターの法則⑰】

ほかの条件がすべて同じなら、年次報告書に載っているカラー写真が一番少ない会社に投資せよ。

コネリー氏は会社の年次報告書に写真を一枚も使わなかったが、新しい製缶技術の導入には資金を惜しまなかった。そしてその技術ゆえに、クラウン・コルク&シールは最も低コストなメーカーの地位を維持することができた。

製造現場の改善に再投資されなかった利益は、自社株買いに使われた。これにより一株利益は押し上げられ、株価が上がり、株を売らずに持っていた幸運な株主たちが利益を得た。コネリー氏はそういう株主のために働いていたのではないか(今日では、株主のために働くことが風変わりだとされている企業が多い)と思えるほどだった。

コネリー氏が亡くなってから、同社は戦術を変更した。現在は、潤沢なキャッシュフローを使ってライバル会社を買収し、事業を成長させている。設備投資も増やしているが、借入金も増えているが、今のところは、新しい戦術も昔のそれと同じくらい利益をもたらしている。株価は一九九一年に54ドルから92ドルに上昇した。

ヌーコア

最近は、鉄鋼業というビジネスを誰も手がけたがらない。日本勢との競争が激しいうえに、何十億ドルもの設備投資をしてもすぐに陳腐化してしまう恐れがあるからだ。USスチール(USX)やベスレヘム・スチールといった、かつて米国の高度な技術の象徴だった大手製鉄会社は、もう一二年間も株主の忍耐力を試している。ベスレヘムの株価は一九八六年に5ドルに下落し、その後少しずつ上昇してきているが、現在の株価は13ドルしかなく、八一年につけた高値32ドルとの差はまだ大きい。USXも八一年の高値をまだ回復していない。

しかし、その一九八一年にもしヌーコアに投資していたら、6ドルで買ったヌーコア株は現在75ドルになっているから、鉄鋼業はやっぱり偉大な産業だと思っていることだろう。また、そのヌーコアに七一年に投資していたら、そのときの株価は1ドルだったから、鉄鋼業は史上最も偉大な産業のひとつだと確信していることだろう。ただ、七一年にベスレヘムに投資していたら、そうは思わなかったに違いない。当時の株価は24ドルで今は13ドルだから、株はやめて米国債にしておけばよかったという話になってしまうだろう。

ヌーコアには先見の明を持つ異端児、F・ケネス・アイバーソン氏がいる。この人物も倹約家だ。

大事な顧客と昼食を取るときは、本社の向かいにある普通のレストランを利用する。この会社には役員食堂はなく、リムジンも社用ジェット機もない。背広組の特権もない。会社の利益が減ったら、背広の社員の給料も作業服の社員の給料も減る。会社の利益が増えたときには（普通はこちらだが）、社員全員がボーナスを受け取る。

ヌーコアの従業員五五〇〇人は労働組合に入っていないが、ほかの製鉄所で働く組合員よりもいい暮らしを送っている。利益は分かち合う。レイオフはない。子どもたちが大学に通うときには、奨学金を利用できる。景気が減速して生産量が減るときには従業員全員の労働時間を短縮し、レイオフの苦しみを全員で分かち合う。

同社はこれまでに二つのニッチを見いだしてきた。まず、一九七〇年代には鉄くずを建築用鋼材に変えるビジネスに特化した。そして、最近はほかの企業もこの分野の乗り込んできているため、自動車の車体や家電製品などに使われる高品質の圧延鋼板を作る技術を獲得してリードを維持している。この「薄スラブ鋳造」という新しい技術により、今ではベスレヘムやＵＳＸと直接競争できるほどになっている。

ショー・インダストリーズ

雑誌記事のデータベースでこの企業に触れている記事を検索したところ、表示されたのは二件だった。ひとつは「テキスタイル・ワールド」誌の記事の一段落で、もうひとつは「データメーション」誌というあまり馴染みのない技術雑誌の一文だった。これとは別に、「ウォール・ストリート・ジャーナル」の記事が二本、「PRニュースワイヤ」の記事が一本見つかった。どうやら、年一〇億ドルの売上高を計上し(間もなく二〇億ドルになる見通し)、米国のカーペット市場で二〇%のシェアを誇るこの大企業のことは、ごくわずかしか報じられていないようだ。

同社の本社はジョージア州ダルトンという、大きな空港から少なくとも二時間かかる町にある。目立たない場所で大きな好機を見つけるというこのテーマにぴったりだ。ブルーリッジ山脈の南端にあるこの町は、月夜が美しいことや木靴を履いたダンス、そして一八九五年にある若い女性がパイル地のベッドカバーの製法を考案したという史実で知られている。平織りの布に糸を刺してパイル(輪)を作るこの技術はベッドカバーのブームを巻き起こし、これがやがてタフテッド・カーペットのブームにつながっていった。ただ、ショー・インダストリーズの歴史はそこまで古いものではない。

同社の創業は一九六一年。会社を立ち上げたロバート・ショー氏(五八歳)とJ・C・ショー氏の兄弟が今でも同社の社長兼CEOと会長をそれぞれ務めている。同社を簡単に紹介した記事などでは、ロバート・ショー氏はあまり話をしない(それも、ほとんどまじめなことしか言わない)人物として描かれている。実際、社長室の壁には「我が社の生産設備をフル稼働できるように十分な市場シェアを維持するべし」というモットーが書かれているという。

ショー氏が人を笑わせたのは、ショー・インダストリーズは年商一〇億ドルの会社になると発言したときだったという。そのとき起こった大きな笑い声は、同社の二倍のカーペットを売っていた業界大手、ウエスト・ポイント・ペパーレルのオフィスにも届いたかもしれない。しかし、笑い声は結局やむことになった。ショー・インダストリーズが、ウエスト・ポイント・ペパーレルのカーペット事業を買収したからだ。

現代の米国でこれほどひどいビジネスはない。ショー兄弟がカーペット事業に乗り出した一九六〇年代は、カーペット工場に一万ドルを投じられる人たちが次々に参入してきた時代だった。ダルトンの周辺には小さな工場が乱立した。新しいカーペット・メーカーが三五〇社も立ち上げられ、すべての床にカーペットを敷きたいという国内の需要に応えるべく生産力を増強した。需要は膨大だったが供給はそれを上回り、程なく値下げ競争が始まった。自分の会社もライバル会社も利益が出せない状況になっていった。

一九八二年、米国では木の床の良さが見直され、カーペット・ブームが終わった。八〇年代の半ばには、上位二五社の半分が撤退していた。カーペット業界はそれ以来成長していないが、ショー・インダストリーズは低コストなメーカーとして成功を収めており、ライバルが倒れるたびに仕事を増やしている。

余裕資金はすべて、業務の改善とコストのさらなる削減のために使っている。材料の糸が高価なことにうんざりしたときには紡績工場を買収し、中間業者を排除した。トラックを購入して自前の配送ネットワークも構築した。アトランタにあった豪華なショールームも閉鎖した。品物を見たい顧客がいれば、アトランタまでバスで迎えにいくのだ。

カーペット業界がどん底にあった時期にも、同社は二〇%の成長率を維持してきた。株価はこれを忠実に反映し、一九八〇年から五〇倍の上昇を記録している。九〇年から九一年にかけては少し足踏みしたものの、一九九二年には再び二倍になっている。カーペット・メーカーの株が五〇倍に上昇すると言われて、そのまま信じた人はいないだろう。

ショー・インダストリーズは一九九二年五月にセーラム・カーペット・ミルズを買収し、業界内の地位をさらに強化した。今世紀末までに世界のカーペット・メーカーは非常に大きな三、四社に支配されるというのが、同社の現在の見立てである。同社のライバルたちは、ひとつの大企業がカーペット市場を支配する事態を恐れている。そして、その大企業がどこになるかも、すでに知っている。

第13章■素晴らしき哉、S&L株！

嫌われている株といえば、最近ではS&L（貯蓄金融機関）である。今ではその名前を聞いただけで、米国民は用心して財布をぎゅっと握りしめる。五〇〇〇億ドルものS&L救済費用を国民が負担しなければならないという見通しのこと、一九八九年以降に六七五社が破綻して閉鎖されたこと、それらの幹部や取締役の金遣いが荒かったこと、連邦捜査局（FBI）が一万件もの銀行詐欺事件を捜査していることなどが頭をよぎるからだ。以前は、S&Lの別名である「スリフト」という言葉を耳にすると、往年の名画『素晴らしき哉、人生！』で主人公のS&L経営者を演じたジェームズ・スチュワートを思い出したものだが、最近では手錠をかけられたS&L幹部を思い出してしまう。

一九八八年以降は、新聞を手にしたら最後、S&Lの破綻や民事訴訟、刑事訴追、議会での救済法案の審議などの話を全く読まずには済まなくなっている。S&Lによる気の毒な話を扱った本も少なくとも五冊書かれているが、「S&L株で財産を作る方法」を論じた本は一冊も出ていない。

しかし、トラブルを避けたり乗り越えたりしてきた多数のS&Lは今でも、素晴らしき人生を謳歌している。自己資本比率という財務の強さを測る最も基本的な指標で、米国最強の銀行JPモルガンを上回っているS&Lは一〇〇社以上ある。例えば、JPモルガンの自己資本比率は五・一七%だが、コネチカット州にあるピープルズ・セイビングズ・フィナンシャルというS&Lのそれは一二・五%に達している。

JPモルガンが傑出した銀行であるのはいろいろな要因が組み合わさった結果であり、自己資本比率だけで比べるのは適切でない。この話のポイントは、世間の評判は必ずしも正しくなく、財務内容で優れたS&Lもたくさんあるということだ。

もちろん、財務内容の悪いS&Lも数多く存在するため、両者を見分けることが重要になる。そこでこの章では、S&Lを大きく三つに分けてみた。詐欺をはたらいた悪人タイプ、それまでの実績を台無しにした欲深タイプ、そしてジェームズ・スチュワート演じる主人公が経営していたような、良心的で堅実なタイプの三種類だ。

1 悪人タイプ

その有効性が確かめられ、全米各地でまねされたやり口は次のようなものだった。まず何人か(話を単純にするため一〇人としよう)が例えば一〇万ドルずつ出し合ってIGWT(In God We Trust)という名前のS&Lを買収する。すると自己資本が一〇〇万ドルになるため、預金を一九〇〇万ドルまで受け入れることが可能になり、計二〇〇〇万ドルの融資が行えるようになる。

一九〇〇万ドルの預金を集めるために、ＩＧＷＴは預金金利を非常に高い水準に設定し、メリルリンチやシェアソンといった証券会社を使って預金証書（ＣＤ）を販売する。読者はきっと、「ＩＧＷＴのジャンボＣＤは利率が年利一三％。ＦＳＬＩＣ（連邦貯蓄貸付保険公社）の保証付きです」などとうたった新聞広告を目にしたことがあるだろう。政府保証がついているからＩＧＷＴは何の苦労もなく、あっという間にＣＤを売りさばくことができる。多額の販売手数料を手にする証券会社はほくほく顔だ。

二〇〇〇万ドルを手にしたＩＧＷＴのオーナーや取締役たちは、自分の友人や親戚、仲間などが手がけるいかがわしい建設プロジェクトにこの資金を貸し付ける。建物を建てる必要がない場所で建築ラッシュが始まることが多かったのは、まさにこのためだった。また、ＩＧＷＴは融資実行時に多額の手数料を前払いさせるため、表面上はとても利益が出ているように見える。

この「利益」は、ＩＧＷＴの自己資本に組み入れられる。すると先ほどと同じパターンで、自己資本が一ドル増えるたびに一九ドルの預金を集めることが可能になり、計二〇ドルの融資ができるようになる。小さな町のＳ＆Ｌが何十億ドルものお金を動かすようになったのは、この自己増殖の仕組みがあったからだ。融資額が増えれば自己資本が拡大し、会計士や監査法人に袖の下を渡したり、上院や下院の銀行委員会に名を連ねる議員にも献金したりできるようになる。社用ジェット機を買ったり、パーティーで乱痴気騒ぎをしたりするお金も手に入る。

非常に目立った一部のケースを除いて、詐欺的なＳ＆Ｌの大部分は株式を公開していなかった。公開会社であれば監視の目が入るため、汚い手を使ってもすぐに分かってしまっただろう。

2 欲深タイプ

悪人や詐欺師でなくてもS&Lをつぶすことはできた。とにかく欲深であればよかったのだ。トラブルは、普通のS&L(ここではファースト・バックウォーター・セイビングズという名前で呼ぼう)がIGWTなどのライバルの荒稼ぎに気づくところから始まる。ライバルは、身内の事業に多額の貸し付けを行い、そこから高額な手数料を取っている。あっという間に大金を稼いでカクテル・パーティーを楽しんでいる。片やファースト・バックウォーターは、昔ながらの住宅ローンを地道に続けている。

ファースト・バックウォーターの取締役たちは一念発起し、ウォール街からサスペンダー氏という専門家を招き、利益を最大化するにはどうすればよいかと教えを請う。サスペンダー氏の言うことはいつも同じだ。ルールに触れない範囲で、連邦住宅貸付銀行(FHLB)からカネを借りられるだけ借りる、そしてほかのS&Lがやっているような事業融資にそのカネをつぎ込む――それだけだ。

ファースト・バックウォーターはFHLBから資金を借り、CDも売り出し、新聞にも広告を出す。集めた資金はオフィスビルやマンション、ショッピングセンターなどを建てたい不動産開発業者に貸し付ける。利益を増やすために、そうした開発プロジェクトのパートナーに自ら名を連ねることすらある。そこに景気後退がやって来る。オフィスビルやマンション、ショッピングセンターの入居希望者はあっという間にいなくなり、開発業者は借金を返せなくなる。かくして、五〇年かけて少しずつ積み上げられたファースト・バックウォーターの純資産は、五年も経たないうちに消え失せてしまう。

このケースは、基本的にはＩＧＷＴとまるっきり同じである。違うのはファースト・バックウォーターの取締役たちが自分の友人にカネを貸さなかったことと、「袖の下」を使わなかったことだけだ。

3 堅実タイプ

私の好みは、ジェームズ・スチュワートの映画にでてきたような堅実タイプのＳ＆Ｌだ。このタイプは静かに利益を稼ぎ出す。余計な飾り立ては一切せず、コストを低く抑え、近隣住民のお金を預かって昔ながらの住宅ローンを貸し出すことに満足している。そういうＳ＆Ｌは米国中の小さな町に、そして商業銀行が見過ごしているいくつかの都市にある。また、多額の預金を集める大きな支店を持っていることが多い。大きな支店をひとつ構えたほうが、小さな支店をたくさん運営するよりもはるかに利益があがる。

シンプルな本業に専念している堅実タイプのＳ＆Ｌは、高い料金を取る融資アナリストや、大手銀行に雇われるような大物に仕事を依頼せずに済む。ギリシャの神殿のような本店を建てたり、アン女王様式の家具をロビーに置いたり、宣伝のために飛行船を飛ばしたり看板を立てたり、有名人のスポンサーになったり、本物の絵画を壁に飾ったりしなくても済む。観光ポスターで十分間に合う。

シティコープのような都会の大銀行では、貸出残高の二・五～三％に相当する金額の間接費が発生している。従って、預金者に払う利息と貸出先から受け取る金利との間に少なくとも二・五％の「スプレッド（差）」をつけなければならない。そうしなければ赤字になってしまう。

堅実タイプのＳ＆Ｌはもっと小さなスプレッドでもやっていける。一・五％あれば赤字を回避できる。従って、理論的には、住宅ローンを全く手がけなくても黒字を出せる。年利四％の利息で預金を集め、年利六％の米国債に投資するというやり方でも利益を出せるのだ。年利八～九％の住宅ローンを実行すれば、株主にはかなりの利益が転がり込む計算となる。

堅実タイプのS&Lは何年も前から、カリフォルニア州オークランドのゴールデン・ウエストという同業者を励みにしている。ゴールデン・ウエストは傘下に三つのS&Lを抱えるが、いずれもハーブ・サンドラーとマリオン・サンドラーの夫妻により経営されている。往年の人気番組「オジーとハリエット」で知られるネルソン夫妻の冷静さと、ウォーレン・バフェット氏の知性を兼ね備えたカップルだ（事業経営を成功させるには完璧な組み合わせである）。サンドラー夫妻はこれまで、余計な騒ぎをいくつも回避してきた。例えば、最終的に貸し倒れとなったジャンク・ボンドへの投資や、債務不履行に陥った商業用不動産開発事業への投資という騒ぎを避けた。おかげで、経営破綻して整理信託公社（RTC）に救済されるという騒ぎも避けることができた。

サンドラー夫妻は、ばかげたことへの無駄遣いにも消極的である。新しいものを信用しないから現金自動預け払い機（ATM）を設置しなかったし、トースターなどの景品を出して預金を集めることもしなかった。見当違いの不動産開発への融資ブームにも乗らず、住宅ローンという本業に徹した。今日でも、ゴールデン・ウエストの総貸付残高の九六％は住宅ローンだ。

夫妻は本社の経費節減にも熱心に取り組んでいる。私が訪ねたゴールデン・ウエストの本社は、この地域の立派な銀行のほとんどが本社を構えるサンフランシスコではなくオークランドに、それも賃貸料が比較的安い地区にある。本社の受付に人はおらず、訪問者はカウンターに置かれている黒電話で自分がやって来たことを告げなければならない。

その一方で、支店への支出は惜しまない。顧客をできるだけ楽しい、心地よい気分にすることを目標としているからだ。夫妻によれば、同社は定期的に「隠密」を支店に送り込んでサービスの状況を調べさせているという。

一九八〇年代半ばにあった有名なエピソードを紹介しよう。マリオン・サンドラー氏はウエストバージニア州で開かれたS&Lの会合に出向き、「生産性とコスト管理」という十八番のテーマで講演をした。ところが、ほかのS&Lの幹部たちにとってあまりに興味深い話だったために、聴衆の三分の一が会場を出て行ってしまった。聴衆のお目当ては最新のコンピューター・システムや紙幣計数機の話であり、コスト削減ではなかったのだ。おそらく、このとき会場に残ってちゃんとメモを取っていたら、もっと多くの幹部たちがS&Lのビジネスを続けられたことだろう。

一九八〇年代以前には、株式を公開しているS&Lはゴールデン・ウエストを含めても数えるほどだった。ところが八〇年代半ばに株式公開ラッシュが始まり、それまで株式非公開の「ミューチュアル・セイビングズ・バンク」として営業していた何百という金融機関が、ほぼ同時に株式公開に踏み切った。私はマゼラン・ファンドのためにその多くを購入した。この時期はとてもえり好みが激しかったので、「ファースト」とか「トラスト」といった単語が名前に入っているS&Lは何でも買った。かつて「バロンズ」の座談会で、私の手元に目論見書が届いた一四五のS&Lのうち一三五社の株を買ったと打ち明けたところ、司会者はいつもの調子で皮肉を口にした。「買わなかったほかのS&Lには、いったい何があったんですか?」

私がS&L株の投資で選り好みをせず、時に危険なほどのめり込んだ理由は二つある。ひとつ目は、マゼラン・ファンドがあまりに大きく、かつひとつひとつのS&Lが非常に小さいため、S&L株への投資でファンド全体の運用成績を高めるためにはかなりの量のS&L株を買う必要があったからだった。クジラが大量のプランクトンを食べるようなものである。二つ目は、S&Lが独特なやり方で株式を公開したために、自動的にお買い得な銘柄になっていたからだった。

バージニア州シャーロッツビルに本社を構えるSNLセキュリティーズという証券会社には、現存するすべてのS&Lの動向を調査している専門家チームがある。このチームは先日、一九八二年以降に株式を公開したS&L四六四社がその後どうなったかを調べ上げた。私に送られてきたこの資料によれば、九九社はほかの銀行かS&Lに買収された。これらの取引は、IPO価格を大幅に上回る株価で行われて、株主に大きな利益をもたらすケースが普通だった。また、六五社は経営破綻した。こちらは、株主が投資額を全額失うケースが普通だった(私自身もこれを経験した)。従って、今も事業を続けているS&Lは三〇〇社ということになる。

S&L株の評価方法

私は、S&Lに投資したくなるといつもゴールデン・ウエストのことを考えるが、一九九一年にこの銘柄が二倍に値上がりした後、もっと有望な銘柄を探そうと決心した。そして九二年の「バロンズ」の座談会に備えてS&Lのリストをチェックし、それらしい銘柄をいくつか見つけた。ちょうどお買い得な銘柄が生まれるのにうってつけの時期だったのだ。

まず、S&Lの不正融資の話は新聞の一面から姿を消し、これに代わって住宅市場が急落するというストーリーが注目を集めていた。この話は二年連続で多くの人を不安にさせていた。住宅市場は崩壊し、銀行システムも共倒れするというのだ。一九八〇年代の初めにテキサス州で住宅価格が急落し、いくつかの銀行やS&Lがそれにつられて破綻したことをみな覚えており、高級住宅の市場が調整局面に入っていた東海岸やカリフォルニアでも同じことが起こるだろうと予想していたのである。

そんな折、全米不動産協会（NAR）が、住宅価格のメジアン（中央値）は一九九〇年にも九一年にも上昇したという最新の事実を明らかにしたことで、住宅市場が崩壊するという話は高級物件を買った人たちの作り話のようなものだと私は確信した。私はまた、堅実タイプの中でもトップクラスに位置するS&Lは、高級住宅や商業用不動産、建設関連の融資などにはあまり関わっていなかったことを承知していた。これらのS&Lではたいてい、融資ポートフォリオは一〇万ドル台の住宅ローンで占められていた。利益成長率は高く、預金の基盤も盤石で、自己資本比率もJPモルガンのそれを上回っていた。

しかし、市場では臆病風が吹き荒れており、堅実タイプのS&Lの長所は評価されていなかった。ウォール街はS&L株に否定的で、平均的な投資家もそうだった。フィデリティが運用していたセレクトS&Lファンドも、一九八七年二月には六六〇〇万ドルの規模を誇っていたが、九〇年一〇月にはわずか三〇〇万ドルに落ち込んだ。証券会社も、アナリストによるS&Lの調査を縮小した。完全にやめてしまったところもあった。

フィデリティでは、フルタイムのアナリスト二名をS&Lの調査にあたらせていた。デイブ・エリソンは大手を、アレック・マレーは中小をそれぞれ担当していた。だが、マレーがダートマス大学の大学院に進んだ後、後任の補充はなかった。エリソンはファニーメイやゼネラル・エレクトリック、ウェスチング・ハウスなどほかの大企業の調査を割り当てられ、S&Lの調査は片手間で行うだけになっていた。

ウォルマートを担当するアナリストは全米で五〇人近くおり、フィリップ・モリスを調査するアナリストも四六人いる。しかし、株式を公開しているS&Lの調査に専念しているアナリストは二、三人しかいない。ここから、ピーターの法則⑱が導かれる。

【ピーターの法則⑱】
アナリストにさえ飽きられたときこそ、買い始めるときだ。

多くのS&L株が安値で売買されていることに目を見張った私は、『スリフト・ダイジェスト』という資料を読みふけった。前述したSNLセキュリティーズが発行しているもので、編集者のリード・ネイグル氏は実に素晴らしい仕事をしてくれている。『スリフト・ダイジェスト』はボストンの電話帳ほどの厚みがあり、最新情報を毎月受け取る購読契約を結ぶと年七〇〇ドルの費用がかかる。七〇〇ドルとなると、ハワイ行きの往復航空券が二枚買える金額だけにおいそれとは申し込めない。

もし割安なS&L株について詳しく調べたいのであれば(私としては、ハワイ旅行なんかよりもこちらの作業のほうがはるかに面白いのだが)、最寄りの図書館で最新号を閲覧するか、つきあいのある証券会社から借りるとよいだろう。私が読んだのも、フィデリティから借りたものだった。

夕食の前も、夕食の最中も、そして夕食の後も、目を皿のようにしてこの資料を読んでいたため、妻のキャロリンはすっかりあきれて、この本を「旧約聖書」と呼び始めた。私はこの「旧約聖書」を片手に独自の採点表を編み出し、最も優れたＳ＆Ｌ一四五社を州ごとに並べたリストを作り、以下に示す重要項目を書き加えていった。Ｓ＆Ｌについては、これだけ調べていれば十分だろう。

・現在の株価……これは自明。

・ＩＰＯ価格……現在の株価が公開時の株価を下回っていたら、それは過小評価されているかもしれないしるしとなる。もちろん、ほかの要因も検討しなければいけないが。

・自己資本比率……財務面から見た強さと「生き残る可能性」を測る最も重要な指標。高ければ高いほどよい。かなり差がつく数字でもあり、一％とか二％という場合もあれば（このレベルのＳ＆Ｌは破綻する可能性が高い）、二〇％（すなわちＪＰモルガンの四倍）に達する場合もある。平均値は五・五～六％だが、五％を下回る銘柄は危険地帯に入っている。

私がＳ＆Ｌ株を買うときは、少なくとも七・五％の自己資本比率がほしいと考える。経営破綻から自分を守るためでもあるが、自己資本比率が高いＳ＆Ｌには魅力的な条件で買収される可能性もあるからだ。大手の銀行やＳ＆Ｌが自己資本比率の高いＳ＆Ｌを買収すると、自己資本比率が高い分だけ、買収後に貸付の余力が大きくなるのである。

- 配当……平均以上の配当を支払っているS&Lは多い。ほかの条件をすべて満たしたうえで高配当ならばなおよい。
- 純資産……銀行やS&Lが保有する資産の大部分は貸付債権である。リスクの高い貸し付けを避けてきたと確信できるS&Lなら、財務諸表に記されている純資産はそのS&Lの真の価値を正確に反映していると確信できるようになる。堅実タイプの中でトップクラスの利益をあげているS&Lには現在、株価が一株当たり純資産を下回っているものが多い。
- PER……どんな株でもそうだが、この数字は小さければ小さいほどよい。S&L株の中には、利益成長率が年一五%もありながらPERが七~八倍（過去一二カ月間の実績ベース）という銘柄もある。私が調べた時点でのS&P五〇〇のPERが二三倍だったことを考えれば、こういう銘柄は非常に有望だ。
- 高リスクな不動産関連の資産……大きな問題になっている分野であり、特に事業融資と建設融資は数多くのS&Lを破綻に追い込んできた。この資産が資産全体の五~一〇%以上を占めるようになったら、私は身構え始める。ほかの条件が同じであれば、この高リスクな資産の割合が小さいS&

Lの方に投資したいというのが私の考え方だ。一般の投資家が自宅から遠く離れたところにあるS&Lの事業融資ポートフォリオを分析することは不可能なので、この種の融資を行っているS&Lへの投資は最初から避けるのが無難だろう。

『スリフト・ダイジェスト』がなくても、高リスク資産の割合を計算することは可能である。まず、年次報告書に収められた財務諸表の「資産の部」にある建設融資と商業用不動産関連融資の残高をメモする。次に、実行中の融資すべての合計残高をメモする。前者を後者で割れば、高リスク資産の割合がまずまずの精度で得られるだろう。

- 九〇日以上の延滞債権……バランスシートには、すでにデフォルト(債務不履行)となった貸付債権も載っている。この債権が総資産に占める割合は低いほうがよく、二%未満であるのが望ましい。さらに言うなら、上昇ではなく低下傾向にあるほうがいい。この割合があと二、三%高まるだけで、そのS&Lの自己資本が吹き飛んでしまう恐れがあるからだ。
- 保有不動産(Real Estate Owned)……S&Lが差し押さえた不動産のことである。REOと略されるが、基本的には、過去に問題があったことを示す指標である。帳簿上はすでに損失として処理された案件を表すものだからだ。

　これによる財務への「打撃」はすでに終わっているため、REOの割合が高くても、不良債権の割合が高いときほど怖がることはない。しかし、REOが増加傾向にあるとしたら、それは懸念材料だ。Ｓ＆Ｌは不動産業を営んでいるわけではなく、維持管理の経費がかかり売却も難しいマンションやオフィスビルをさらに抱えたいとは思っていないからである。実際、ＲＥＯがたくさんあるＳ＆Ｌについては、その処分に苦労しているのだと考えなければならない。

＊　＊　＊

私は結局、「バロンズ」の座談会でＳ＆Ｌを七銘柄も推奨した。そのうち五銘柄は堅実タイプで、残る二銘柄が破綻寸前の状況からよみがえった大穴だった（私としては「復活組」と呼びたい）。

一九九一年にも推奨した二銘柄を含む堅実タイプの五銘柄は、右記の指標で優れた値を示していた。まず、自己資本比率はいずれも六％以上あり、高リスクな貸付債権の割合は一〇％を下回っていた。九〇日以上の延滞債権の割合は二％以下で、保有不動産の割合は一％を下回った。ＰＥＲはいずれも一一倍に達していなかった。株価が一株当たり純資産を下回っていた銘柄も四つあり、最近になって自社株買いを実施した銘柄も二つあった。

「復活組」の二銘柄では、指標の多くがひどい値を示している。保守的な投資家は、どちらの銘柄も避けるべきだ。私がこの二銘柄を大穴として選んだのは、いろいろな問題があるにもかかわらず自己資本比率がまだ高かったからだ。また、この二銘柄の営業地域では、景気が安定する兆しも見え始めていた。

第14章 ■ 上り調子で最も値上がりする循環株を選び抜け

景気が低迷期に入ると、プロのファンド・マネジャーは循環株への投資を検討し始める。アルミ、鉄鋼、製紙、自動車、化学、空運といったセクターの株価が景気の変動に伴って上下することはよく知られており、季節の巡りと同じくらい確実な現象でもあるからだ。

ただ、話はそれほど単純ではない。ファンド・マネジャーには、循環株への投資をいち早く再開してライバルを出し抜きたいという気持ちが常にある。そのため、循環株が実際に復活する時期とウォール街がそれを見越して行動し始める時期とのギャップがますます大きくなり、そのせいで循環株への投資がますます難しくなっているように私には思われる。

株式投資では、ＰＥＲが低いことは良いことだと見なされるケースがほとんどだが、循環株はそうではない。循環株のＰＥＲが非常に低いということは、順調な時期が終わることの兆しであるのが普通だ。不用心な投資家は、業況はまだ良好だし利益も高水準を維持しているからとの理由で循環株を持ち続ける。しかし抜け目のない投資家は、売り注文のラッシュを避けるためにこの時点ですでに売り始めている。

多数の株主が売りに回れば、株価は下がるしかなくなる。株価が下がればＰＥＲも下がる。経験の浅い投資家には循環株の魅力が増したように見えるだろうが、それは思い違いであり、高くつくことがある。

景気は程なく減速する。循環株と言われる企業の利益も、息をのむようなスピードで減っていく。売り逃げようとする投資家が増えるにつれ、株価は下がっていく。記録的な好業績が数年続き、ＰＥＲが歴史的な低水準にある循環株を買うことは、持ち金の半分を短期間で失う確実な方法のひとつなのだ。

逆に、ＰＥＲが高いことは悪いことだと見なされるケースがほとんどだが、循環株ではこれが朗報かもしれない。高ＰＥＲは業績の低迷期が終わりつつあり程なく改善に向かうことを、利益がアナリストの予想を上回ることを、そしてファンド・マネジャーが熱心に買い注文を入れ始めることを意味していることが多いのだ。その場合、株価は上昇することになる。

循環株への投資は、先を見越して動くゲームである。それゆえに、循環株で利益を出すことは、ほかの株で利益を出すよりも一段階難しい。まず、買いを入れるタイミングが早すぎたために株価がなかなか上がらず、しびれを切らして手放してしまう恐れがある。また、銅であれアルミであれ自動車であれ、業界とそのリズムに関する実務知識を持たずに循環株に投資するのは危険である。例えば、銅鉱山会社フェルプス・ドッジへの投資で利益を得られる可能性が高いのは、「割安に見える」との理由でこの銘柄を買うことにしたＭＢＡ（経営学修士）ではなく、銅管の価格を日々観察している配管工のほうである。

私自身は、循環株の投資でまずまずの成績を収めている。景気後退が生じたときは、必ずこのグループに目を光らせている。私は何事も前向きに考えるし、たとえ悲観的な見出しが新聞にあふれていても景気はいずれ回復すると思っているので、どん底の状態にある循環株を買うことをいとわない。この会社の状況はもうこれ以上悪くならないと思われるときこそ、事態は好転し始めるのだ。バランスシートがしっかりしている循環株なら、株価は必然的に回復する。ここから、ピーターの法則⑲が導かれる。

【ピーターの法則⑲】
悲観的になることが報われるのは、空売りを仕掛けているときと、裕福な結婚相手を探す詩人になるときだけだ。

第10章で書いた通り、私は住宅建設会社の株を買って住宅市場の回復に乗じようとして、失敗したことがある。たくさんの投資家が私より先に買いを入れたために、株価が上昇してしまったのだ。しかし、彼らは銅の市場の回復は予想しておらず、一九九二年一月には無視するわけにはいかないお買い得株が私の目の前に現れた。フェルプス・ドッジである。そこで馴染みの配管工に聞いてみた。たしかに銅管の値段は上がっている、とのことだった。

私はこの銘柄をすでに、一九九一年に推奨していたが、その年は上昇も下落もしなかった。上にも下にも行かなかったからといって推奨リストから外す必要はないが、買い増しをする理由にはなるかもしれない。そこで九二年一月二日にこの銘柄のストーリーを再度チェックしたところ、一年前よりむしろお買い得感が強まっているように思われた。

フェルプス・ドッジの本社はかつてニューヨークにあり、私も訪問したことがある。だがアリゾナ州に移転してからは、電話で連絡を取るようになっている。今回も私は電話をかけ、ダグラス・イヤリーCEOと話をした。

私は以前、この銘柄に関心を持ったときに銅についていろいろなことを調べ、銅にはほかの金属(例えばアルミ)などよりも価値があると確信するようになった。実際、地球の地殻にはアルミが大量に含まれており(正確に言えば八%)、抽出も比較的容易だが、銅はそもそもアルミより量が少ないうえに、鉱石を掘り尽くしたり坑道が水没したりして閉鎖に追い込まれる鉱山も出ている。例の「キャベツ畑人形」の工場とは違い、シフトをひとつ増やせば増産できるというものではない。

米国では、環境規制のために多くの精錬所が閉鎖を余儀なくされてきた。精錬という事業を完全にあきらめた企業も少なくない。精錬所は国内ではすでに不足しており、外国に作られるようになっている。そのため、精錬所の風下に住む人はほっと胸をなで下ろしており、フェルプス・ドッジの株主も同じく胸をなで下ろしている。同社は精錬所を多数運営しており、ライバルの数が以前より減っているからだ。

世界需要を予測する

銅の需要は短期的には落ち込んでいたが、回復するはずだと私は考えた。世界の発展途上国はすべて、旧ソビエト連邦の国々も含めて、電話システムの整備に力を入れている。最近ではどの国も資本主義国になりたがっているが、電話がなければ資本主義国になるのは難しい。

従来型の電話システムには、何百マイルもの銅線が必要になる。新しく生まれた国々が全国民のポケットに携帯電話を入れる戦略を取るなら話は別だが（実際、この戦略が採用される公算は小さい）、そうでなければ、市場で銅を頻繁に買うことになるだろう。銅の使用量は、成熟した先進国よりも発展途上国のほうが相対的に見てずっと多いため、発展途上国が増えることは将来の銅相場にとって明るい兆しとなるだろう。

フェルプス・ドッジの株価はこのところ、典型的な循環株のパターンをなぞっていた。景気後退に入る前の一九九〇年、同社の一株利益（先日の株式分割調整後の値）は六ドル五〇セントで、株価は23～36ドルで推移していた。ＰＥＲは三・五～五・五倍という低い値になる。九一年の一株利益は三ドル九〇セントに落ち込み、株価も39ドルの高値から26ドルに下落した。ここでこれ以上下落しなかったのは、この会社の長期的な見通しを高く評価している投資家が多い証拠である。ひょっとしたら、循環株の投資家がいつもより早く次の循環に賭けていたのかもしれないが。

循環株投資で最も重要な問題は、投資先に選んだ企業のバランスシートが次の不景気を乗り越えるのに十分な強さを持っているか、というものだ。私はこの情報を、その時点で入手できた最新の報告書(一九九〇年の年次報告書)にあるフェルプス・ドッジのバランスシートで見つけることができた。

これによると、同社の資本は一六億八〇〇〇万ドル。手持ち現金を差し引いた後の債務はわずか三億一八〇〇万ドルだった。これなら、銅の価格がいくらになろうと(たしかに、ゼロになったら問題だが)倒産することはない。仮に資金の借り入れが必要になるとしても、それ以前に、多くのライバル企業が鉱山の閉鎖や事業からの撤退を余儀なくされることだろう。

事業部門の価値をおおざっぱに計算する

フェルプス・ドッジは大企業であり、銅以外の事業への多角化を進めていた。では、ほかの事業はどうなっていたのか。イヤリーCEOの説明によれば、カーボン・ブラックはまあまあ、マグネットワイヤーもまあまあ、トラック用車輪もまあまあ、そしてモンタナ州の金鉱山キャニオン・リソーシズ(フェルプス・ドッジは七二％の権益を保有)は大きな利益をもたらす可能性がある、とのことだった。

これらの子会社による連結一株利益は、業績の悪い年(一九九一年)で一ドル弱だった。となれば、まずまずの年なら二ドル稼ぐという想定はそれほど無茶な話ではない。私はここにそれほど高くないPER五〜八倍を当てはめ、これらの子会社だけで一株当たり一〇〜一六ドルの価値はあるかもしれないと考えた。金鉱山の権益には一株当たり五ドルの価値がある可能性もある。

私はよく、企業のいろいろな事業部門の価値をこのようにごくおおざっぱに計算している。こうした事業には、かなり大きな資産が隠されていることがあるからだ。どんな種類の企業であれ、株を買いたいと思ったらやってみるといいだろう。複数の事業部門の価値を足し合わせたら全体の価値を上回ってしまったということも、決して珍しくはない。

企業が二つ以上の事業部門を持っているかどうかは、年次報告書を見ればすぐに分かる。どの部門がいくら利益をあげたかという内訳も載っている。その利益に一般的なPER（例えば、循環株なら平均的な利益水準の八～一〇倍、またはピーク時のそれの三～四倍）を乗じれば、その事業部門にどれぐらいの価値があるのか、おおざっぱな目安は少なくとも付けられるだろう。

フェルプス・ドッジの場合、金鉱山の権益に一株当たり五ドル、その他の補助的な事業部門に一株当たり一〇～一六ドルの価値があり、かつ同社の株が32ドルで売買されていたら、同社の銅事業部門は非常に安く売られていたことになろう。

私はまた、設備投資にも注目した。数多くの事業会社が過大な設備投資で破綻してきたからだが、フェルプス・ドッジには問題はないように思われた。一九九〇年にプラントと設備の改修に二億九〇〇〇万ドルを投じていたが、これは同年のキャッシュフローの半分に満たない額だった。

一九九〇年の年次報告書によれば、同社のキャッシュフローは六億三三〇〇万ドルで、設備投資額と配当金の支払額の合計を上回っていた。不振に終わった九一年でさえも、キャッシュフローは設備投資額を上回っていた。使う現金よりも入ってくる現金のほうが多いというのは、どんなときでも良い兆候だ。

フェルプス・ドッジの鉱山とその他の施設は良い状況にあった。コンピューター・メーカーは新製品の開発に（あるいは、旧型の製品との共食いに）多額の資金を毎年投じなければならないが、フェルプス・ドッジはごくわずかな支出で鉱山を維持できている。その点では、鉄鋼会社よりも恵まれていると言える。鉄鋼会社はプラントの改修に巨額の費用を投じても、安売りを仕掛けてくる外国のライバルに苦しめられるのがオチだからだ。

設備投資がどうなろうと、いろいろな子会社がどうなろうと、フェルプス・ドッジの命運は銅の価格が握っている。その理由を簡単な計算で説明しよう。

年次報告書によれば、同社が一年間に生産する銅は一一億ポンドだから、ポンド当たりの価格が一セント上昇するだけで税引き前利益は一一〇〇万ドル増加する。発行済株式数は七〇〇〇万株だから、この税引き前利益の増加分は税引き後の一株利益一〇セントに相当する。ゆえに、銅の価格が一ポンド当たり一セント上昇するたびに、一株利益は一〇セント増加する。銅価格が五〇セント上昇すれば、一株利益は五ドル増加するのだ。

もし来年以降の銅価格の推移を知っている人がいたら、その人は自動的に、フェルプス・ドッジ株の売り時と買い時を知っている天才トレーダーになるだろう。私にはそんな予知能力はない。しかし、一九九〇~九一年の銅価格は景気後退のために安くなっていると考えた。そして永遠に安いままであるはずはなく、いつかは上昇する時期が来て、フェルプス・ドッジの株主がその恩恵を特に享受することになると予想した。この銘柄を買い入れたら、あとは辛抱強く待ち、配当を受け取り続けるだけでいい。

資産を増やすのにも貢献した自動車株

自動車株は優良株に間違えられることが多いが、実は典型的な循環株だ。自動車株を買って二五年間持ち続けるというのは、例えて言うならアルプス山脈を飛行機で越えるようなものだろう。得るものはあるかもしれないが、上り坂や下り坂をたっぷり経験するハイカーのそれとはとても比較にならない。

私は一九八七年、クライスラーやフォードなど、マゼラン・ファンドが持っていた自動車株を減らした。このファンドで最も大きな割合を占めていた業種だったが、八〇年代の初めに始まった自動車購入ブームがそろそろ終わると感じたのだ。しかし、九一年に景気後退が始まり、自動車株が直近の半値にまで下落し、自動車やトラックのショールームにも客足が途絶えて従業員がトランプ遊びで暇をつぶし始めたのを見て、私は自動車株にもう一度目を向けることにした。

信頼性の高い一般家庭用ホバークラフトが発明されない限り、米国で最も愛されている個人所有物の座を自動車が明け渡すことはないだろう。また、米国人は遅かれ早かれ自動車を買い替える。古くなって飽きてしまったり、ブレーキを強く踏んで錆びだらけの床に穴をあけてしまったりするからだ。私は一九七七年式のＡＭＣコンコルドにずっと乗っているが、さすがにガタがき始めている。

マゼランが自動車株を大量に購入した一九八〇年代の前半、米国では自動車およびトラックの年間販売台数が七七年の一五四〇万台から八二年の一〇五〇万台へと急減していた。もちろん、さらに減る可能性もあったが、ゼロにならないことは分かっていた。理由はいくつかあったが、ほとんどの州で年に一度の車検が義務づけられており、ポンコツにずっと乗り続けることはできないというのもそのひとつだった。ポンコツはいずれ、道路から締め出されてしまうのだ。

返済期間五年の自動車購入ローンという新手の商品の登場も、自動車産業が直近の景気後退から抜け出すのを妨げていた可能性がある。返済期間が三年だった昔は、車の買い換えを決断したころにはローンの支払いが終わっていた。いくらか価値が残っていて、下取りに出せるのが普通だった。ところが、返済期間五年のローンの登場ですっかり様子が変わってしまった。四、五年乗った車の価値は、まだ返済が終わっていないローンの残高よりも低く、下取りに出せないのだ。だが、そうしたローンもいずれは完済される。

では、自動車株を買うタイミングは何で測ればよいのか。役に立つ目安のひとつに、中古車価格がある。中古車ディーラーが値下げをするのは中古車がなかなか売れないときであり、そういうときには新車もそれ以上に売れていない。しかし、中古車価格が上向いたら、それは自動車メーカーの先行きが明るくなることの兆しになる。

これ以上に信頼できるのが「自動車の繰り延べ需要」という指標である（表14－1）。私はこの有用な統計を『コーポレート・エコノミスト』というクライスラー発行の資料で見つけた。夏休みに浜辺で読むには格好の資料かもしれない。

この表の第二列には、実際に販売された自動車・トラックの台数が暦年別に記されている（単位は千台）。第三列の「トレンド」は、その年に何台の自動車やトラックが「売れたはずだったか」を示している。人口動態や過去数年間の販売状況、道路を走っている車の使用年数などを検討して弾き出した

表14-1
米国の自動車販売台数：実績とトレンド

（単位：千台、暦年ベース）

年	実績(1)	トレンド(2)	(2)−(1)	繰り延べ需要台数
1960	7,588	7,700	112	112
1970	10,279	11,900	1,621	2,035
1980	11,468	12,800	1,332	1,336
1981	10,794	13,000	2,206	3,542
1982	10,537	13,200	2,663	6,205
1983	12,310	13,400	1,090	7,295
1984	14,483	13,600	-883	6,412
1985	15,725	13,800	-1,925	4,487
1986	16,321	14,000	-2,321	2,166
1987	15,189	14,200	-989	1,177
1988	15,788	14,400	-1,388	-211
1989	14,845	14,600	-245	-456
1990	14,147	14,800	653	197
1991	12,541	15,000	2,459	2,656
		*以下、 推計値		
1992	13,312	15,200	1,888	4,544
1993	14,300	15,400	1,100	5,644

出所：クライスラー
＊推計は筆者によるもの。

1992年の実績は1991年のそれを上回っているが、まだトレンドを大幅に下回っている。実績がトレンドに追いつくには、あと4、5年はかかるだろう。

値だ。この二つの数字の差が「繰り延べ需要」となる。

一九八〇年から八三年までの四年間は景気が悪く、人々が節約に努めていた時期であり、実際に販売された自動車の台数はトレンドを七〇〇万台も下回った。乗用車やトラックの購入を先延ばしにした消費者が七〇〇万人いたということだ。となれば、自動車販売のブームがいずれ訪れると考えられる。実際、八四年から八九年にかけては、販売実績がトレンドを七八〇万台上回ることとなった。

販売実績がトレンドを下回る時期が四、五年続いたら、自動車市場がその遅れを取り戻すには、販売実績がトレンドを上回る時期が四、五年必要になる。この点を押さえておかないと、自動車株を早すぎるタイミングで売ってしまうことになりかねない。例えば、一九八三年には販売実績が一〇五〇万台から一二三〇万台に増加したため、これで自動車ブームは終わったと考えてフォードやクライスラーに利益確定の売りを出す人がいたかもしれない。だがトレンドの数字と見比べると、まだ七〇〇万台以上の需要が繰り延べられていたことが分かるだろう。この繰り延べ需要は八八年まで解消されなかった。

従って、自動車株を売るべき年は、一九八〇年代初めからの繰り延べ需要が解消された八八年だった。米国人はそれまでの五年間で七四〇〇万台の新車を購入しており、販売実績は増加するよりも減少する可能性のほうが高かったのだ。実際、八九年の景気は全体的にはまずまずだったが、自動車の販売実績は一〇〇万台減り、自動車株も下落した。

需要は、一九九〇年代に入って再び繰り延べられ始めた。販売実績は二年連続でトレンドを下回っており、このペースが続けば九三年末までに五六〇〇万台の繰り延べ需要が生まれるだろう。従って、九四年から九六年にかけて、自動車販売はブームを迎える公算が大きい。

自動車株という循環株への投資は、タイミングをとらえるだけではだめだ。上り調子で最も値上がりする銘柄を選び抜く必要がある。業種の選択が正しくても銘柄の選択を誤れば、業種の選択を間違えたときと同じくらい簡単に損失を抱えてしまう恐れがある。

景気が拡大し始めた一九八二年に、私は㈠自動車株を買うのにいいタイミングだが、㈡ゼネラル・モーターズ（GM）よりもクライスラーやフォード、ボルボのほうが上昇率は高くなる、と読んだ。GMは業界最大手だから株価上昇率も最も高くなると考えるかもしれないが、そうはならなかった。GMは品質面で高い評価を得ていたものの、それに恥じない企業でありたいという気持ちが弱かった。尊大で、近視眼的で、その時点での栄誉に満足していた。そのほかの面は良好だったのだが……。

GMは一九八〇年代に、自動車株の投資家に悪い印象を残していた。この一〇年間にGM株は二倍に上昇していたものの、クライスラー株を八二年の底値に近い水準で買った投資家はその元手を五年間で五〇倍近くに増やしており、フォード株を買った投資家も一七倍に増やしていたからだった。八〇年代の終わりごろには、GMの弱点は誰の目にも明らかだった。普通の人でも、米国一の自動車メーカーは日本人との戦争に負けたのだと断言することができた。

しかし株式市場では、古いニュースを真に受けすぎたり、ひとつの見方にこだわりすぎたりすることは、ごくたまにしか報われない。GMが落ち目のときに、ウォール街では、この会社には底力があり将来は黒字になるとの見方が広まっていた。だが一九九一年になると、GMは脆弱な企業で将来は暗いという正反対の見方が広まった。私はGMのファンではなかったが、この新しい見方も古い見方と同様に見当違いなのだろうという気がしていた。

クライスラーを足取りのおぼつかない巨人とみなしてこき下ろした一九八二年当時の古い新聞・雑誌記事を引っ張り出し、クライスラーという名前をすべてGMに置き換えれば、たぶん最近の記事と同じものができあがるだろう。九二年のGMのほうが八二年のクライスラーよりもバランスシートが良好だという違いはあるものの、それ以外は全く同じである。強い企業が自動車の作り方を忘れ、世間の信頼を失い、何万人もの従業員を解雇して、往年の企業のスクラップの山に送り込まれそうになっている、という具合だ。

私が一九九一年にGMに興味を抱いたのは、そのような否定的な見方があったためだった。そして九〇年第3四半期の報告書をひと目見て、重要なことをかぎつけたという手応えを得た。米国内での販売不振にばかり関心が集まっているが、GMは、米国内で販売台数を伸ばさなくても成功することができる。同社の事業で最も利益が出ているのは欧州部門、金融部門(GMAC)、さらにはヒューズ・エアクラフト、デルコ、エレクトロニック・データ・システムズ(EDS)といった子会社群なのである。

このようにほかの事業部門が好調なため、国内自動車部門が赤字を脱しさえすれば、GMは一九九三年に六~八ドルの一株利益を計上できるかもしれない。ここに八倍のPERを適用すれば、株価は48~64ドルとなるだろう。現在の株価よりかなり上昇することになる。国内自動車部門が黒字を計上できれば(景気が回復すれば、そうなる公算が大きい)、GM全体の一株利益は一〇ドルに達する可能性もある。

工場をいくつも閉鎖すれば何万人もの従業員が職を失うことになるだろうが、ＧＭとしては、最も利益があがっていない部門でコストを削減することができる。また同社には、日本との戦いに勝って米国の消費者を取り返す必要などない。市場シェアが四〇％から三〇％に低下して動揺しているが、それでもまだ、すべての日本メーカーのシェアを足し合わせたものより大きいのだ。仮に米国でのＧＭのシェアがわずか二五％になってしまっても、生産能力を縮小してコストを削減することにより（すでにその取り組みを始めているが）再度利益に貢献できるようになるだろう。

このような結論に私が達したその週に、ＧＭの車がいくつか、大きな賞を受賞した。ずいぶん評判を落としていたキャデラックまでもが、批評家たちを再び魅了したのだ。トラックも中型車も良い感じだった。手元の現金も潤沢だ。ＧＭの評判がこれ以上悪くなることは考えにくく、意外な材料が出るとすればそれは好材料になるだろう。

第15章 ■ 公益株は長期の視点で判断しよう

電力会社やガス会社に代表される公益株は、一九五〇年代には偉大な成長株だった。だがそれ以降は、配当利回りが公益株の最大の魅力になっている。定期的な収入を得たい投資家にとっては、長期的には銀行のCDよりも公益株を買ったほうがお得である。CDでは一定の利息が得られて元本も帰ってくるが、公益株では配当が毎年増えていく公算が大きく、株価も取得時のそれより高くなる（キャピタルゲインを得られる）可能性があるからだ。

最近は米国内のほとんどの地域で電力需要の伸びが鈍り、公益株は偉大な成長株とは見なされなくなっている。だがそんな時代でも、株価が大幅に上昇した銘柄は存在する。サザン・カンパニー（五年間で11ドルから33ドルに上昇）、オクラホマ・ガス・アンド・エレクトリック（13ドルから40ドルに）、フィラデルフィア・エレクトリック（9ドルから26ドルに）などがそれにあたる。

私は短期間ながらマゼラン・ファンドの資産の一〇％を公益株に振り向けたことがあった。そういうことをするのは、金利が低下傾向にあって景気が悪化しているときであるのが普通だった。言い換えれば、私は公益株を金利循環株ととらえ、金利変動に応じて売買のタイミングを計っていた。

しかし、私の公益株投資で最大級の利益をもたらしたのは、いずれも問題を抱えた企業だった。フィデリティは、投資家から預かっている資産の一部をゼネラル・パブリック・ユーティリティーズ株で運用し、大きな利益をあげた。同社が子会社を通じて運転していたスリーマイル島原子力発電所の事故の後のことである。またパブリック・サービス・オブ・ニューハンプシャーの社債、ロング・アイランド・ライティング、ガルフ・ステート・ユーティリティーズ、旧ミドル・サウス・ユーティリティ（後にエンタジーに改名）などでも利益を得た。ここから、ピーターの法則⑳が導かれる。

【ピーターの法則⑳】

企業が名前を変えるタイミングは人間と同様に二つある。ひとつは結婚したとき（すなわち合併・買収）。もうひとつは、大きな失敗をしでかして、そのことを世間に忘れてもらいたいときだ。

右に記した企業はいずれも、原子力発電所に問題が生じたり、資金調達でトラブルが生じて原発を建設できなかったりしたところである。また、原発に対する恐怖心も株価を押し下げる要因になっていた。

私の場合、トラブルに見舞われた一般企業よりもトラブルに見舞われた公益企業のほうが概して運用成績は高い。これは、公益企業が政府の規制を受けているためだ。公益企業でも破産申請をしたり配当を見送ったりすることはできるが、国民が電気を必要としている限りは、その公益企業が機能し続けるようにする方法を見つけなければならない。

公益企業が徴収できるガス料金や電気料金の料率、および計上できる利益は規制当局が決めている。過ちを犯したときにそのコストを顧客に転嫁できるかどうかも、規制当局が決めている。公益企業の存続は州政府の既得権益に関わることであるため、公益企業はトラブルに見舞われても、それを乗り越えるための資金を提供される可能性が非常に高い。

先日、ナットウエスト・インベストメント・バンキング・グループのアナリスト三名がまとめたリポートが目にとまった。「トラブルに見舞われた公益企業の株価サイクル」なるものの存在を指摘し、その具体例を四つ示した内容だった。まず、一九七三年の石油ショックで原油価格が急騰した後、資金難に陥ったコンソリデーティッド・エジソン。次に、立派な原子力発電所を作る資金が途中でなくなってしまったエンタジー・コーポレーション。原発を建設したものの当局から運転を認可されなかったロング・アイランド・ライティング。そして、事故を起こしたスリーマイル島原発二号機の所有者であるゼネラル・パブリック・ユーティリティーズの四例だ。

ピンチに見舞われたこれら四社の株はあっという間に大幅下落したため、株主もピンチに見舞われた。慌てて売却した株主たちは、その後で株価が四〜五倍に反発するのを見てさらに落ち込んでいる。一方、株価が下がり切ったところで買いを入れた投資家たちは、自分たちの運の良さを喜んでいる。

一方のピンチは他方のチャンスであることが、改めて証明された格好だ。ナットウエストのアナリストらによれば、この四銘柄の株価回復から利益を得られる時期はかなり長かったとのこと。また、この回復はそれぞれ次の四つの段階をたどったという。

第一段階は、「トラブル発生」だ。巨額のコスト（コンソリデーティッド・エジソンの場合は燃料価格の高騰）を顧客に転嫁できないため、あるいは巨額の資産（原子力発電所など）が稼働できなくなってレートベース（訳注：料金算定の基準となる事業資産のこと）から外されるために、利益が急減する。株価もこれに応じて急落し、一、二年で時価総額が四〇〜八〇％失われる。コンソリデーティッド・エジソンは一九七四年に6ドルから1ドル50セントに急落し、エンタジーは八三年から八四年にかけて16ドル75セントから9ドル25セントに下げた。ゼネラル・パブリック・ユーティリティーズは七九年から八一年にかけて9ドルから3ドル88セントに下落し、ロング・アイランド・ライティングも八三年から八四年にかけて17ドル50セントから3ドル75セントへと大幅に安くなった。公益株は安全で安定した投資先だと思っている人にとっては、背筋の寒くなるような下落幅である。

こうしたトラブルを抱えた公益株は程なく、一株当たり純資産の二〇〜三〇％程度の株価で売買されるようになる。ここまで売り込まれてしまうのは、このダメージは致命的かもしれないとの懸念をウォール街が抱くからである。何億ドルもの資金をつぎ込んだ原発が閉鎖された場合は、特にそうだ。この印象が消えるのにどれぐらいの時間がかかるかは、トラブルによって異なる。倒産の恐れがあったロング・アイランド・ライティングの場合、株価は一株当たり純資産の三〇％に相当する水準に四年間留め置かれた。

第二段階は、このリポートでは「危機管理」の段階と呼ばれている。公益企業は、設備投資の削減や緊縮予算の導入などによりこのトラブルに対応しようとする。その一環として、配当が減らされたり無配になったりする。困難を乗り切るように見え始めるが、株価はまだそれには反応しない。

第三段階は「財務の安定」である。経営陣は、顧客から徴収する料金で日々の業務が行えるレベルまでコストを削減することに成功する。資本市場はまだ、新規プロジェクトに資金を融通したがらないかもしれないし、公益企業の側も、株主に配当ができるほどの利益をまだ計上していないが、企業の存続が疑われる状況は脱している。株価もいくぶん持ち直し、一株当たり純資産の六〇～七〇％に相当する水準になる。第一段階か第二段階でこの公益株を買った投資家は、資金を二倍に増やしている。

第四段階は「とうとう回復！」である。株主に配当する利益を計上できるようになり、ウォール街も業績改善と復配を予想するようになる。株価は一株当たり純資産並みに戻る。ここから先がどうなるかは、㈠資本市場の受け止め方（資本がなければ、公益企業はレートベースを増やせないため）、および㈡規制当局からの支援の有無（すなわち、コストを料金引き上げという形でどの程度顧客に転嫁させてもらえるか）、という二点に左右される。

図15－1、15－2、15－3、および15－4は、右記の四社の株価推移をまとめたものである。これを見ると、大きな利益を手に入れようと急ぐ必要はなかったことが分かる。危機が緩和され、一部で言われたようなこの世の終わりは来ないことがはっきりするのを待って買いを入れても間に合ったし、それでも比較的短い期間で投資資金を二倍、三倍、あるいは四倍にすることができたのだ。

つまり、無配になったら購入し、好材料が出てくるのをひたすら待つ。あるいは第二段階で好材料

図15-1
コンソリデーテッド・エジソン

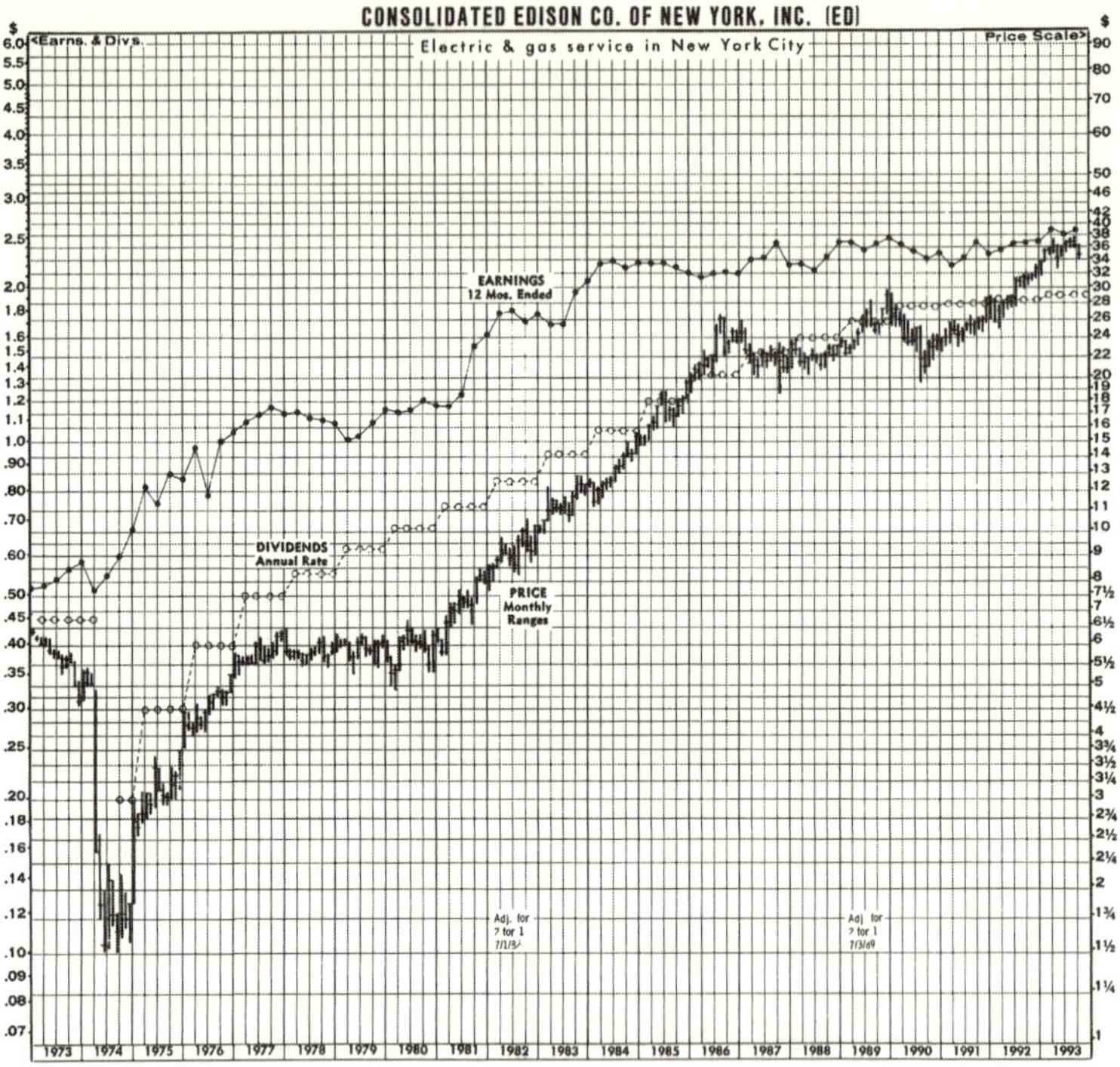

Chart courtesy of: Securities Research Co.
A division of Babson-United Investment Advisors, Inc.
101 Prescott Street, Wellesley Hills, Ma. 02181-3319

図15-2
エンタジー

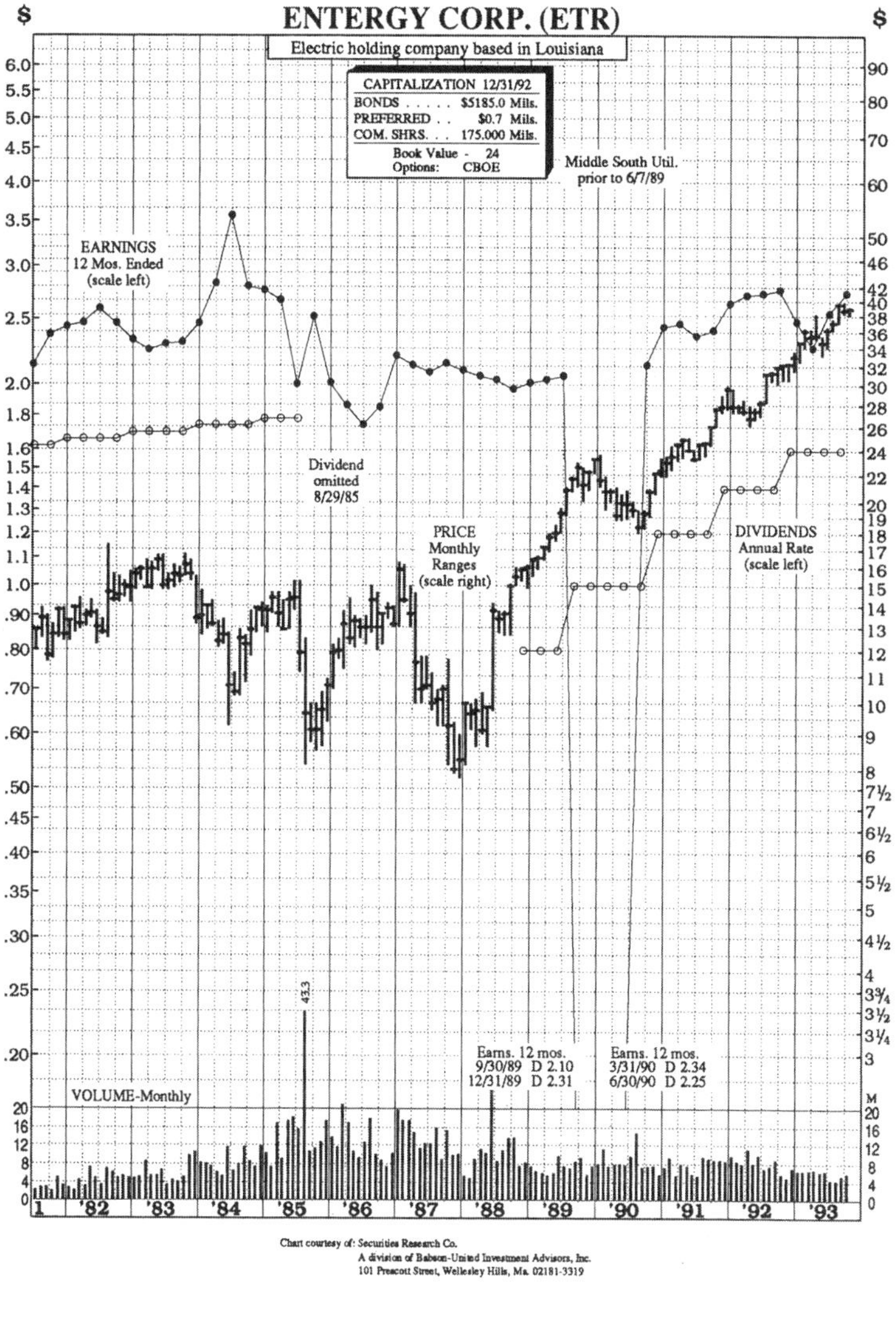
$
ENTERGY CORP. (ETR)
$
Electric holding company based in Louisiana
CAPITALIZATION 12/31/92
BONDS . . . . . $5185.0 Mils.
PREFERRED . . $0.7 Mils.
COM. SHRS. . . 175.000 Mils.
Book Value - 24
Options: CBOE
Middle South Util. prior to 6/7/89
EARNINGS 12 Mos. Ended (scale left)
Dividend omitted 8/29/85
PRICE Monthly Ranges (scale right)
DIVIDENDS Annual Rate (scale left)
43.3
Earns. 12 mos. 9/30/89 D 2.10 12/31/89 D 2.31
Earns. 12 mos. 3/31/90 D 2.34 6/30/90 D 2.25
VOLUME-Monthly
M
'82 '83 '84 '85 '86 '87 '88 '89 '90 '91 '92 '93
Chart courtesy of: Securities Research Co.
A division of Babson-United Investment Advisors, Inc.
101 Prescott Street, Wellesley Hills, Ma. 02181-3319

図15-3
ロング・アイランド・ライティング

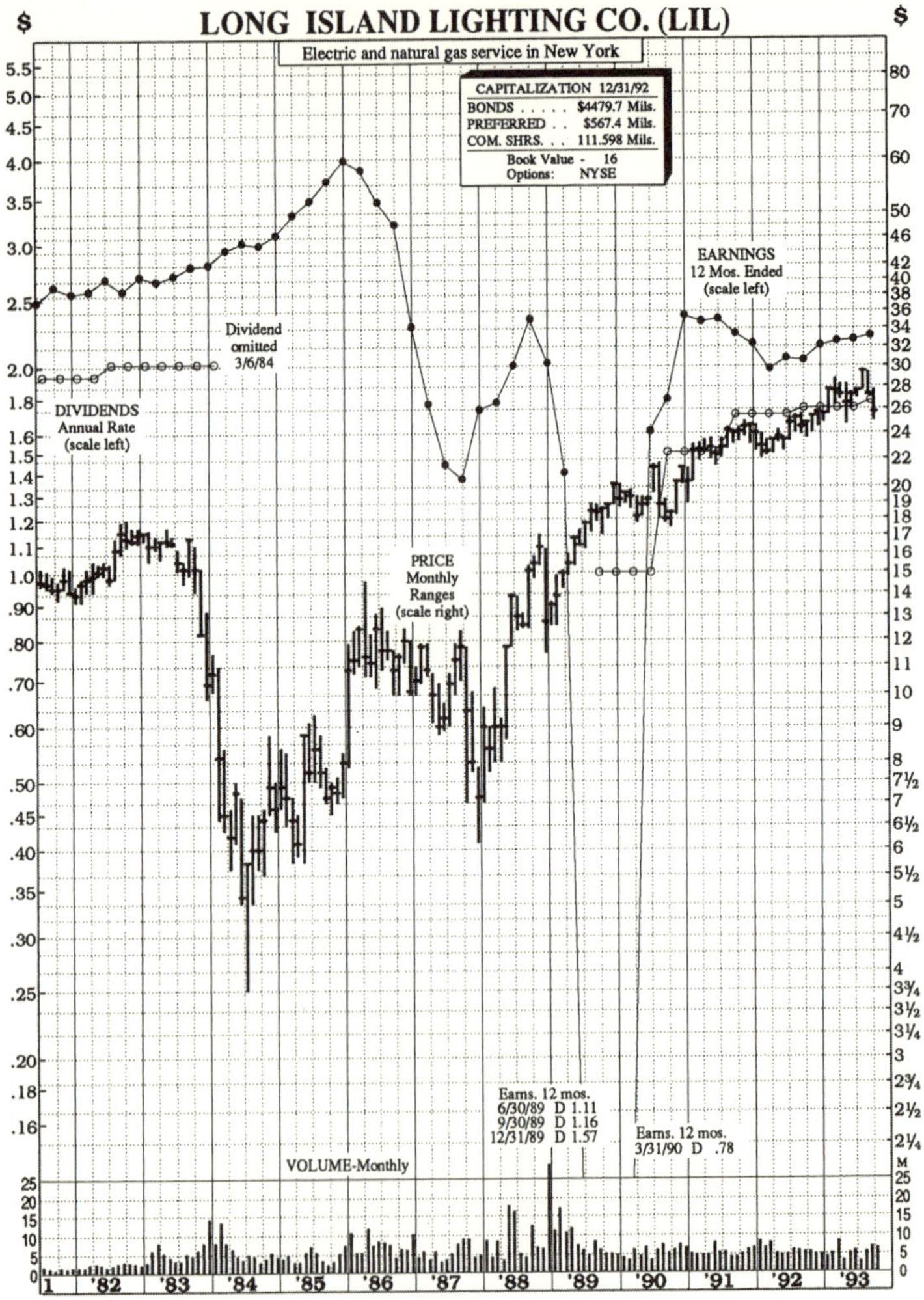

Chart courtesy of: Securities Research Co.
A division of Babson-United Investment Advisors, Inc.
101 Prescott Street, Wellesley Hills, Ma. 02181-3319

図15-4
ゼネラル・パブリック・ユーティリティーズ

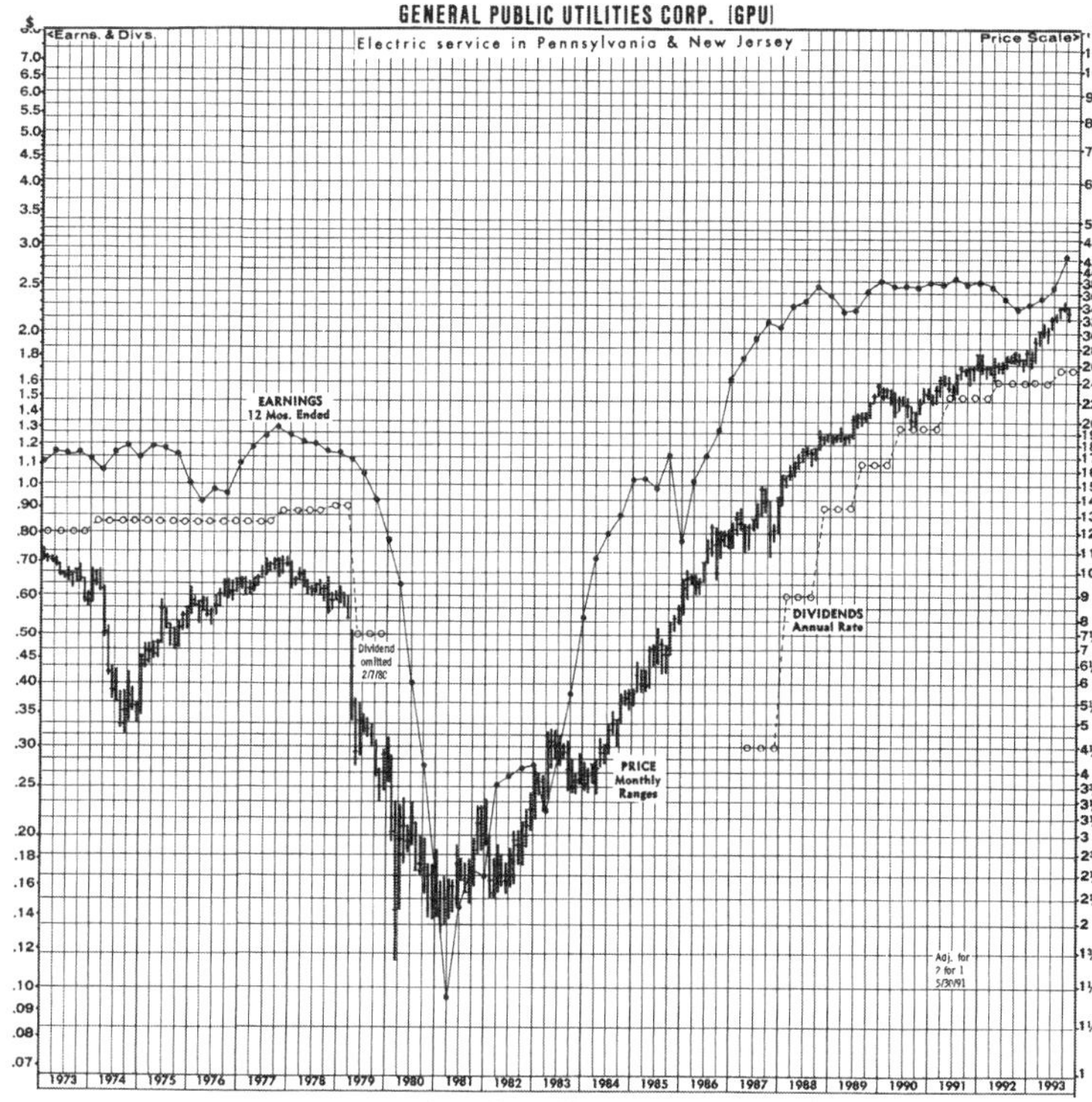

Chart courtesy of: Securities Research Co.
A division of Babson-United Investment Advisors, Inc.
101 Prescott Street, Wellesley Hills, Ma. 02181-3319

が出たら買いを入れる。株価が4ドルに下がり、その後8ドルに上昇すると、そこで儲け損なったと思う人もでてくるだろう。しかし、原発事故の対応には長い時間がかかるのだから、大底を逃したことは忘れなければならない。こころの修正液で塗りつぶしてしまわねばならないのだ。

トラブルに直面した公益株への投資から利益を得るには、無配になったところで買い、復配されるまで持ち続けるというシンプルなやり方がある。この戦略の成功率は非常に高い。

CMSエナジー

ナットウエストのアナリストらは一九九一年夏、苦境に陥っている公益株をさらに五銘柄あげ(ガルフ・ステート、イリノイ・パワー、ナイアガラ・モーホーク、ピナクル・ウエスト、パブリック・サービス・カンパニー・オブ・ニューメキシコ)、それぞれがどの段階にあるかを分析していた。株価はいずれも一株当たり純資産を下回っていた。しかし、私は別の銘柄を「バロンズ」で推奨しようと考えていた。CMSエナジーだ。

かつてはコンシューマーズ・パワー・オブ・ミシガンといい、ミッドランド原子力発電所を建設した後に社名を変えた経緯がある。名前を変えれば原発のことを投資家は忘れてくれると期待したのだろう。株価は20ドル前後で推移していたが、それから一年足らずで4ドル50セントに急落し、一九八四年一〇月に無配に転落してから程なく底を打った。

CMSは逆方向の一〇倍株《テンバガー》になった。それは、規制当局は原子力発電プロジェクトを開発期間中ずっと認めてくれたのだから原発の運転も認めてくれるだろうという浅はかな想定のもとに、多額の資金を拠出してプラントを設計・建設したからだった。米国の州の規制当局は、事業者が本気になって取り組み、後戻りができなくなるまでは原発開発計画を支持するものの、最後の最後ではしごを外し、公益企業が転んでしまうのを見届けるのが癖になっていた。「このボールを蹴ってみなさいよ」とルーシーに声をかけられた、チャーリー・ブラウンがその気になって助走をつけると、蹴る寸前で楕円球を取り上げられ、勢い余って転んでしまうあの話によく似ている。

この結果、旧コンシューマーズ・パワーは使用を許されなかった原発の除却損四〇億ドルの計上を迫られた。ウォール街が当時考えたように、倒産してもおかしくない状況だった。

しかしCMSは倒産せず、この原発を天然ガス火力発電所に改造することで踏みとどまった。最大の顧客であるダウ・ケミカルの支援も得たこの改造には多額の費用がかかったものの、四〇億ドルの投資がムダになるのをただ見ていることに比べれば安かった。天然ガス火力発電所は一九九〇年三月に運転を開始した。費用は予算を若干下回るキロワット当たり一六〇〇ドルに収まり、順調に稼働しているようだった。株価も結局は回復して36ドルに達した。五年間で九倍になった計算である。ただその後、ミシガン州公共サービス委員会が発電事業者に不利な料金設定を行ったために、株価は17ドルに下落した。私がこの銘柄に出会ったのは、ちょうどそのころだった。

フィデリティでスペシャル・シチュエーション・ファンドを運用していたダニー・フランクがこの銘柄のことを教えてくれたのだ。彼はトラブルを抱えた原子力発電事業者に目を向けており、CMSの状況を徹底的に分析していた。そして、同社の最近のトラブルはそのほとんどが意地悪な当局に関係したものだと結論づけ、株価が五〇%も下落するのはおかしいと主張した。

一九九二年一月六日。私はCMSのビクター・フライリング新社長と話をした。フライリング氏とはその数年前に一度、彼がコースタルというエネルギー・パイプライン企業で働いていたときに話をしたことがあった。ここでは明るい材料をいくつか聞き出すことができた。第一に、天然ガス発電に切り替えられたミッドランド発電所の発電コストはキロワット当たり六セントで、新しい石炭火力や原子力の発電コスト(それぞれ九・二セントと一三・三セント)を下回っていた。ミッドランドは、私が好きな低コストの発電所だったのだ。

第二に、ミシガン州の電力需要は上向きで、一二年連続で増加していた。景気後退に見舞われていた一九九一年でも、電力消費は前年実績を一%上回っていた。電力需要がピークに達するときには、供給余力(予備率)が一九・六%という、業界では非常に小さいと見なされる水準に下がっていたという。このように需要が増えているにもかかわらず、新しい発電所が中西部に電力供給を始める予定はほとんどなかった。発電所をゼロから作るには六~一二年かかる。古い発電所の中には閉鎖されるものもあった。経済学の入門書に書いてある通り、需要の伸び率が供給の伸び率を上回るときには価格が上昇する。価格が上昇すれば利益も増える。

CMSのバランスシートには、原発プロジェクト中止による債務がまだ大量に残っていた。ミッドランドを天然ガス火力発電所に転換する資金を調達すべく、一〇億ドルの社債が発行されていたのだ(この債券を購入した投資家は、ちゃんと償還されることを信じていたに違いない。この債券は売り出された後、値上がりしていたからだ)。これとは別に五億ドルの上位債務もあったが、うれしいことに、こちらは一〇年間返済されないものだった。企業が多額の債務を抱えているときは、その支払期限がすぐに到来しないほうが好ましい。

ＣＭＳには、利息を支払ってもいくらか余りがでるほどのキャッシュフローがあった。私は同社のバランスシートを読んで、その確信を深めた。同社の利益に減価償却費を加えたものを発行済株式数で割ってみたところ、一株当たりのキャッシュフローは六ドルとなった。同社の発電設備はそのほとんどがまだ新しく、修繕費はあまりかからなかった。そのため、減価償却費として取り置かれた資金はほかの用途に使うことができた。具体的には⒜自社株買い、⒝事業買収、⒞配当の増額という三つの選択肢があったが、いずれも最終的には株主の利益を高めるものである。私の好みは⒜と⒞だった。

このキャッシュフローをどうするつもりなのか、とフライリング新社長に尋ねた。すると、天然ガス火力発電所の拡張と送電線の効率向上に使うつもりだという答えが返ってきた。どちらも、同社の発電能力を向上させる要因だ。もし電力会社が発電能力を一〇％高めれば、その会社の利益は自動的に一〇％増加する。この利益は、電力料金を設定する規制当局の公式に基づいて決まるからだ。新しい発電所を作る（少なくとも、その運転には許可が必要）、あるいは発電能力を高めるほかの施策を講じるというのは、株主にとっては願ってもない話である。発電能力が高まればレートベースも大きくなり、利益も増えるからである。

フライリング氏と私は、ＣＭＳがコノコと共同所有するエクアドル領内の土地で先日見つかった石油の話をした。生産は一九九三年に始まる予定で、計画通りに行けばＣＭＳは九五年までに年当たり二五〇〇万ドルの利益を手にできるという。この二五〇〇万ドルは、一株利益に直せば二〇セントだ。フライリング氏はまた、小規模なコージェネレーション・プラントをいくつか所有するパワー・グループという子会社が、九三年までに黒字転換する可能性があることも教えてくれた。

ＣＭＳは以前、政治的な理由から運転できなくなったロング・アイランド州のショアハム原発を天然ガス火力発電所に転換するのを手伝いたいと申し出ていた。この構想は結局実現しなかったが、最も残念だったのは規制当局の対応だった。

回復の最後の段階における公益企業の命運は、規制当局が丁寧に対応してくれるか、そして公益企業の過ちのコストを消費者に転嫁させてくれるかどうかにかかっている。ところが、ミシガン州の委員会は非協力的だった。電力会社に不利な料金設定を三回連続で行ったうえに、ＣＭＳがミッドランド発電所で燃やす天然ガスの購入費用を顧客に全額転嫁することを認めなかったのだ。

新しい委員に最近任命された人は比較的与しやすい、つまり少ししか敵対的でないと考えてよいかもしれないと思われた。委員会のそれまでの態度を考えれば、少ししか敵対的でないことは改善と見なせるだろう。委員会の事務局も、ＣＭＳにいくぶん譲歩することを支持する内容の調査報告を行っており、これらの譲歩について委員会全体の採決も近々行われることになっていた。

もしそこで、ＣＭＳから見て合理的な決定が下されれば、翌年度の一株利益を二ドル計上することが認められ、ウォール街が予想する一ドル三〇セントを上回るだろうし、利益はその後も着実に伸びていく可能性があると思われた。私はこの可能性を重視して、「バロンズ」でこの銘柄を推奨したのだ。

私はまた、ＣＭＳへの投資は、ミシガンの規制政策に絡むギャンブルだけでは終わらないものだと考えていた。長期的には、公共サービス委員会が与しやすいか否かにかかわらず同社は繁栄するだろうと思っていたのだ。あの潤沢なキャッシュフローがあれば、公益企業の大手に再び名を連ねることも可能だろうし、そうなれば再び低利で資金を借りられるようになるからだ。

すべての問題が同社に有利な形で決着すれば、ＣＭＳは二ドル二〇セントの一株利益をあげることを認められるだろう。逆に、そのような決着を見なければ、一ドル五〇セント前後にとどまるだろう。だがいずれにしても、長期的には好業績をあげるだろう。もし当局が利益の水準に天井を設けてきたら、キャッシュを発電能力の増強に振り向けて内部成長を目指せばよい。足元の株価は18ドルで、一株当たり純資産を下回っている。リスクをあまり取らずに値上がり益を狙える銘柄だと私は考えた。

もしこの銘柄がお気に召さなければ、不運に見舞われたパブリック・サービス・カンパニー・オブ・ニューメキシコか、それ以上に不運なツーソン・エレクトリックについて調べてみてもいいだろう。ＩＲ担当の社員が忙しすぎて問い合わせに応じてくれないということはないはずだ。

第16章 ■ 政府資産のガレージセール

米国や英国の政府が「民営化」と称してガレージセールを行うときは、必ず参加するよう努めている。民営化については英国のほうが先行しており、水道会社から航空会社まで売却している。しかし、米国の財政赤字が今のペースで続けば、利息の支払いを続けるためだけにあちこちの国立公園やケネディ宇宙センター、下手をすればホワイトハウスのローズガーデンなども民営化せざるを得なくなる日が来るかもしれない。

民営化というのは不思議な概念だ。公(パブリック)が所有しているものを公衆(パブリック)に売り戻し、その瞬間から私有物(プライベート)になるのだから。ただ、実際的な観点から見るなら、覚えておくと役に立つのは次の一点である。米国か英国で何かが民営化されてその株式が売りに出されるときは、買い手にとって割のいい取引であるのが普通だということだ。

その理由は比較的容易に想像できる。民主主義の国では、民営化される事業の買い手は有権者でもある。電話会社であれガス会社であれ、民営化された企業の株で多数の投資家が損をしてしまえば、そのときの与党が政権を失う恐れが出てくる。

英国は一九八三年にそれを実感した。石油のブリトオイルや製薬のアマシャム・インターナショナルの株が割高な価格で売り出され、その後、株価が下落して多くの人々の反感を買ったのだ。英国はそれ以降、投資家が損をする可能性が(少なくとも、始めのうちは)小さくなるように民営化の条件を調整している。ブリティッシュ・テレコムなどは、株価が一日で二倍になった。三〇〇万人もの国民がこの株を買った。これなら、保守党がいまだに政権を握り続けているのもうなずけよう。ここから、ピーターの法則㉑が導かれる。

【ピーターの法則㉑】
女王が売りに出したものは、何であろうと買うべし。

二、三年前のこと。フィデリティの私たちのオフィスに英国から使節団がやって来て、魅力的な提案をしてくれたことがあった。互いに〇〇卿と呼び合っていた彼らが差し出したのは、これから民営化される水道会社の分厚い目論見書だった。制作枚数が限定されている版画のように一冊ごとに番号が振ってあり、表紙には民営化で生まれる新会社の名前とロゴが印刷されてあった。ノーサンブリアン・ウォーター、セバーン・トレント、ヨークシャー・ウォーター、ウェルシュ・ウォーターPLCといった陣容だった。

マゼラン・ファンドはすでにブリティッシュ・テレコム(当時としては世界史上最大の株式公開案件で、四〇億ドルを集めた)やブリティッシュ・エアウェイズの株の売出しで大きな利益を得ていたが、水道会社の民営化に組み込まれていた利益については不案内だった。まず、これらの企業は――世界各地の多くの水道会社と同様に――独占企業だった。独占企業はどんなときでも優れた投資対象になる。しかも今回は、英国政府が各社の債務のほとんどを事前に引き取ってくれていた。

これらの水道会社は債務がほとんどない状態で、しかも政府から追加資本をもらった状態で民営化された。この資本は、幸先のいいスタートを切るための「持参金」のようなものだった。また各社は上下水道システムを改善する一〇年計画に取り組むことに同意していたが、その資金の一部はこの持参金でまかなわれ、残りは水道料金の引き上げで調達されることになっていた。

私のオフィスにやって来た〇〇卿たちによれば、イングランドの水道料金は非常に安い(年一〇〇ポンド)ので、これが二倍になっても顧客は恨んだりしない、仮に恨んだとしても、顧客にできるのは水道を使うのをやめることだけで実際にはやめられない、とのことだった。イングランドの水需要は年一%のペースで伸びているとも話していた。

また、これらの水道会社の株は、乗用車やステレオやじゅうたんのように分割払いで買うことができた。代金の四〇%を頭金として払い、残りを一二カ月後と二〇カ月後に払うのだという。これはブリティッシュ・テレコムのときに使われた「部分払込株式」と同じ類の取引だった。ブリティッシュ・テレコムの公開価格は30ドルだったが、買い手は全員六ドルの頭金を払えばよかった。しかも、この買い手は、株価が36ドルになったときに株を売ることができた。儲けは六ドルだから、この買い手は元手を二倍にできた計算になる。

私は当初、ブリティッシュ・テレコムの部分払込株式が意味するところを理解できていなかった。株価の上昇ペースが速すぎるとは思ったが、部分払込株式の利点が理解できてようやく、買いが集まるのも無理はないと納得した。これと同じようなやり方が、水道会社の民営化でも提案されたのだ。

おまけに、水道会社は分割払いを認めてくれただけでなく、八％の配当を払ってくれた。少なくとも一年間は、前金で四〇％しか払い込んでいない株にも全体の八％にあたる配当を払ってくれたのだ。つまり、株価が全くの横ばいでも、最初の一年間は二〇％のリターンを得られた計算になる。

当然ながら、英国の水道会社の株はとても人気があった。ＩＰＯの前には、米国の資産運用会社や機関投資家にも割り当てがあった。マゼラン・ファンドにも割り当てがあり、私はすべて購入した。私はその後、ロンドン証券取引所で売買が始まってから、市場でも買いを入れた。マゼランが保有する水道会社五社の株の評価額は、その後三年間で二倍になった。

英国のほかの民営化株も、売り出し後、半年から一年間は水道会社と同程度かそれ以上の株価パフォーマンスを示した。

民営化は最大の投資チャンス

フィリピンでもメキシコでもスペインでも、電話会社が民営化されるたびに、株主たちは一生に一度しか受けられない報酬を手に入れてきた。今日では世界中の政治家が電話サービスの向上に力をいれている。発展途上国では電話に対する需要が非常に旺盛なために、電話会社が年二〇〜三〇％もの成長を遂げている。優良企業並みの規模と安定性を誇り、成功も保証されている独占企業が、小規模な成長企業並みの成長率を記録しているのだ。もし一九一〇年にAT&Tに投資し損なったとしても、八〇年代後半にスペインやメキシコの電話会社に投資していれば、その埋め合わせができたかもしれない。

マゼラン・ファンドに資金を投じていた投資家は、メキシコの電話会社の取引で多額の利益を手にした。この取引で大きな利益が得られることは、同社をわざわざ訪ねなくても理解できた。メキシコ政府は、メキシコ経済のほかの部分が成長できるように、まず電話サービスを向上させなければならないことを認識していたからだ。電話は道路と同じくらい重要だったのだ。メキシコ政府はまた、優れた電話システムを構築するには、自己資本が充実していて経営もしっかりしている電話会社が欠かせないことも承知していた。そして、株主にそれなりの利益をもたらさなければ、資本を集めることはできなかった。

一九九〇年までに民営化された企業の売却金額は全世界の合計で二〇〇〇億ドルに達しており、今後もさらに増えそうだ。フランスは複数の電力会社と鉄道会社を売却しており、スコットランドは水力発電所を売却した。スペインとアルゼンチンは石油会社の持分を一部売却し、メキシコは航空会社を売却した。英国は鉄道や港湾をいずれ売却する可能性があるし、日本は新幹線を、韓国は国営銀行を、タイは航空会社を、ギリシャはセメント会社を、ポルトガルは電話会社を、それぞれ売却する可能性がある。

米国では、外国ほどには民営化が行われていない。そもそも、民営化するものがあまりない。米国の石油会社、電話会社、電力会社は最初から民間企業だったのだ。近年で最も大きな民営化の案件はコンレール（正式名称はコンソリデーティッド・レール・コーポレーション）だった。経営が破綻していたペン・セントラルなど北東部の鉄道会社六社を統合して作られた企業である。数年間は政府が赤字を出しながら経営したが、同社が政府に援助を求めてこないようにするには民営化しかないとレーガン政権が判断した（すでにその時点で援助額は七〇億ドルを突破していた）。

政界の一部には、コンレールは既存の鉄道会社に売却したほうがいいとの意見もあった。買い手の最有力候補はノーフォーク・サザン鉄道とされた。しかし、議会で長期間もめた末に、一般国民に売り出すという計画が支持を集め、一九八七年三月に米国史上最大の株式売り出し（一六億ドル）が実現した。政府は、線路や設備の改修などに多額の資金を投じて同社の価値を高めたうえで、一株当たり10ドルで売りに出した。この原稿を書いている時点で、同社の株価は46ドルになっている。

コンレールの民営化を祝う集会でレーガン大統領は、「オーケー、じゃあＴＶＡはいつ売ろうか？」と軽口をたたいた。もちろん、ＴＶＡ（テネシー川流域開発公社）の民営化が真剣に試みられたことはない。だが、もしそういう話になったら、私は行列に並んででも目論見書を手に入れるだろう。以前には、全米鉄道旅客輸送公社（アムトラック）を民営化するという話があった。カリフォルニアとワイオミングにある海軍の石油備蓄施設を民営化するという話もあった。どちらの場合でも、やはり私は行列に並ぶだろう。米国国立美術館とか、海兵隊の音楽隊とか、ナイアガラの滝なども、いつになるかは分からないが売りに出されるかもしれない。

だが実際、私が「バロンズ」に推奨する銘柄を探しているときには、胸が躍るような新しい民営化案件はなかった。私がフォローし続けている昔の民営化株（メキシコの電話会社やスペインの電話会社など）は前年のうちに大きく上昇しており、割高になりつつあるように見えた。では、一九九二年には投資家は民営化で利益を得ることはできないのだろうか。いや、そんなことはない、破綻したS＆Lの清算や統合を行うために設けられた政府機関、整理信託公社（RTC）がある限りは。

アライド・キャピタルⅡ

S＆L業界の混乱に乗じる方法のひとつとして、アライド・キャピタルⅡという企業の株を買う手法を紹介しよう。

アライド・キャピタルは、株式を公開している数少ないベンチャー・キャピタル会社のひとつである。同社は小さな企業に比較的高い金利で資金を貸し付けると同時に、「キッカー」というものを受け取る。貸付先のストック・オプションやワラント（新株引受権）などのことで、これがあれば、貸付先が成功したときにその分け前にあずかることができるのだ。この戦略は非常に大きな利益を生んでおり、もしアライド・キャピタル株を一九六〇年の公開時に一万ドル購入していたら、今ごろは一五〇万ドルの財産を手にしている計算になる。

同社による創業間もない企業への貸し付けが実を結んだ例のひとつが、私の自宅の寝室にある空気清浄機だ。この機械は室内に漂うホコリやチリをしっかり取り除いてくれるため、寝室の空気は遺伝子組み換え技術の研究所と同じくらい清浄になっている。私はすっかり気に入ってしまい、同じものを義理の母や秘書にもプレゼントしたほどだ。この機械を作っているのはエンバイロケアというハイテク企業で、今ではアライド・キャピタルが同社に資金を貸すだけでなく、株式も多数保有するようになっている。

このアライド・キャピタルの人たちが先日、その再演を試みた。アライド・キャピタルⅡという会社を立ち上げてその株を売り出し、九二〇〇万ドルの投資資金を調達したのだ。この株は現在、店頭市場で売買されている。事業の基本的なアイデアは本家のアライドと同じだ。アライドⅡは調達した資金(この場合は九二〇〇万ドル)を担保に同額の九二〇〇万ドルを借り入れ、総額一億八四〇〇万ドルの資金で利息付きの(例えば年一〇%の利息がつく)貸付債権を購入している。

もしアライドⅡの借り入れコストが年利八%で、その資金で年利一〇%の貸付債権を買うのであれば、株主に十分な配当を払える利ザヤを確保できる。前述の「キッカー」による利益も手に入るだろう。そしてこの会社の従業員はごく少数で、経費もごくわずかだ。

アライドの成功のカギは、貸し付けた元本を回収する経営陣の手腕にある。銀行とは異なり、アライドの貸付担当者は貸付先を厳しく選別する。担保も非常に厳しく徴求する。私が聞いた話によれば、アライドⅡはRTCからも貸付債権を購入していたという。

RTCという名前を耳にしたら、マンション、ゴルフ場、高級な食器のセット、過大評価された絵画、破綻したS&Lのオーナーが愛用していた社用ジェット機などを売却していることを思い出すのが普通だろう。しかし、RTCはそういうワイルドでクレージーな人たちが実行した貸付債権も売っている。そしてそうした債権の中には、ちゃんと担保を取ったうえで立派な企業に実行された貸し付けの債権も混じっているのだ。

そういった債権のうち、数百万ドル規模のものはウォール街の投資会社や大手銀行が多数購入してきたが、百万ドル以下のものは、ＲＴＣといえども処分するのは容易ではない。アライドⅡはそこに目をつけ、入札に参加しようと考えたのだ。

私は同社に電話をかけ、本家のアライド・キャピタルを経営しているチームがアライド・キャピタルⅡでも意思決定を行っていることを確かめた。その時点でのアライドⅡの株価は19ドルで、配当利回りは六％だった。同社への投資は、Ｓ＆Ｌの災いを簡単に福に変える方法であるように思われた。

そしてこれは、Ｓ＆Ｌ救済に使われる血税の一部を取り戻すチャンスでもあったのだ。

第17章■私のファニーメイ日誌
――最も情熱を注いだ銘柄の一六年間の記録

私は一九八六年から毎年、「バロンズ」の座談会でファニーメイ（連邦住宅抵当金庫）を推奨しているが、最近はこの推奨が退屈なものになってきている。一年目の八六年には、従業員数がフィデリティの四分の一でありながら利益が一〇倍であることに触れ、「文字通り米国一のビジネス」と形容した。八七年には「究極のS&L」、八八年には「一年前よりうんと良い会社になっているのに、株価は八ポイントも下がっている」と紹介した。八九年には司会者から「お気に入りの銘柄は?」と聞かれ、「毎度お馴染みの会社ですよ。連邦住宅抵当金庫」と答えていた。

私のオフィスには、家族の写真のとなりにファニーメイの本部のスナップ写真が飾られている。これは偶然でも何でもない。私はあの場所のことを考えると、ほのぼのとした気持ちになるのだ。あんなに素晴らしい銘柄はない。あの銘柄コードは永久欠番にするべきだ。

私がマゼランを運用した最後の三年間、ファニーメイは最も組み入れ比率の高い銘柄だった。金額で言えば五億ドルほどあった。フィデリティのほかのファンドも、ファニーメイ株を大量に保有していた。フィデリティとその顧客は一九八〇年代に、ファニーメイの株とワラント(ある決まった価格で株を追加購入できるオプションのこと)で一〇億ドルを超える利益を手にしていた。

ひとつの投信会社がひとつの銘柄でこれほどの利益をあげたことは、金融の歴史をひもといても一度もない。私はこの結果を、ギネスブックに申請することにしている。

ファニーメイは当初から、誰が見てもそうだと分かる勝者だったのだろうか。今にして思えば、その答えはイエスである。しかし、株のほうから「私を買いなさい」と教えてくれるわけではない。また、どんな銘柄にも懸念材料はつきものである。尊敬を集めている投資家から、これはダメだと言われることも日常茶飯事だ。従って、投資にあたってはそうした立派な投資家に負けないように下調べをし、かつ、自分が知っていることに自信を持つ必要がある。

ある銘柄の株価が予想以上に上昇するためには、その銘柄が大幅に過小評価されていなければならない。もし過小評価されていないのであれば、その銘柄には最初からもっと高い株価がついているだろう。自分よりも悲観的な見方の方が支配的なときには、事実を何度もチェックし、自分が間抜けなほど楽観的ではないことを確かめなければならない。

株のストーリーは、良い方向であれ悪い方向であれ常に変わり続けている。投資家はそうした変化を追いかけ続け、それに応じて行動しなければならない。ファニーメイの場合、ウォール街はそうした変化を無視していた。昔のファニーメイの印象が非常に強かったため、新しいファニーメイが目の前に現れつつあることを彼らはうまく理解できなかったのだ。私もすぐに理解できたわけではなかったが、手遅れにはならず、二億ドルの投資をしてその六倍の利益をあげることができた。以下は、私と同社との関係を綴った「ファニーメイ日誌」である。

一九七七年

初回の投資を実行。株価は5ドルだった。この銘柄については、次のようなことを知っていた。

この会社は一九三八年に政府所有の事業体として設立され、六〇年代に民営化された。銀行やS＆Lからモーゲージ(住宅ローン)の債権を買い入れることにより市場に流動性資金を供給するのがその役目で、「短期で借りて長期で貸す」をモットーにしていた。低い金利で資金を借り、それを使って長期固定金利の住宅ローン債権を買い入れ、その金利差を利益にしていた。

金利が下がるときにはこの戦略が機能し、多額の利益が得られた。住宅ローンが固定金利であるため収入は一定だが、金利が下がれば借り入れコストも下がるからだった。しかし、金利が上がるときには借り入れコストも増大し、同社は多額の損失を被った。

私はファニーメイ株を数カ月後に売却し、少額の利益を得た。金利が上昇しつつあるためだった。

一九八一年

苦難の年。ファニーメイが一九七〇年代半ばに買い入れた長期住宅ローン債権はすべて、八～一〇%の固定金利だった。ところがこの年、短期金利は一八～二〇%に上昇した。一八%で借りて九%で運用していては、成功はおぼつかない。投資家もこの点を承知しており、七四年に9ドルだった株価はわずか2ドルという歴史的な安値に落ち込んだ。

この年は、「私の住宅はまあまあだが、私の住宅ローンは素晴らしい」と言えた珍しい年だった。窓の外にゴミの山が見えるような家でも、誰も引っ越したがらなかった。住み続ければ、素晴らしい住宅ローンを利用し続けることができたからだった。これは銀行にとっては気の毒な事態であり、ファニーメイにとってはまさに災難だった。ファニーメイは倒産するとのうわさも流れた。

一九八二年

ファニーメイは、私の目の前で大変身を遂げそうな気配を漂わせていた。気づいた人はほかにもいた。例えば、世界で最も熱心なファニーメイ・ウォッチャーとして知られるアナリスト、エリオット・シュナイダー氏(グランタル・アンド・カンパニー)は顧客にこんな予言をしていた。「ファニーメイは、家に連れて帰って母親に紹介したいと思うガールフレンドのようになるでしょう」

株価が金利に連動し、数百万ドルの赤字を出す年もあれば数百万ドルの黒字を出す年もある——投資家がそんなレッテルを貼って理解した気になっていたファニーメイだったが、同社は自己改造を試みていた。まず、デビッド・マックスウェルという人物を雇い入れた。弁護士からペンシルバニア州保険局長になり、さらに住宅ローン保証会社を立ち上げて成功したという経歴の持ち主で、この業界のことを知り尽くしていた。

マックスウェル氏は、ファニーメイの業績が大きく変動するのを止めようと決意した。確実に利益を計上できる、もっと安定して成熟した企業に変えようとしたのだ。具体的には、㈠短期で借りて長期で貸すビジネスに終止符を打ち、㈡フレディマックのまねをする、という二つの方法でこの目標を達成しようと考えた。

　フレディマック（連邦住宅貸付抵当公社）もファニーメイと同じく、連邦政府によって設立された。S&Lの住宅ローン債権のみを購入することがその使命とされており、一九七〇年に株式を公開した。また単に住宅ローン債権を購入して保有するだけでなく、この債権をたくさん集めて束ねるという新しいアイデアにも恵まれた。

　仕組みは単純だ。住宅ローン債権を買い集めてひとつのパッケージにまとめあげ、銀行やS&L、保険会社、大学や慈善団体の基金などに転売するのだ。

　ファニーメイはこのフレディマックのアイデアをまねて、住宅ローン債権を一九八二年から束ね始めた。例えば、読者がX銀行から住宅ローンを借りているとしよう。X銀行は、そのローンの債権をファニーメイに売る。ファニーメイは、これをほかの住宅ローン債権といっしょに束ねて「モーゲージ担保証券（MBS）」なるものを作り出す。この証券は誰にでも販売でき、最初に住宅ローンを実行したX銀行に売り戻すことさえできる。

　ファニーメイはこの事業で手数料を稼いだ。また自社で保有していた住宅ローン債権を転売することにより、金利リスクを債権の買い手に移転させた。

　住宅ローン債権のパッケージを作るサービスは、銀行界で大変な好評を博した。MBSが登場する前は、銀行もS&Lも小口の住宅ローン債権を何万件と保有しており、その管理に苦労していた。また、これらはいざというときに簡単に売却できなかった。ところが状況が変わり、銀行は小口の住宅ローン債権をすべてファニーメイに転売できるようになり、その代金でさらに住宅ローンを貸し出すことができるようになった。資金をどんどん回せるようになったのだ。また、住宅ローンを保有したいときには、ファニーメイからＭＢＳを買うこともできるようになった。

程なくＭＢＳの市場が生まれ、株や債券やモスクワのウォッカのように簡単に売買できるようになった。何十万件、何百万件もの住宅ローン債権がパッケージされていった。この小さな発明（と言っていいかもしれない）は一年で三〇〇〇億ドルもの資金が動く、それこそ鉄鋼や石炭、石油をも超えるビッグビジネスになっていく運命だった。

しかし一九八二年になっても、私はまだファニーメイを金利に連動する銘柄だと見なしていた。ファンド・マネジャーになって二度目の買い注文を入れたが、それは金利が低下傾向にあったからだった。同社に電話をかけた後に書いた八二年一一月二三日の日誌には、「一株利益は五ドルになると思う」とある。ファニーメイの株価はこの年、2ドルから9ドルに反発するというかにもこの銘柄らしい値動きを見せた。ただこれは、赤字だった年に株価が四倍になるという、循環株に見られるパターンでもあった。投資家たちは、黄金時代がやって来ることを見越して先手を打っていたのだ。

一九八三年

二月にファニーメイと連絡を取ったとき、同社は一カ月当たり一〇億ドルというハイペースでＭＢＳを組成していた。まるで銀行のようだと私は思ったが、それと同時に、銀行に比べて有利な点があると考えた。銀行の経費率は二～三％だが、ファニーメイでは〇・二％で済むこともあったのだ。

ファニーメイは銀行と違い、宣伝のために飛行船を飛ばすこともなかったし、顧客にオープントースターの景品を渡すことも、有名人を起用したテレビＣＭを流すこともなかった。事業所は四つの都市にひとつずつあるだけで、従業員数は約一三〇〇人だった。一方、大手銀行のバンク・オブ・アメリカは、ファニーメイの従業員数とほぼ同じ数の支店を抱えていた。

準政府機関という地位のおかげで、ファニーメイはどの銀行よりも、ＩＢＭやＧＭよりも、そしてそのほか何十万もの事業会社よりも低い金利で資金を借りることができた。例えば、期間一五年の資金を年利八％で借り入れ、その資金で期間一五年・年利九％の住宅ローン債権を購入し、一％のサヤを抜くことができた。一％もの金利差を稼ぐことができる銀行やＳ＆Ｌ、金融会社は米国にはなかった。「一％」なんてたいしたことはないと思われるだろうが、一〇〇〇億ドルの貸し付けで一％のサヤを抜けば、一〇億ドルの利益を得ることになる。

ファニーメイは、一九七〇年代半ばに不利な金利で買い取った長期住宅ローン債権のポートフォリオを「花崗岩のかたまり」と呼び、その切り崩しに乗り出していた。借り換えがなされた住宅ローンを金利の高い別の住宅ローンと入れ替えていくという、時間のかかる取り組みだった。残高はまだ六〇〇億ドルあり、全体の利回りは九・二四％だった。一方、ファニーメイの借り入れの平均金利は一一・八七％だった。

このころには有力な証券会社のアナリストがファニーメイに注目し、明るい話も数多く聞かれるようになっていた。金利水準がさらに低下すれば「利益が爆発的に伸びる」と指摘するアナリストも現れた。赤字決算を八年続けたファニーメイは、一九八三年にようやく黒字を出した。株価は上がりも下がりもしなかった。

一九八四年

マゼラン・ファンドにおけるファニーメイ株の組み入れ比率はわずか〇・一%だったが、わずかでも保有することにより、この銘柄とのつながりを維持することができた。私はこの年、用心深く買いを入れ、年末にかけて組み入れ比率を〇・三七%に引き上げた。株価は再び、9ドルから4ドルへと半分になった。金利が上昇して利益が減るという、いつものパターンにはまったのだ。MBSによる利益は、まだ「花崗岩のかたまり」により打ち消されてしまっていた。

このような苦境に今後立たされることがないように、ファニーメイは借り入れと貸し出しの「マッチング」に乗り出した。金利の安い短期資金を借りるのではなく、金利が高い期間三年、五年、一〇年の債券を発行するようにしたのだ。金利負担はたしかに重くなり、短期的には利益を圧迫したものの、長期的には金利変動に振り回されにくくなった。

一九八五年

同社の取り組みがどんな力を秘めているのか、私にも分かり始めた。MBSには巨大な産業になる可能性があった。ファニーメイはこの年、一九八三～八四年の二倍に相当する二三〇億ドルもの住宅ローン債権をパッケージにしていた。「花崗岩のかたまり」の切り崩しも進んでいた。経営陣は、「古いポートフォリオ」と「新しいポートフォリオ」について語っていた。同社では、住宅ローン債権を束ねて転売する事業と、購入した住宅ローン債権をそのまま保有する事業が行われるようになったのだ。

そこに新たな懸念材料が浮上した。金利ではなく、テキサスだった。同州のS&Lの一部が、石油ブームに乗って無謀な貸し付けに手を染めていたことが発覚したのだ。ヒューストンでは、わずか五％の頭金で住宅を買った人がローンの返済に行き詰まり、鍵を玄関に残して夜逃げをする事例が相次いだ。ファニーメイは、そうした住宅ローン債権を大量に抱えていた。

私は五月、ワシントンにある同社の本社を訪れ、デビッド・マックスウェル氏から話を聞いた。このビジネスからは有力ライバルが数社撤退した、住宅ローン債権を売買するライバルが減ったことで、ローンの利ザヤは拡大した、これによりファニーメイの利益は拡大する、とのことだった。

私はこのとき、同社の進歩に感銘を受けたに違いない。ファニーメイ株を買い増し、マゼランでの組み入れ比率を二％に高めているからだ。これは上位一〇銘柄に仲間入りする高い比率だった。

七月からは、最新情報を定期的に得るために、同社IR部門のポール・パクイン氏に電話を入れるようになった。私のオフィスの電話料金請求書の通話明細には、私の自宅の番号とファニーメイの番号がたくさん並ぶようになった。

ここで問題になるのは、投資の収益性だ。事前の読み通りになったらどの程度の利益を得られるのか、ということだ。検討した結果、MBSの収入で経費をまかなうことができ、かつ一〇〇〇億ドルのローン債権ポートフォリオで一％のサヤを抜けるのであれば、七ドルの一株利益が見込めるとの答えが出た。一九八五年の株価で言えば、PERは一倍となる。一年分の利益と同じ額で株が買えるのであれば、これはおいしい取引だ。

最初のうちは知らないことが多かったため、ファニーメイとの面談で書き留めたメモが何ページにも及んだが、このころには新しく起こったことを一ページにまとめられるようになっていた。

一九八四年の一株利益は八七セントの赤字だったが、八五年は五二セントの黒字だった。株価は4ドルから9ドルに上昇した。

一九八六年

私はマゼランでのファニーメイの組み入れ比率を少し落とし、一・八％にしていた。ウォール街はまだ、テキサスの夜逃げを懸念していた。だが、私の五月一九日の日誌によれば、もっと重要なことが起きていた。ファニーメイが「花崗岩のかたまり」のうち一〇〇億ドルを売却し、利率の低いローンは三〇〇億ドルを残すのみとなったのだ。私は初めて、こんな独り言を口にした。「こいつはMBSだけでも買いだ！」

また、新たに実行された住宅ローンの買い取り基準を厳しくしているという材料も出た。これは賢明な判断だった。なぜなら、これが同社を次の景気後退から守ることになったからだ。シティコープなどの銀行は同じころ、手続きに必要な書類を減らすなどして住宅ローンを借りやすくしていたが、ファニーメイは逆に借りにくくしていた。テキサスでの過ちを繰り返したくなかったのだ。

テキサスでついた汚点のために、MBSのビジネスの素晴らしさは目立たなくなっていたが、MBS事業の成長は確実だと言えた。住宅ローンの借り換えが一種の国民的娯楽になっていたからだ。たとえ新しい家が建てられなくても、住宅ローン事業は拡大する構図になっていた。誰かが家を売って出て行っても、別の誰かがこれを買うことになれば、新しい住宅ローンが組まれることになるのである。新しいローンの債権は、その多くがファニーメイの手によってMBSに仕立てられ、ファニーメイは手数料収入をさらに増やすことになった。

同社の自己改造は完了し、一九八三年にあるアナリストが予言した「利益が爆発的に伸びる」瞬間が近づいたが、それでもまだ、ほとんどのアナリストが懐疑的だった。モンゴメリー証券は顧客向けのリポートで、「ファニーメイは、弊社が調査対象にしている平均的なS&Lに比べれば過大評価されている」と警鐘を鳴らした(ファニーメイが平均的なS&Lであるはずはないのだが……)。また、「昨今の原油価格の大幅下落は、同社が保有する(南西部の)住宅ローン債権一八五億ドルにマイナスの影響を及ぼす公算がある」とも付け加えていた。

「花崗岩のかたまり」は着実に切り崩されており、再度一〇〇億ドルが売却された。株価は一九八六年末までの五カ月間で8ドルから12ドルに上昇した。この年の一株利益は一ドル四四セントだった。

一九八七年

この年はずっと、マゼランの資産の二~二・三%をファニーメイに投じていた。株価は12ドルと16ドルの間を行ったり来たりで、一〇月のブラック・マンデーの際は8ドルに下がった。株価チャートを熱心に見入る人たちは目を白黒させていた。

ちょっと先走ってしまった。少し時間を戻そう。この年の二月、私はファニーメイの幹部四名と電話会議に臨んだ。同社保有の住宅ローンでの債務不履行《デフォルト》による差し押さえはまだ増えているとのことだった。あまりに多くの住宅を差し押さえたために、文字通りの不戦勝でテキサス最大の不動産業者になってしまったという。

同社のヒューストンのオフィスでは、三八名もの従業員がこの差し押さえに従事していた。差し押さえに要する経費は数百万ドルに達していた。これに加えて、差し押さえた住宅にペンキを塗ったり庭の草を刈ったりする作業にも数百万ドルを支出していた。買い手がつくまではそうやって維持管理をしなければならないが、買い手はなかなか現れなかった。

アラスカ州の住宅市場も悪化していた。同社にとっては不幸中の幸いと言うべきか、アラスカの住宅市場は小さかった。

だが私は、そうした悪材料がさほど気にならなかった。ファニーメイは一年間で一〇〇〇億ドルものMBSを組成するという大成功を収めていたからだ。しかもこの会社は、業績の乱高下という問題を解決していた。循環株と見なすことはもうできなかった。むしろブリストル・マイヤーズやゼネラル・エレクトリックのような、業績が予測可能な安定した成長株のようになり始めていた。ただ、成長のスピードはブリストル・マイヤーズよりもはるかに速く、一株利益は八三セントから一ドル五五セントに跳ね上がっていた。

ブラック・マンデーの数日前にあたる一〇月一三日、私はファニーメイに再度電話をかけた。マックスウェルCEOはそこで、私の仮説を裏付ける興味深い発言をした。仮に金利がこれから三％上昇しても、ファニーメイの一株利益は五〇セントしか減らないでしょう、と言ったのだ。かつてのファニーメイでは、こんな話は決して聞かれなかった。この発言は重要な分岐点だった。同社はここで、自己改造に成功したと宣言したのだ。

一〇月一九日には、ファニーメイもほかの株と同様に大きく下げた。投資家はパニック状態で、評論家たちもこの世の終わりだとうろたえるばかりだった。私自身は、ファニーメイによる差し押さえがまだ増えているものの、九〇日以上の延滞債権が減りつつあることに安心感を覚えていた。差し押さえは延滞債権が発展したものであり、延滞債権の減少は同社の最悪期が過ぎたことを示唆していたからだった。

私は今一度、もっと大きな大局を見るようにした。優れた企業の株には保有する価値がある。ファニーメイが優れた企業であることは間違いない。では、この企業を襲う可能性のある最悪の事態とは何だろうか。景気後退が進んで不況に至ることだろうか。だがそうなれば金利は低下し、ファニーメイは低利での借り換えを進めることで利益を得られるだろう。つまり、人々が住宅ローンを返済し続ける限り、ファニーメイは地球上に残された最も魅力的な企業となるだろう。世界の終わりが近づいて住宅ローンの返済が止まってしまったら、ファニーメイは倒れてしまうだろうし、そのときには銀行システムもほかのシステムも倒れてしまう。ただ、すぐにはそうならないだろう。人々は最後の最後まで住宅を手放そうとしないからだ（ヒューストンでは違うかもしれないが）。この文明の黄昏時の投資先としてファニーメイ株に優るものは思いつかない――私はそう考えたのだ。

ファニーメイも、私と同じことを考えていたに違いない。なぜなら、同社はブラック・マンデーの後、最大五〇〇〇万株の自社株買いを行うと発表したからだ。

一九八八年

株を買うと一口に言っても、そのときの気合いの入れ方はさまざまだ。「ついで」の買い。「ま、これでいいか」の買い。「とりあえず買って後で売ろう」の買い。「義理の母に買ってあげよう」の買い。「義理の母とおじさん、おばさん、いとこに買ってあげよう」の買い。「家を売ってこの株に賭けよう」の買い。そして「家もクルマもバーベキューセットも売ってこの株に賭けよう。親戚全員に投資を勧めよう」の買い。ファニーメイは、この最後に該当する銘柄になりつつあった。

私はファニーメイの組み入れ比率を三％に引き上げ、一九八八年にはほぼずっとその水準を維持した。一株利益は二ドル一四セントで、前年の一ドル五五セントを上回った。保有する住宅ローン債権のうち、新しくて厳しいほうの基準で買い取った債権の割合は六〇％に高まっていた。差し押さえも八四年以来の減少となった。

また、この年には米国政府が住宅ローン事業に新しい会計ルールを導入した。それまでは、ローン・コミットメント手数料がファニーメイに支払われると直ちに「収入」として計上されていた。同社では、この手数料の受け取り額が一億ドルに達する四半期もあれば一〇〇〇万ドルにとどまる四半期もあり、四半期業績が大きく変動する要因になっていた。このせいで四半期業績が「減益」となり、株価が急落することもあった。

しかし新しい会計ルールでは、この手数料を貸付期間にわたって少しずつ収入に振り替えることになった。このルールに切り替わってから、ファニーメイでは四半期業績の「減益」は記録されていない。

一九八九年

偉大な投資家ウォーレン・バフェット氏がファニーメイを二二〇万株所有していることに気がついた。この年にはファニーメイと何度か話をした。七月には、不良債権の問題で大きな進展が見られた。コロラドでのデフォルトが少し問題になったが、テキサスの問題は片付きつつあった。さらに奇跡的なことに、ヒューストンでは住宅価格が上昇していた。

ある日、『ナショナル・デリンクエンシー・サーベイ』という資料をながめていて、ファニーメイが抱える九〇日以上の延滞債権の比率が一九八八年の一・一％から八九年の〇・六％に再度低下したことを知った。また住宅価格が急落してはいないことを確認するために、「住宅価格のメジアン（中央値）」の統計をチェックしたところ、下落どころか、いつものように上昇していることが分かった。

この年はファニーメイ株をどっさり買い込んだ。マゼランでの組み入れ比率は四％に達し、年末近くになって上限の五％に到達した。ひとつの銘柄をこれほど多く保有したのは初めてだった。同社が一年間に発行するMBSは二二五〇億ドルに達していた。一九八一年には影も形もなかった事業で四億ドルも稼ぐようになった計算だ。住宅ローンを貸し付けて、その債権をずっと持っていたいと考えるS&Lはなくなり、すべてフレディマックかファニーメイに持ち込まれるようになっていた。

とうとうウォール街がこのアイデアを理解し、ファニーメイは一五～二〇％の利益成長を続けられると考えるようになった。株価は16ドルから42ドルに、つまり一年間で二・五倍に上昇した。株式市場ではよくあることだが、数年間の辛抱が一年間で報われたのだ。

このように値上がりした後でもファニーメイ株のPERは一〇倍でしかなく、まだ過小評価されていた。一二月には、住宅市場の値崩れを論じた否定的な記事が「バロンズ」に掲載された。「崩れる城」というタイトルで、「不動産市況の悪化に見られる不吉な予兆」という文句も添えられている。二階建ての住宅の挿絵があり、そこに描かれた看板には「貸します。売ります。どうにでもします!」と書かれていた。

住宅市場に対するこの根強い不安感がなかったら、ファニーメイの株価はきっと100ドルに達していただろう。

一九九〇年

SECが認めている組み入れ比率の上限(五%)を超えないように努めた。株価の上昇により、短期間ながらファニーメイの組み入れ比率が六%に達したこともあったが、それはオーケーだった。株を買い増したからではなく、株価が上昇したためであれば、五%を超えても大丈夫なのだ。

夏から秋にかけて、私はファニーメイの株価が下がっていく様子に目を奪われた。同社の事業はすべて順調なのに、週末に不安になる人たちが増えて株価を下げていたのだ。このときは、サダム・フセインがクウェートに侵攻し、米国がこれに介入した。すると、湾岸戦争が米国全土の不動産市場を不況に陥れ、かつてテキサスで見られた光景が全米に広がるのではとの懸念が生じた。何十万人もの人々がローンの返済に行き詰まり、鍵をファニーメイに渡して出て行ってしまう。ファニーメイは米国一の家主になり、住宅のペンキや「売ります」の看板の代金、弁護士費用など何十億ドルも負担せざるを得なくなる、というわけだ。

立派な企業の株がたいした理由もないのに売られる様子はこの仕事に就いてから何度も見てきたが、このときのファニーメイ株ほど言われなき下落にさらされた事例は初めてだった。同社が抱える不良債権はもう取るに足らないレベルになっていたが、連想による恐怖にやられたのだ。「ウォール・ストリート・ジャーナル」は一九九〇年一一月、「後悔するシティコープの融資担当者」と題した記事で、同行が実行した貸し付けの延滞率が二・四％から三・五％に上昇したことを紹介していた。ファニーメイには何の関係もないことだったが、ファニーメイ株はほかの多くの住宅ローン関連株とともに連れ安となってしまった。

企業の現状ではなく世界情勢に注意を払い、住宅市場の落ち込みを予測して株を売った投資家諸氏にはお気の毒だが、一部の高級住宅は別として、住宅市場が落ち込むことはなかった。全米不動産協会（ＮＡＲ）のその後の発表によれば、平均的な住宅の価格は一九九〇年も九一年も上昇したのだ。

ファニーメイのことをちゃんと調べ続けている人なら、同社が二〇万二〇〇〇ドルを超える高級住宅向けの住宅ローンを買い取っておらず、お金持ちになったことを記念して建てるような住宅の市場には関与していないことは知っていた。実際、同社が買い取る住宅ローン債権の平均額は九万ドルだった。また買い取り基準を厳格化していたことも、テキサスで見られた頭金が五％しかないような案件の買い取りをしていなかったことも、ＭＢＳ事業がまだ急成長を遂げていることも知っていた。

サダム・フセインのクウェート侵攻を受けた下げ相場で、ファニーメイ株は42ドルから24ドルに下落したが、その後すぐに38ドルに戻した。

一九九一年

私はマゼラン・ファンドの運用から降り、ファニーメイのことは後任のモリス・スミスに任せた。モリスはちゃんと仕事をしてくれた。ファニーメイの組み入れ比率はこの年も第一位だった。株価は38ドルから60ドルに上昇した。同社の純利益は一一億ドルという記録的な水準に達した。

一九九二年

「バロンズ」の座談会でファニーメイを再度推奨した。これで七年連続だ。株価は69ドルで、一株利益は六ドルだから、PERは一一倍。市場全体のPERが二三倍だったから、それに比べればまだかなり割安だ。

業績面でも再度改善が見られた。コーラブル債なるものを発行して、金利リスクをさらに低減させたのだ。これは期日が来る前でも、発行体が自分にとって有利だと考えたとき(特に、市場金利が低下していて、それまでよりも低い金利で借り換えられるとき)に買い戻してもよいという債券だ。

期日が到来する前に償還されては困る投資家もいるため、コーラブル債の金利はやや高めに設定しなければならない。そのため、ファニーメイ株はこのニュースを受けて下落しているが、これは短期的な現象である。長期的には、コーラブル債は同社の利益を金利変動から守る新たな手段となるだろう。

ファニーメイはまだ一二〜一五%のペースで利益を伸ばしており、株価もここ八年間と同様に依然割安だ。この世の中にはいつまでも変わらないものがある、ということなのだろうか。

ピーター・リンチの二五の黄金律

ワープロのスイッチを切る前に、私がこの二〇年間の投資人生から学んだ最も重要な教訓をぜひまとめておきたいと思う。すでに本書やほかの場で紹介したものも含まれているが、第1章で紹介した「聖アグネスの合唱」のピーター・リンチ版だと解釈してほしい。

- 投資は楽しい。エキサイティングだ。ただし、下調べを全くやらずに手を出すのは危険だ。
- 個人投資家としての強みは、ウォール街の専門家から手に入れるものではなく、自分がすでに持っているものの中にある。すでに理解している企業や業界に投資することによってその強みを生かせば、プロをしのぐ運用成績をあげることも可能だ。
- この三〇年間で、株式市場はプロの投資家という一群に牛耳られるようになっている。定説とは異なるが、これはアマチュア投資家にとっては好都合だ。群れを無視することで、市場全体を上回る成績をあげることが可能になる。

- どんな株券でも、その背後には必ず企業がある。企業が何をやっているかをちゃんと把握することが重要だ。
- 短期的には、企業の事業の成功と株価の成功との間に相関関係が見られないことがよくある。この「短期」は、数カ月の場合もあれば数年に及ぶ場合もある。しかし長期的には、両者は一〇〇%相関する。株で儲けるカギはこの不一致にある。辛抱強く臨むことと、成功を収める企業の株を手に入れることが利益を得る秘訣である。
- 自分はどんな株を持っているのか、なぜそれを持っているのか――この二点をちゃんと把握しておくこと。「こいつは間違いなく値上がりするぜ!」という話は当てにならない。
- 大穴は、十中八九外れる。
- 株を保有するのは子どもを持つようなもの。目が届かなくなるほどたくさん抱えてはいけない。おそらく、アマチュアの投資家なら八~一二銘柄を常に観察し、それを状況に応じて売買する時間しか取れないだろう。また、一度に保有するのはせいぜい五銘柄で、それより多くする必要はない。
- 魅力的だと思える銘柄が見つからないときは、見つかるまで待つ。資金は銀行にでも預けておく。
- 株を買いたいと思っても、その企業の財務状況を理解せずに買ってはならない。株で一番損をするのは、バランスシートがお粗末な企業に投資するときだ。自分のお金をリスクにさらす前に、必ずその企業のバランスシートを分析し、支払い能力があるかどうかを見極めること。
- 人気業種の人気株は避けること。株価が着実かつ大きく上昇していくのは、不人気で成長が止まった業界の素晴らしい企業の株だ。

- 小型株には、黒字になるのを見届けてから投資したほうがよい。
- 苦境にあえぐ業界の株への投資を考えるなら、持久力のある企業を選ぶこと。また、その業界が復活の兆しを見せるまで待つことが重要だ。幌馬車のムチや真空管を作る業界のように、復活せずに消えてしまった業界もあるのだから。
- 株に一〇〇〇ドル投資する場合、損失は最悪でも一〇〇〇ドルだ。しかし、辛抱強く取り組めばいずれ一万ドル、いや五万ドルの利益が得られる可能性がある。プロのファンド・マネジャーは分散投資を義務づけられているが、普通の投資家は少数の優良株に集中投資できる。保有する銘柄の数を増やしすぎると、この有利な立場をみすみす手放すことになる。投資人生を実りあるものにするには、大化けする銘柄をほんのいくつか手に入れるだけで十分だ。
- どの業界でも、そして米国内のどの地域でも、注意深く観察するアマチュア投資家は、素晴らしい成長企業をプロの投資家よりもずっと早く見つけることができる。
- 株式市場の下落は、コロラドの一月の吹雪と同じく、いつか必ずやって来る。日ごろの備えがあれば、ケガをせずに済む。相場の下落は、ほかの投資家がパニックになって逃げ出した後に残された掘り出し物を手に入れる好機である。
- 株で利益を得られるだけの知力は誰にでもある。問題は胆力だ。恐怖に駆られて何もかも売り払ってしまいたくなる人は、株にも株式投信にも手を出さないほうがいい。
- この世に心配のタネは尽きまじ。週末に悪いことを考えて不安になるのはやめよう。ニュース番組のキャスターが口にする恐ろしい予言は無視しよう。株を売るのは、あくまでもその企業のファンダメンタルズが悪化したときにしよう。

- 将来の金利や景気の動向、株式市場の方向性などを予言できる人は一人もいない。そんな予測はすべて無視し、投資先の企業で今実際に起こっていることに神経を集中しよう。
- 投資のために一〇社研究すれば、意外に良かったという企業がおそらく一社見つかる。五〇社研究すれば、おそらく五社見つかるだろう。株式市場には常に、予想外のいい話が――成果をあげているのにウォール街が見過ごしている企業が――隠れている。
- 企業を研究することなく株に投資すれば、手札を見ずにポーカーをするときと同程度の成功しか得られない。
- 優れた企業の株を買うときは、時間が味方になってくれる。辛抱強く待てるからだ。例えばウォルマート株は、上場後五年以内に買うことができればもちろんよかったが、その次の五年の間に買っても良い結果が得られた。逆に、オプションを買うときは、時間を敵に回すことになる。
- 株は買いたいが、下調べは面倒だしその時間もないという場合は、株式投信に投資すること。この場合は、分散投資が得策だ。成長株、割安株、小型株、大型株といった具合に運用スタイルが異なる投信を組み合わせるべきである。同じスタイルの投信を六本買っても分散投資にはならない。投信間のスイッチング(乗り換え)は、やりすぎるとキャピタルゲイン税の負担が重くなる。運用成績が良好な投信をすでに持っているのなら、そのまま持ち続けるに限る。気まぐれを起こして売ってしまわないこと。

・世界の主要な株式市場における過去一〇年間の運用成績（トータル・リターン）を高い順に並べると、米国は第八位になる。資産の一部を成績の良い外国株ファンドに振り向ければ、外国の経済の高度成長に乗じることができる。
・長期的には、厳選した個別株と株式投信でできているポートフォリオのほうが、債券とMMFでできているポートフォリオよりも必ず高い運用成績をあげる。同じく長期的には、いい加減に選んだ株のポートフォリオは、タンス預金よりも低い運用成績しかあげられない。

[著者]

ピーター・リンチ

1944年生まれ。ボストン大学を経て、ペンシルベニア大学ウォートン校でMBAを取得。69年フィデリティ・マネジメント・アンド・リサーチ社に証券アナリストとして入社。77年から90年まで、マゼラン・ファンドの運用にあたる。この間、全米でもトップクラスの運用成績をあげ、タイム誌から「全米でNO.1のファンド・マネジャー」と讃えられた。

[訳者]

平野誠一（ひらの・せいいち）

銀行勤務などを経てビジネス・経済・金融関連の翻訳に携わる。訳書に『最悪期まであと2年！　次なる大恐慌』『バフェット流投資に学ぶこと、学んではいけないこと』『[新版] バフェットの投資原則』『高齢者が働くということ』（ダイヤモンド社）、『よい上司ほど部下をダメにする』（講談社）などがある。愛知県在住。

ピーター・リンチの株の法則
90秒で説明できない会社には手を出すな

2015年2月26日　第1刷発行

著　者――ピーター・リンチ
訳　者――平野誠一
発行所――ダイヤモンド社
〒150-8409　東京都渋谷区神宮前 6-12-17
http://www.diamond.co.jp/
電話／03･5778･7232（編集）03･5778･7240（販売）
装丁――――重原隆
本文デザイン･DTP――大谷昌稔（パワーハウス）
製作進行――ダイヤモンド・グラフィック社
印刷――――八光印刷（本文）・慶昌堂印刷（カバー）
製本――――宮本製本所
編集担当――武井康一郎

ISBN 978-4-478-02840-7
落丁・乱丁本はお手数ですが小社営業局宛にお送りください。送料小社負担にてお取替えいたします。但し、古書店で購入されたものについてはお取替えできません。